# 初期徳川氏の農村支配

本多隆成著

吉川弘文館

静岡大学人文学部研究叢書9

# 目次

# 序章　初期徳川氏研究と本書の課題

日本の中世社会から近世社会への移行が、戦国動乱期から織豊政権期を経て、最終的には幕藩体制として完成したことからすれば、織豊政権と同時期の初期徳川氏の諸政策を検討することが、[1]重要な研究課題の一つとなる。本書はこの課題を、当時の権力の基盤となる農村支配にかかわる問題、主として検地や貢租、奉行人や代官などの問題を通じて追究しようとするものである。

残念ながら、初期徳川氏に関する研究は決して充実しているとはいいがたく、この時期の概説などにおいても、それとして取りあげられることはほとんどないといってよい。長篠の合戦、小牧・長久手の合戦、小田原攻めなどの合戦や、いわゆる五大老の筆頭などとして、多くは織豊政権を扱う中で部分的に触れられるにとどまっている。

研究史を簡単に振り返ってみると、この時期の問題を比較的包括的に扱ったものとして、まず北島正元氏の成果があるが、[2]今となっては研究の出発点という以上の評価はむつかしい。また最近では、史料を博捜された和泉清司氏の研究もあるが、[3]関ヶ原以前については概要の把握にとどまっているだけでなく、誤った理解も散見される。

煎本増夫氏の場合は、[4]その研究はほとんど家臣団の問題に限られており、新行紀一氏の場合も、[5]その主題から明らかなように、三河一向一揆とそれ以前の松平氏の問題が中心である。筆者の場合も、[6]先行研究を批判的に検討しながら、五ヵ国総検地を中心にやや立ち入った研究を行ったとはいえ、なお部分的で不十分な面を多分に残していた。

その後、さいわい最近になって、この時期について意欲的な研究が出されるようになってきた。いわゆる「五十分一役」に関する新行氏の研究[7]をはじめとして、とりわけ、谷口央氏の一連の研究[8]が注目される。またごく最近、鈴木将典氏も五ヵ国総検地に関する研究[9]を発表されている。

筆者もまた、拙著刊行後もその不備を補うべく、不十分ながら引き続き当該期の研究を行ってきた。最近の諸研究に対しても、研究の進展にいささかなりとも寄与すべく、できるだけ批判的な検討をと心がけてきた。

本書はこれらの拙稿を前提として[10]、あらためて諸説に学びながら、主題に即して全編にわたり書き下ろしたものである。

ところで、本書の構成を述べる前に、初期徳川氏の権力形成過程の時期区分について触れておくことが必要であろう。筆者はこれを、政治的観点から四つの時期に区分するのが妥当であろうと考えている。

第一期は、いうまでもなく、永禄三年（一五六〇）五月の桶狭間の合戦からであり、今川義元が討たれたことを知った徳川家康[11]（その当時は松平元康）が岡崎城に入り、新たな支配への第一歩を踏み出したことに始まる。そして、一向一揆との戦いを克服して、やがて三河一国の統一に至る時期である。

第二期は、永禄十一年末に、武田信玄の駿河侵攻に呼応して遠江に侵攻したことから始まる。そして、駿府城から掛川城に逃れた今川氏真が、翌年開城して北条氏のもとに去り、一応遠江を押さえることにはなった。しかし、遠州の経略は決して順調に進んだわけではなく、高天神城の攻防に象徴されるように、武田氏との抗争が続いた。

第三期は、天正十年（一五八二）からである。この年三月に織田・徳川連合軍を中心にして武田氏が滅ぼされ、家康は信長より駿河一国を与えられた。ついで六月の本能寺の変後、家康は北条氏との抗争を経て甲斐・南信濃を手中にし、五ヵ国を領有するに至ったのである。その後、小牧・長久手の合戦などを経ながらも、家康は秀吉に臣従することにはなるが、後年の飛躍につながる確実な力が蓄えられた時期である。

第四期は、天正十八年（一五九〇）七月以降で、七月五日に小田原北条氏が滅亡すると、家康は秀吉の命により関東へ転封させられ、江戸に居城を置くことになった。そして、他の諸大名より抜きんでた二四〇万石余りといわれる力量を背景に、次第に豊臣政権内でも重きをなし、やがて慶長五年（一六〇〇）九月の関ヶ原合戦の勝利に至る時期である。

本書は、このように四期に分けられる初期徳川氏の時期区分の内、とくに第三期の諸問題を扱った第二章・第三章・第四章に重点を置いている。なぜなら、この五ヵ国領有期は徳川氏にとって政治的にはもとより、本書の主題である農村支配の面においても、いわゆる五ヵ国総検地に代表されるように、重要な施策が行われた時期であったからである。

第一章では、徳川氏の発展の前提となる第一期・第二期の問題を取りあげる。三河一国の支配を確立していく過程から、遠江に支配を広げることによって、農村支配の進展や奉行人らの台頭が始まる時期の問題を追究する。そして最後の第五章では、幕藩体制に直接つながっていく第四期の問題を、従来ともすれば軽視されがちであった五ヵ国支配の経験を前提として、展望的に取りあげることとする。

以上の検討を経て、終章においては、農村支配という面からみた初期徳川氏の諸政策と五ヵ国総検地の意義とについて、一定のまとめを行うこととしたい。

註

（1）本書では「初期徳川氏」という場合、拙著『近世初期社会の基礎構造』（吉川弘文館、一九八九年）の第二章「はじめに」の指摘と同様に、徳川家康が慶長五年（一六〇〇）の関ヶ原合戦で勝利し、実質的に統一政権を樹立していくに至る以前の徳川氏をさす概念として使用している。

(2) 北島正元『江戸幕府の権力構造』(岩波書店、一九六四年)、第一部。

(3) 和泉清司『徳川幕府成立過程の基礎的研究』(文献出版、一九五五年)、第一篇。

(4) 煎本増夫『幕藩体制成立史の研究』(雄山閣出版、一九七九年)、第一章・第二章。
なお、同『戦国時代の徳川氏』(新人物往来社、一九九八年)もあるが、概説的なものであるため、本書では検討対象とはしない。

(5) 新行紀一『一向一揆の基礎構造』(吉川弘文館、一九七五年)。

(6) 註(1)の拙著。

(7) 新行紀一「徳川五か国検地研究ノート——五十分一役を中心に——」(『愛知県史研究』創刊号、一九九七号)。

(8) 谷口央「初期徳川権力の基礎構造——五ヵ国総検地の名請人理解から——」(三鬼清一郎編『織豊期の政治構造』吉川弘文館、二〇〇〇年)、同「家康の上洛と徳川権力——五十分一役の理解を通じて——」(『日本史研究』四七九号、二〇〇二年)、同「徳川五ヵ国総検地と分付記載」(『ヒストリア』一八五号、二〇〇三年)、同「検地施行基調と検地帳名請人——天正期三河国の検地を通じて——」(『歴史評論』六四〇号、二〇〇三年)、同「五ヵ国総検地後の年貢収納体制について——『御縄打歩測御帳』と「中記」の理解から——」(矢田俊文編『戦国期の権力と文書』高志書院、二〇〇四年)など。

(9) 鈴木将典「五か国総検施行段階における徳川領国の基礎構造——七か条定書と年貢・夫役システム——」(『駒沢史学』六二号、二〇〇四年)、同「信濃国下伊那郡虎岩郷における天正期『本帳』と『知行』の再検討」(『駒沢大学史学論集』三四号、二〇〇四年)。

(10) これまでの関係論文を発表年順に掲げると、つぎのごとくである。以下、本書での引用に際しては、「拙稿①論文」などとする。

① 「初期徳川氏の年貢収納法」(本多隆成編『近世静岡の研究』清文堂、一九九一年)

② 「中・近世移行期の東海地域」(『人民の歴史学』一一三号、一九九二年)

③「徳川家七ヵ条定書について」（大阪大学文学部日本史研究室編『近世近代の地域と権力』清文堂、一九九八年）
④「徳川氏五ヵ国総検地の施行過程——新行説をめぐって——」（本多隆成編『戦国・織豊期の権力と社会』吉川弘文館、一九九九年）
⑤「初期徳川氏の奉行人——本多重次を中心に——」（静岡県地域史研究会編『戦国期静岡の研究』清文堂、二〇〇一年）
⑥「徳川氏五十分一役と宇布見郷年貢勘定書——谷口説をめぐって——」（『織豊期研究』五号、二〇〇三年）
(11) 以下、本書では、文書の引用や文書名などを除き、本文の叙述においては煩雑さを避けるため、徳川家康で統一する。

# 第一章　三・遠領有期の農村支配

## はじめに

本章で対象とする時期は、初期徳川氏の時期区分でいえば、その第一期および第二期にあたる。徳川氏の支配が、三河、ついで遠江へと拡がっていった時期である。

この時期のうち、とくに第一期のそれも前半においては、東三河を中心に今川氏の支配がなお強く残っており、また徳川氏の三・遠支配期を通じて、今川氏の諸政策の影響も大きかった。そのため、たとえば三河一向一揆を検討された新行紀一氏の場合も、(1) その前提としての戦国期の松平氏や今川氏の支配構造の問題に、多くの紙数を割かれたのであった。また、いちいち論文名はあげないが、戦国期の松平氏や今川氏の三河支配に触れた論文も、かなりの数にのぼっている。

このような研究状況からすると、徳川氏による三河支配の問題は、その直接の前提となった今川氏の三河支配の検討を抜きにしては語れない面が強いということになる。しかしながら、筆者はかつて戦国期三河の在地構造について不十分ながら検討したこともあり、(2) 本書では主題との関係からこの問題には立ち入らず、必要に応じて言及するにとどめることとしたい。

さて、この三・遠支配期の農村支配にかかわる研究は、はなはだ乏しいのが現状である。その後の時期も含めて、検地や蔵入地などを中心に検討されたものとして、早くに北島正元氏の[3]、また近年では和泉清司氏[4]の成果があるが、問題も多い。

比較的まとまった研究がなされているものとしては、たとえば、三河一向一揆時の徳政問題などがある。久保田昌希氏[5]に始まり、新行紀一氏[6]、臼井進氏[7]、そして、戦国期の徳政について全面的に検討された阿部浩一氏[8]の最近の成果などである。

また、初期徳川氏の領国支配にかかわる個々の武将に関する研究も、最近進んできているといえよう。酒井忠次・石川家成らに関する平野明夫氏[9]、大須賀康高に関する酒入陽子氏[10]、松井忠次・岡部正綱らに関する柴裕之氏[11]らの研究であり、筆者もまた本多重次について不十分ながら検討を行った[12]。

本章では、これらの諸成果を前提に、第一期と第二期とで節を分けて検討するが、それに先だって、家康の大名としての自立の問題を取りあげることとしたい。農村支配という主題には直接かかわるものではないが、家康の領国支配の出発点を明らかにしようとするものである。

なお、さらに立ち入った研究史上の問題点の整理などについては、それぞれ該当の箇所で具体的に述べることとする。

# 一　徳川家康の自立

## 1　今川氏真との断交

徳川家康による独自の支配の出発点が、永禄三年（一五六〇）五月の桶狭間の合戦による今川義元の討死から始まったことはいうまでもない。家康はただちに岡崎城に入るとともに、まずは西三河の制圧をめざすことになった。この点は、たとえば桶狭間の合戦後に三河で発給された禁制・制札類をまとめた第1表からも明らかである。戦国期に多数出された禁制類の性格・機能については、すでに峰岸純夫氏によって明らかにされている。(13)すなわち、それらは大名などが一方的に発給するものではなく、軍勢の乱暴・狼藉などからの保護を求めて、在地の側から礼銭・礼物などをもって申請し、獲得されたものであった。

このことは、禁制類を必要とした人々が、当時その地域で何に脅威を感じ、誰を権力者・実力者であると認識していたかを示すものでもあった。逆にいうと、禁制類が発給されている地域に対する大名たちの支配の実効性を、かなりの程度反映しているともいえるのである。

そのような観点から第1表をみると、今川氏真が発給したものは、永禄三年にすでに西三河ではみられなくなり、(14)東三河でも永禄五年までとなっている。それに対して、家康の場合は永禄三年に碧海郡・額田郡でみられ、さらに永禄七年以降は東三河にまで及んでおり、三河での勢力伸長にまさに対応したあり方を示しているのである。

ところで、三河支配をめぐる徳川氏と今川氏との抗争は、いつから本格的に始まったのであろうか。これまでの通説では、桶狭間の合戦後、家康は氏真に弔合戦を勧めながら、自らも織田方と各地で戦っていたが、氏真がこれに応じようとしなかったため、翌永禄四年二月頃、水野信元の勧めにより織田信長と和睦することになった。それ以後、家康は今川氏との戦闘を開始し、さらに翌永禄五年正月には清洲城に赴き、信長と会見して同盟を結ぶことになった、といわれている。[15]

このような通説に対して、ほぼ全面的に批判を行われたのが平野明夫氏である。[16] 平野氏が議論の出発点とされたのは、つぎの文書であった（傍線は筆者、以下同じ）。

〔史料1〕北条氏康書状写[17]

久不能音問候、抑近年対駿州被企逆意ノ由、誠以歎敷次第候、a就之自駿府当方へ出陣ノ儀承候間、氏康自身出馬無拠歟、□州閣急敵、於三州弓矢無所詮候、去年来候筋目駿・三和談念願、b就中三亜相如御物ハ、就彼調被成下京都御下知、当国へモ被ゝ書由、各御面目到(至)候哉、松平方へ有意見、早々落着候様、偏ニ其方可有御馳走候、委細口上申含候間、令省略候、恐々謹言

五月朔日　　氏康花押

第1表　永禄期三河の禁制・制札類

| | 年　月　日 | 差　　出 | 宛　　　先 | 文書番号 |
|---|---|---|---|---|
| 西三河 | 永禄 3. 6. 3 | 元康御判 | (碧海郡)中島村崇福寺 | 13号 |
| | 3. 7. 9 | 松平蔵人佐元康御判 | (額田郡)御祈願所法蔵寺 | 21号 |
| | 5. 4. 18 | 松平蔵人佐元康御判 | (幡豆郡)無量寿寺 | 207号 |
| | (5). 9 | 蔵人元康(花押) | (加茂郡)妙唱寺 | 243号 |
| | 6. 11 | 松平蔵人佐家康(花押影) | (額田郡)桑ケ谷村広忠寺 | 311号 |
| | 12. 6. 25 | (徳川参河守)家康(花押) | (額田郡)大樹寺登誉上人 | 669号 |
| 東三河 | 永禄 3. 10. 11 | (今川氏真朱印) | (宝飯郡)妙厳寺 | 39号 |
| | 4. 3. 7 | (今川氏真朱印) | (八名郡)冨賀寺 | 80号 |
| | 5. 2. 16 | (今川氏真朱印) | (宝飯郡)小坂井八幡神主宮田大夫 | 192号 |
| | 5. 10. 朔 | (今川氏真朱印) | (宝飯郡)八幡神主 | 245号 |
| | 5. 10. 朔 | 今川氏真判 | (渥美郡)(天王社) | 246号 |
| | 7. 4 | 松平蔵人家康(花押) | (渥美郡)小松原(東観音寺) | 363号 |
| | 7. 5 | 松平蔵人家康(花押) | (渥美郡)大平寺 | 370号 |
| | 7. 5 | 松平蔵人家康(花押) | (宝飯郡)小坂井八幡宮 | 371号 |

註　出典は『愛知県史』資料編11により，文書番号のみを記した．

水野下野守殿

さて、平野氏の主張点は、つぎのようにまとめられるであろう。

①まず、永禄四年に比定される〔史料1〕よれば、傍線部aにみられるように、三河における戦闘は去年以来続いており、今川氏と徳川氏の戦闘は、永禄三年には始められていた。ついで、それが永禄三年のいつ頃からかについて、六月三日付けの崇福寺宛禁制に「於違犯之族者、可処厳科者也」とあることから、「家康が違反者を処罰する」とあり、「この徳川氏の行動は、崇福寺に対する今川権力の否定を意図したもの」で、徳川氏は永禄三年六月以前に今川氏の従属下から脱したと推定される。

②桶狭間の合戦後、徳川氏が織田方と各地で戦ったとする通説に対しては、「沓懸攻めや水野氏との戦いについては不明ながら、挙母・広瀬・伊保・梅ヶ坪を含む高橋郡域は、永禄三年当時今川氏領であったことは確実である。したがって、近世成立の軍記物類が、徳川氏は桶狭間の戦い後織田方の各地を攻めた」とするのは誤りであり、梅ヶ坪の戦いなども「徳川氏対今川氏」であった。

③「桶狭間の戦い後の徳川氏は、即座に織田氏との戦いを止め、今川氏との戦いを開始した」のであり、「織田氏と徳川氏は、桶狭間の戦い直後に領土協定を結んだ」と考えられる。ただし、「永禄三年に領土協定と同時に攻守同盟を結んだ」とは考えがたい。

④信長・家康の清洲会見については、「同盟が永禄三年の桶狭間の戦い直後に結ばれたという事実からすると、通説は疑問」で、「清洲会見を記す史料の信憑性」にも問題がある。清洲会見自体が、「善徳寺の会盟」を模した後世の創作で、そうした事実はなかった。

このように、平野氏はほぼ全面的に従来の通説を否定されたのであるが、この平野説ははたして妥当であろうか。

すでに宮本義己氏の批判もあるが[18]、検討に先立って、〔史料1〕と直接かかわる文書を掲げよう。また、今川氏真が三河における合戦の状況をどうみていたのか、ひいては、家康の行動をどう受けとめていたのかをみるために、第2表を作成した。

〔史料2〕足利義輝御内書[19]

就氏真与三州岡崎鉾楯之儀、関東之通路不合期之条、不可然候、仍差下三条大納言并文次軒遣内書間、急度如意見、無事之段加馳走事肝要候、猶信孝可申候也

正月廿日（花押）

北条左京大夫とのへ

まず①についてであるが、平野氏は〔史料1〕を永禄四年のものとされているが、その年次比定が問題となる。その際、傍線部bは〔史料2〕を指すものとみてまず間違いないから[20]、〔史料1〕は〔史料2〕よりも後の時期のものとみなければならない。ところが、『愛知県史』資料編11の場合は、〔史料2〕を永禄五年としながら、〔史料1〕については永禄四年としていて、平仄が合っていない[21]。

従来、この一連の史料は永禄四年のものとされており、註(19)であげた『静岡県史』資料編7がそうであり、その他四年説を採っているものが多い[22]。平野氏は永禄四年としてまったく疑いを持たれておらず、宮本氏もこれら一連の史料を『静岡県史』資料編7から引用して永禄四年としたうえで、「元康と氏真の争い」が、「関東への通路の妨げとなることを危惧し、氏真には元康との戦闘の停止と『和睦』を勧め、氏康と信玄（晴信）の両人に対しては、共に氏真に『意見』を加え、和平の実現を図るように要請したもの」といわれている[23]。いずれにしても、これら一連の史料の年次が、永禄四年か五年かということが問題となる。

第2表　今川氏真発給文書にみる三河の合戦・感状類

| | 年　月　日 | 宛　　先 | 合戦等内容文言 | 文書番号 |
|---|---|---|---|---|
| 1 | 永禄4. 8. 26 | 鱸新三左衛門尉 | 去年九月十日向梅坪相動之刻，於槍下弓仕敵数多手負仕出 | 152号 |
| 2 | 3. 11. 15 | 原田三郎右衛門 | 今月朔日，簗瀬九郎左衛門令八桑江其行，城廻小屋五六十放火 | 48号 |
| 3 | 永禄4. 4. 14 | 真木清十郎・同小太夫 | 去十一日於参州牛久保及一戦，父兵庫之助討死之由，不便之至 | 104号 |
| 4 | 4. 4. 16 | 稲垣平右衛門 | 今度牧野平左衛門入道父子，去十一日之夜令逆心，敵方江相退之上 | 106号 |
| 5 | 5. 8. 7 | 稲垣平右衛門 | 去年四月十一日牛窪岡崎衆相動刻，味方中無人数之処，自最前無比類 | 235号 |
| 6 | 4. 4. 16 | 真木清十郎 | 去十一日牛久保敵相動之時，走廻之由忠節候 | 107号 |
| 7 | (4). 4. 16 | 鵜殿十郎三郎 | 同名藤太郎令一味無二馳走之由，悦入候 | 108号 |
| 8 | 10. 8. 5 | 鈴木三郎太夫・外1名 | 去酉年(永禄4)四月十二日**岡崎逆心之刻**，自彼地人数宇利・吉田江相移之処 | 566号 |
| 9 | 4. 6. 11 | 稲垣平右衛門 | 今度**松平蔵人令敵対之上**，於牛久保令馳走云々 | 122号 |
| 10 | 4. 10. 8 | 朝比奈助十郎 | 去五月四日夜宇利調儀之刻，城中江最前乗入鑓合致殿罷退云々 | 161号 |
| 11 | 4. 9. 28 | 御宿左衛門尉 | 去五月廿八日富永口働之時，於広瀬川中及一戦粉骨 | 159号 |
| 12 | 5. 3. 15 | 千賀与五兵衛 | 去年五月廿八日於富永口最前走廻，……同九月四日於大塚口合鑓之由 | 199号 |
| 13 | 5. 8. 7 | 稲垣平右衛門尉 | 去年五月廿八日富永口へ各相動引退候刻，敵慕之処一人馳返 | 236号 |
| 14 | 4. 6. 11 | 奥平監物丞 | 今度**松平蔵人逆心之処**，……道紋・定能無二忠節甚以喜悦也 | 123号 |
| 15 | 4. 6. 11 | 奥平一雲軒 | 今度同名監物父子幷親類以下属味方之刻，内々使致辛労之由 | 125号 |
| 16 | (4). 6. 17 | 奥平道紋入道 | 今度松平蔵人逆心之刻，以入道父子覚悟無別条之段，喜悦候 | 127号 |
| 17 | (4). 6. 17 | 奥平監物丞 | 今度松平蔵人逆心之刻，無別条属味方之段，喜悦候 | 128号 |
| 18 | (4). 6. 17 | 奥平監物丞 | 就今度松平蔵人逆心，不準自余無二属味方候間，尤神妙也 | 129号 |
| 19 | 4. 6. 20 | 匂坂六右衛門尉 | 就今度牛久保在城所宛行也，……今度岡崎逆心之刻，不移時日彼城 | 130号 |
| 20 | 4. 6. 20 | 山本清介 | 今度**三州過半錯乱**，加茂郡給人等各致別心之処 | 131号 |
| 21 | 4. 7. 12 | 田嶋新左衛門 | 去六日於嵩山市場口長沢，最前入鑓走廻之由神妙也 | 139号 |
| 22 | 4. 7. 20 | 稲垣平右衛門 | 今度牧野右馬允与依有申旨，始稲垣平右衛門弟林四郎四五人敵地へ相退伝々 | 141号 |
| 23 | 4. 7. 20 | 岩瀬雅楽介 | 就今度**三州錯乱**，為各雖令逆心，不准自余，於牛窪抽奉公 | 142号 |
| 24 | 4. 8. 12 | 鵜殿藤太郎 | 去九日岡崎人数相動之処，及一戦即切崩，随分之者八人被討捕之由 | 149号 |
| 25 | 4. 9. 21 | 野々山四郎右衛門尉 | 殊今度岡崎逆心之刻，出人質捨在所無二為忠節之条 | 158号 |
| 26 | 4. 10. 8 | 伊久美六郎右衛門尉 | 去九月，……同十日嵩山於宿城最前塀ニ付合鑓，無比類相働之旨 | 162号 |

| | | | | |
|---|---|---|---|---|
| 27 | (4). 10. 16 | 鈴木三郎大夫 | 長篠之儀自其地別而馳走喜悦候，此時弥無油断堅固之様走廻事専要候 | 163号 |
| 28 | 4. 11. 7 | 羽田神主九郎左衛門尉 | 先年太原和尚被出置証文，就今度**参州忩劇**，令失脚之由申之条 | 167号 |
| 29 | 4. 12. 5 | 奥平監物丞 | 去十月，於島田取出城，自身粉骨幷同名被官人等，無比類御動 | 175号 |
| 30 | 4. 12. 9 | 岩瀬小四郎 | 今度菅沼新八郎令逆心之処，不致同意，従野田牛久保江相退 | 176号 |
| 31 | 5. 8. 7 | 稲垣平右衛門尉 | 去二月三州出馬之砌，富永へ三浦右衛門大夫相動候刻，為案内者指置 | 237号 |
| 32 | 5. 7. 3 | 千賀与五兵衛 | 去四月七日於富永城計策候砌，最前令馳走鈐(頸)一討捕旨，太以神妙也 | 223号 |
| 33 | 5. 8. 7 | 稲垣平右衛門尉 | 去五月七日牧野右馬允富永在番之刻，敵相動之処，右馬允自身令刀切 | 238号 |
| 34 | 5. 7. 3 | 牧野右馬允 | 今度於富永・広瀬合戦，被官人稲垣平右衛門合鑓，殊敵一人付伏候 | 222号 |
| 35 | (5). 7. 12 | 奥平監物 | 今度戸田主殿介逆心之処，弥馳走之段喜悦候 | 224号 |
| 36 | 5. 8. 2 | 千賀与五兵衛 | 去月廿六日堂山乗捕之刻走廻，西郷豊後討捕之旨，粉骨感悦也 | 232号 |
| 37 | 5. 8. 10 | 三浦土佐守 | 去七月廿六日堂山乗捕之時，被官人井出藤九郎別而走廻 | 239号 |
| 38 | 6. 3. 1 | 田嶋新左衛門尉 | 壬戌年七月廿六日(嵩)山中山落城之砌〈関口氏経判物〉 | 274号 |
| 39 | 5. 8. 2 | 千賀与五兵衛 | 去月廿七日至一橋慕敵鈐(頸)一討捕候旨，神妙之至也 | 233号 |
| 40 | (5). 9. 28 | 牧野八太夫 | 去廿二日之夜，三州大塚之城以一身之籌策乗取之，殊被疵別而竭粉骨之旨 | 242号 |
| 41 | 5. 11. 13 | 牧野右馬允 | 去九月廿九日於三州八幡合戦之時，被官人稲垣平衛門尉別而走廻 | 250号 |
| 42 | 5. 11. 13 | 牧野右馬允 | 去九月廿九日於三州八幡及一戦，頸一稲垣平衛門尉小者被官人 | 251号 |
| 43 | 5. 11. 13 | 牧野八太夫 | 去九月廿九日於三州八幡一戦之刻，頸一本田弥次左衛門与被官中村 | 252号 |
| 44 | 5. 11. 13 | 千賀 | 去九月廿九日於三州八幡一戦之刻，尽粉骨鈐(頸)一朝岡討捕之 | 253号 |
| 45 | 5. 11. 13 | 奥平監物丞 | 去九日至大代口松平蔵人取懸之刻，被官人三日月甚五郎走廻 | 255号 |
| 46 | (5). 11. 13 | 奥平監物丞 | 去九日至大代口松平蔵人取懸之処，各走廻，敵数多討捕候 | 254号 |
| 47 | (5). 11. 13 | 奥平監物丞 | 去九日至大代口松平蔵人取懸之刻，被官人林与右衛門尉走廻 | 256号 |
| 48 | 5. 12. 14 | 岩瀬彦三郎 | 大塚城中江味方引入，敵数多討取之，殊父吉右衛門尉令討死之段 | 260号 |
| 49 | 6. 3. 24 | 田嶋新左衛門尉 | 去年以調略，一宮端城幷地下中令放火之旨神妙云々 | 276号 |
| 50 | 6. 5. 14 | 奥平監物之丞 | 去年三州悉逆心之刻，無二依忠節充行知行之内，萩・牧平・樫山 | 283号 |
| 51 | 6. 6. 朔 | 小笠原与左衛門尉 | 去年一鍬田一戦之刻，合鑓号鈴木弥助者，福嶋東市尉与令合討之段 | 289号 |
| 52 | 6. 12. 26 | 戸田弥三 | 去年西郡払退候段為忠節之条，任訴訟之旨，御油幷みとの郷 | 316号 |

註　出典は『愛知県史』資料編 11 により，文書番号のみを記した．

そこで第2表をみてみると、永禄三年の場合、五月十九日の桶狭間の合戦での戦功やその直後の関連した戦闘を除くと[24]、氏真の立場からみた合戦は意外と少ない。『信長公記』によれば、桶狭間の合戦直後に「去て鳴海の城に岡部五郎兵衛楯籠候。降参申候間、一命助け遣はさる。大高城・沓懸城・池鯉鮒の城・鴫原の城、五ヶ所同事に退散なり[25]」とあり、少なくとも尾張はもとより、矢作川以西の三河の諸城なども、かなりの部分が織田方の手に落ちたものとおもわれる。

徳川氏と今川氏との合戦が本格化するのは、第2表による限り、やはり通説どおり永禄四年からとみなければならない。四月の宝飯郡牛久保に始まって、五月には八名郡宇利・設楽郡富永口、七月・九月に八名郡嵩山、十月に設楽郡島田など、残された発給文書だけからでも、東三河各地で激戦が展開されたことが知られるのである。そしてそれは、翌永禄五年にも、さらに各地で展開されたのであった。

氏真の立場からすれば、まさにNo.8「岡崎逆心」・No.14「松平蔵人逆心」と非難してやまず、客観的にもNo.23「三州錯乱」・No.28「参州忩劇」といわざるをえないような事態に立ち至ったのであった。とりわけ注目されるのはNo.8であり、六年後の文書においてさえ「去酉年（永禄四）四月十二日岡崎逆心之刻、自彼地人数宇利・吉田江相移之処」といっており、氏真にとって家康の逆心、東三河への侵攻が永禄四年四月からであったことが、深く認識されていたことを示しているのである。

このような三河における事態を前提にして〔史料2〕の発給年次を考えると、『愛知県史』と同様に、永禄五年に比定してまず間違いないであろう[26]。今川氏と徳川氏との対立が激化し、義輝の御内書で「関東之通路不合期之条、不可然候」といわざるをえないような深刻な事態が生じたのは、まさにこれまで述べてきたように、永禄四年四月以降の家康の東三河侵攻により、No.20で「三州過半錯乱」といわれているような状況に立ち至ったことの反映であった。

将軍足利義輝が、この時期各地の戦国大名間の紛争に対して調停者として臨んでいたことはよく知られているが、この場合もまさに右のような事態を受けてのものであったと考えられる。

こうして、〔史料2〕の御内書が永禄五年と確定されると、それを受けて出された〔史料1〕もまた永禄五年に比定されることになる。そうなると、傍線部aの「去年」とは当然永禄四年を指すことになり、平野説①前半の永禄三年開始説は成り立たなくなったといえよう。

前半が否定されると、後半の主張はもはや無意味になるが、あえていえば、平野氏が「違反者を処罰する」といわれたような文言は、たとえば、第1表永禄五年二月十六日付けの今川氏真禁制でも、「於違犯之輩者、可処厳科者也」とあるように、禁制などでは一般的にみられる文言なのである。それゆえ、そのような文言があるからといって、家康が「崇福寺に対する今川権力の否定を意図したもの」であるとまではいえないのである。また、先に述べた禁制類の性格・機能からすれば、そもそもそこに権力側の直接的な意図を読み取ろうとすること自体に問題があるともいえよう。

つぎに②であるが、この問題については宮本氏がつぎのような諸点をあげて、平野説を批判されている[27]。

まず第一に、『松平記』によって、岡崎入城後、「元康は、刈谷城外の石ヶ瀬に進撃して、外伯父の水野信元の兵と戦った」といい、信元は織田方に属していたことから、「元康の自立後の戦端は織田勢との間に開かれたことを意味しよう」とされた。

第二に、『三河物語』には、「岡城・広瀬城・沓懸城・小河城・寺辺城・鳥屋根城・西尾城・東条城・衣（挙母）城・緒川城・梅坪城などに攻め寄せたとある」が、西尾城と東条城は「駿河方」であったと記されていることから察すると、「他は織田方ということになろう」といわれた。

第三に、衣（挙母）城の場合、永禄三年十二月十一日付け大村弥兵衛宛今川氏真判物写より、その時点で「今川領であったとの見方がある」が、そうした見方は成り立たず、あえて類推すると、「桶狭間の戦いにともなう混乱のなかで、織田方に略取されたとの見方が可能となろう」とし、さらに、この氏真判物を根拠に、梅ヶ坪の戦いを「徳川氏対今川氏であった」との説も、これまた成り立たないとされたのである。

以上のように、全体としてみると、平野氏が今川方との戦いであったとされた事例について、むしろ織田方との戦闘であったといわれたのである。この宮本氏の平野説批判はほぼ首肯できるものではあるが、さらに厳密に詰めてみる必要がある。ただ、関係諸史料の性格からみて、なかなか正確に確定することがむつかしいことも事実である。

まず、確実な史料による第2表でみると、永禄三年十一月の八桑についてははっきりしないが、九月には梅ヶ坪で合戦が行われている。『三河物語』によれば、この時期、広瀬城・挙母城・梅ヶ坪城・寺部城など、加茂郡の矢作川中流一帯で戦闘が行われていた(28)。また『信長公記』でも、この時期、梅ヶ坪城・伊保城・矢久佐（八草）城など、後に高橋郡となる矢作川以西の諸城に、織田方から攻勢がかけられていることがわかる(29)。

この戦闘は永禄四年のこととされているのであるが、『信長公記』の首巻は後で書き加えられたもので、誤りも多いといわれていることからすれば(30)、少なくとも梅ヶ坪の戦いは永禄三年九月には始まっており、高橋郡域での戦いはすべて同年から四年にかけてのものであった可能性も出てこよう。いずれにしても、これは「織田氏対今川氏・徳川氏」の戦闘であるということになり、これを「徳川氏対今川氏」であったとする②の平野説は、この点からも再検討を余儀なくされるであろう。

## 2　織田信長との同盟

つぎに、平野説の③④を手がかりに、信長との関係についてみてみよう。平野説③も、①②の誤った理解を前提としたものである。織田・徳川の両氏が、桶狭間の合戦直後に領土協定を結んだとは、にわかには信じがたい。しかしながら、通説でよいかどうかはさらに検討する必要がある。まず、関係史料を掲げることとしよう。

〔史料3〕『三河物語』(31)

有(或)時ハ、広瀬之城え御蒭被成、押ツメて構際ニテハゲ敷せり合有て、追コみて曲輪ヲ破、数多打取て引給ふ、又有時ハ、履懸(沓掛)之城え押寄て、町ヲ破、放火シテ引給ふ、又有時ハ、衣之城え押寄、数多打取て引給ふ、有時ハ、梅ガ壺(坪)之城え御蒭有て、町ヲ破て引給ふ、a有時ハ、小河え御蒭有ケレバ、小河よりモ石ガ瀬迄出てせり合ケり、其時、鳥井(居)四郎左衛門尉・大原佐(左)近衛門尉・矢田作十郎・八屋(蜂)半之丞・大久保七郎右衛門・同次右衛門尉・高来(木)九助、是等が鑓ヲ合なり、其より引退キ給ふ、b又有時ハ、寺辺(部)之城え御蒭有て、押懸て城ヲ乗り取給ふ、又有時ハ、鴈屋(刈谷)え御蒭有、鴈屋より十八町え出テ戦イケリ、拾八町にて、大久保五郎右衛門尉・同七郎右衛門尉・石河新九郎・杉浦八十郎・鑓ガ合、但、杉浦八十郎ハ爰にて打死ヲシタリ、其より互に引退ク

又有時ハ、長沢え御蒭有て、鳥屋ガ根之城え押懸て、荒々トアテ給ふ、其時、榊原弥平々兵衛之助ヲ「アレハ誰ゾ、早シ」ト被仰ケレバ、「榊原弥平々兵衛之助にて御座候」ト申ケレバ、「早ク押コミテ有リ、更バ、早之助ト付ヨ」ト被仰ケルに仍、榊原早之助ト申なり

又有時ハ、西尾之城え御蒭被成、是にてモ鑓ガ合、又有時ハ、東祥(条)之城え御蒭有て、各々鑓ガ合、又有時ハ、衣之城え相寄給ひて、各々鑓ガ合、越前之芝(柴)田ト大久保次右衛門尉、鑓ガ合、c有時ハ、小河え御蒭有、小河衆、又、石ガ瀬迄出て、各々鑓ガ合、石河伯耆守ト高来主水ガ鑓ガ合、又有時ハ、梅ガ壺え御蒭、是にてモ、各々鑓ガ合、此城々え度々ニ置(於)て、二三ケ年ハ御無隙、月之内にハ五度ヅヽ、御油断無御蒭有

其後、信長ト御和談被成シよりハ、此城々え御荐ハ無、但、西尾之城ト東祥之城ハ駿河方ナレバ、説節（節々）之御荐なり、紀等（吉良）殿モ、惣領の義藤ハ、清康之御タメにハ妹婿ナレバ、家康之御タメにハ大姑婿なるによつて、駿河え下申て、藪田之村に置奉、舎弟之義締（諦）ヲ義藤より西尾之城に置給ひシヲ、東祥之城え義締ヲ移シ給ひて、西尾の城えハ、牛久保之牧野新次郎ヲ留守居ニ申付て置

〔史料4〕『松平記』巻三(32)

一三河岡崎にも、本丸にハ駿河衆三浦上野・飯尾と申侍二人両手に罷有、二の丸にハ岡崎衆罷有候か、駿河衆ハ早々明渡し退く、二の丸ハ元康衆罷有候、元康八歳にて御出あり、今年五月廿三日入城被成候、十九歳にて本知を自然と御知行被成候、今年迄義元に手を置、所々駿河ゟの御仕置の処に、元康の譜代衆より合、昔のごとく知行いたし、目出度と諸人よろこふ事限なし、扨岡崎衆人数をもよをし、出張して石か瀬と云所にて水野下野衆とせり合有て、元康ハ大久保新八・同七郎右衛門・石川新九郎・杉浦八十郎・松平勘四郎、かり屋衆ハ矢田伝十郎・水野藤助・滝見弥平次・高木主水・水野藤四郎・梶川五左衛門・清水権之助・久米郷左衛門・神谷新七等終日合戦、杉浦八十郎はれ成討死也、是ハ岡崎へ皈入被成、初の合戦也

一沓懸の城にハ、織田玄蕃と云もの居住して、岡崎へ出張して度々足軽せり合御座候

（中　略）

一同三年より四年の間、苅屋衆と岡崎衆せり合度々也、然処に、信長より水野下野守を以、元康色々和談の扱有、たかひに起請文を書、取かハし、和談相済、岡崎衆・尾州衆の弓箭無之候也

〔史料5〕『寛永諸家系図伝』(33)

◇第九　大久保忠員・忠世・忠佐

忠員＝永禄三年、参州刈屋十八町縄手の合戦に、敵あまたすゝみきたる、忠員・忠世・忠佐そのほか一族ならびに同僚五人ともに勤戦これをやぶる
忠世＝永禄三年、尾州石瀬合戦に、忠世・忠佐同輩五人あひともに敵と鑓をあハせたり、同年、参州刈屋合戦のとき、忠員・忠佐等とおなじく戦功あり
忠佐＝永禄三年、参州刈屋合戦に、進て城の辺にいたり、一族ならひに同輩八人と鑓をまじへ、敵をうち勝利を得たり、同年、尾州石瀬合戦のとき、忠世等と五人敵軍をうち破る

◇第三　高木広正

永禄三年、尾州小河に出張して、水野下野守と合戦の時、広正、鳥居四郎左衛門・大原左近右衛門・矢田作十郎・蜂屋半之丞・大久保七郎右衛門（忠世）・同次右衛門（忠佐）・松井左近等と同所にありて、鑓をあはせて軍功あり

◇第二　石川家成

永禄三年、大権現尾州棒山の城をせめたまひ、ならびに同国石瀬の御とりあひのとき、家成御先手をうけたまハる

〔史料6〕『寛政重修諸家譜』(34)

◇第三　石川数正

永禄四年水野信元と尾張国石瀬にをいて合戦の時、さきがけして敵将高木主水佑清秀と槍をあはす、このとし織田右府より、滝川一益を数正がもとにつかはして、和議のことを申入らるゝにより、すなはちこのことを言上し、右府と御和議ありてしかるべきむね申せしかば、御許容ありて、御返答に及ばれける、右府大によろこび、則一

益・林正成をして、数正・高力与左衛門清長等と鳴海に相会さしめ、尾張・三河の境をさだめらる、このとき西三河の諸城を、右府よりかへしまいらす、のち右府に御対面あらむと尾張国清洲に入せたまふのときも、従ひたてまつる

これら一連の史料からみると、桶狭間合戦後の家康がまず対戦したのが、〔史料3〕傍線部a・bなどにみられるように、小河城・刈谷城に拠っていた織田方の外伯父水野信元であったことはまず間違いないであろう。しかも、両者の抗争は傍線部a・bとcとの二度にわたっていて、前者では大久保一族、後者では石川数正らの活躍がみられたのである。

石川数正については、『寛永諸家系図伝』には記載がなく、後年の『寛政重修諸家譜』であるところに問題はあるが、少なくとも、石ヶ瀬合戦の戦功については、『三河物語』に記述があるので認めてよいであろう。いずれにしても、『朝野旧聞裒藁』によれば、前者は永禄三年（一五六〇）六月、後者は同四年二月のこととしている。[35]

永禄三年の石ヶ瀬の合戦については、右の諸史料のみならず、第3表No.1の松平元康感状写という確実な史料での裏付けがある。「八月朔日」付けであるから、六〜七月頃の戦功に対するものだったのであろう。比較的信憑性が高いとされる『三河物語』と『松平記』にほぼ同様の記述があり、とりわけ〔史料4〕で「同三年より四年の間、苅屋衆と岡崎衆せり合度々也」とあることからも、両者の抗争は永禄三年から四年におよんだとみられる。なお、〔史料3〕〔史料4〕にともにみえる沓懸城勢との戦いも、いうまでもなく織田方との戦闘であった。

他方、前項でも触れた広瀬城・挙母城・梅ヶ坪城・寺部城など、加茂郡の矢作川中流一帯での合戦は、通説では家康独自のものとしているが、[36]第2表No.1で、梅ヶ坪での鱸の戦功に対して氏真が感状を出していることから明らかなように、基本的には織田方の攻勢に対する今川方の戦闘であったとみなければならない。そうなると、これらの合戦

での家康のかかわりは、今川方に加勢したものとの位置づけになるだろう。

ところで、永禄四年に入ると、織田方との関係が一変する。二月頃までは、なお小河・石ヶ瀬などで水野信元との抗争が続き、挙母・梅ヶ坪などへの加勢もみられた。しかし、その直後に家康は、信長と同盟を結ぶことになったのである。

この両者の和睦の経緯についても、諸史料によって違いがあり、必ずしも自明のことではない。従来、両者の仲立ちになったのは、〔史料4〕『松平記』にみられるように、水野信元であるとされることが多かった(37)。しかしながら、〔史料6〕の石川数正譜によれば、滝川一益が数正に通じて、和議のことを申し入れたとされている。ただし、このことは滝川一益の家譜にはみえず(38)、数正譜の信憑性とい

第3表　松平元康発給文書の合戦等にかかわる動向

| | 年　月　日 | 宛　　先 | 合　戦　等　内　容　文　言 | 文書番号 |
|---|---|---|---|---|
| 1 | 永禄(3). 8. 朔 | 筧平十郎 | 今度於石瀬無比類仕候 | 24号 |
| 2 | (3). 8. 朔 | 坂部又十郎 | 今度無比類矢を仕候 | 25号 |
| 3 | 永禄 4. 4. 3 | 松平勘解由 | 今度就御馳走，知行百貫文進之候，然者拾石・赤川分 | 100号 |
| 4 | 4. 12. 22 | 松平勘解由左衛門 | 今度別就馳走申，□□拾石・両赤河分 | 177号 |
| 5 | 4. 4. 5 | 都筑右京進 | 今度東条之儀，忠節無是非候 | 101号 |
| 6 | (4). 5. 28 | 牧助(牧野助兵衛) | 其方御進退之事，何篇見放申間敷候 | 114号 |
| 7 | 4. 6. 27 | 松井左近 | 今度東条津平仁致取出，為勲功津平之郷一円，永令領掌畢 | 132号 |
| 8 | 4. 6. 27 | 本多豊後守 | 今度於小牧取出被成候儀，祝着候 | 133号 |
| 9 | (4). 6. 29 | 管沼十郎兵衛尉 | 此間就有馳走，新城・田嶺・武節三所 | 134号 |
| 10 | (4). 9. 5 | 岩瀬吉右衛門 | 昨日者其口敵働候処，無比類手前之由大慶候 | 154号 |
| 11 | (4). 10. 1 | 本豊(本多広孝) | 今度合戦，御手前御高名無比類候 | 160号 |
| 12 | (4). 11. 9 | 松井左近 | 松崎籠城之衆足弱事，……松崎城江出入可停止 | 169号 |
| 13 | 永禄(5). 2. 6 | 伴与七郎 | 今度鵜殿藤太郎其方被討捕候，近比御高名無比類候 | 189号 |
| 14 | 5. 4. 13 | 松井左近 | 東条定(城)代之儀申付候 | 204号 |
| 15 | (5). 4. 晦 | 岩瀬吉右衛門 | 一身以覚悟取出被仕候之間，為給大塚之郷一円出置之 | 210号 |
| 16 | (5). 11. 吉 | 松井左近 | つの平儀，其方一ゑんいたしおき(出置)候 | 258号 |

註　出典は『愛知県史』資料編11により，文書番号のみを記した．

う点から、断定することはできない。

いずれにしても、和議の申し入れを受けた家康は、家臣に諮って今川氏を見限り、織田氏との連携に踏みきったのである。和議の内容は、〔史料6〕の石川数正譜で「尾張・三河の境をさだめらる」とあるのが正鵠をえているとみられ、領域画定の領土協定であったといえよう。戦国大名の国分協定について検討された藤木久志氏は、永禄四年の織田・徳川同盟は、領域画定・戦線協定（ただし自力次第）・攻守同盟という三つの協定を基礎にして成立していたといわれた。(39)しかしながら、これは拠られた史料に問題があり、この段階では領域画定にとどまったとみるべきであろう。

使者としては、織田方が滝川一益・林正成（通勝・秀貞）、徳川方が石川数正・高力清長で、鳴海で相会して和議を結んだといわれている。しかし、これも高力譜にはみえず、そのまま信用することはできない。時期的には、二月中はなお両者の抗争が行われていたこと、四月に入って徳川氏の東三河への侵攻が本格的に始まったこと、これらを考え合わせると、三月はじめころのことであったと考えられる。

〔史料3〕によれば、和議の成立により、織田方の諸城への攻勢は終わったが、西尾城・東条城は駿河方＝今川方であったため、引き続き攻撃の対象にされたといわれている。ということは、西三河では和議の成立以前にすでに今川方との抗争が始まっていたことになるが、そもそも西尾城・東条城がこの時点で今川方だったのかどうかも定かではない。いずれにしても、西三河を早急に平定し、引き続き東三河に侵攻しようとする家康と、美濃の斎藤氏への攻勢を強めようとする信長と、両者の思惑が一致したことによる領土協定の締結であったとはいえよう。

最後に、平野説④についてみておこう。これまでの通説はもとより、ごく最近の『愛知県史』資料編に至るまで、家康は永禄五年正月に清洲城に赴き、信長と会見して盟約を結んだといわれている。(40)これに対して、平野氏は清洲会見というような事実はなかったとして、通説を否定されたのである。筆者は、平野氏が述べられた理由については、史料の信憑性如何という点以外は納得できないが、清洲会見はなかったとする結論については、同様の認識をもっている。

検討に先立って、先にあげた宮本説についてみておきたい。宮本氏は、元康が信長と清洲城で会盟したとの所伝は、「良質の記録には元康と信長のいずれの側にも、こうした記述は見あたらない」とされた。ところが、「伊束法師物語」を引用して、同盟関係について藤木説とほぼ同様の理解を示されただけでなく、「この翌五年正月に元康の清洲参向があり、信長との会盟がなったとの所伝（『総見記』ほか）があることから察すると」として、結局は清洲会見があったことを肯定されたのである。(41)

さて、この家康と信長との清洲城での会見については、史料的な問題点を二点あげることができる。第一は、すでに平野氏も指摘されていることではあるが、比較的信憑性が高いとされている『信長公記』『三河物語』『松平記』などには、この事実がいっさい記されていないことである。

第二に、家譜類にも記載がないことがあげられる。『朝野旧聞裒藁』が引用している「伊束法師物語」によれば、元康に供奉して清洲に赴いた武将として、石川数正・同家成・酒井忠次・天野康景・高力清長・上村正勝の六名をあげている。(42)ところが、『朝野旧聞裒藁』の編者が「按するに、寛永譜・貞享書上には、此時石川日向守家成等供奉せし事、所見なし」と注記しているように、家譜類にそのような記載がみられないことである。(43)もし、清洲城での会見というような重大な出来事があったとすれば、右のような事態を生ずることはなかったであろう。後世の編纂物によるわけにはいかないので、新たな史料の発見でもない限り、やはりそのような事実はなかったとしておくべきであろう。

## 3　将軍義輝への早道馬献納

ところで、この時期の家康の自立にかかわって注目される問題の一つとして、将軍足利義輝への早道馬献納の件がある。義輝の早道馬所望の上意に対して、家康は永禄四年（一五六一）三月に氏真や信長に先んじて納馬しており、自立への志向と密接にかかわる対応であったとみられるので、先行研究をほぼ追認することになるとはいえ、取りあげることとしたい。

平野氏は、足利義輝および義昭と徳川氏とのかかわりについて検討されていて、そのうち義輝との関係では、献馬の問題を扱われた。そして、まず弘治二年（一五五六）か同三年に、家康の婚姻を契機に鹿毛の馬を献上し、永禄三年五月十六日付けで義輝から返礼の御内書があり、「来国光」の太刀が下された。さらに、永禄四年にも義輝の早道馬所望があり、元康はいち早くこれに応じたといわれたのである。(44)つまり、献馬は二回あったということになる。

しかしながら、この平野説は宮本氏が批判されたように問題が多く、ここでは宮本説を中心にみていくこととしたい。(45)まず、宮本説の主要な論点をあげると、つぎのごとくである。

①平野説で初度の献馬の根拠となった「五月十六日」付けの「武家雲箋」所収の義輝御内書は、献馬の史実に結びつけて創作（捏造）されたもので、基本史料として用いることはできない。これにより、元康の献馬を二度とする平野説は成り立たなくなる。

その根拠は、第一に、その文体や用語・文言が御内書のものと比べて異質であり、不適切・不自然なものとみなさざるをえない。

第二に、副状の発給人とされている「細川右京大夫」は氏綱とみられるが、その場合、二点の問題が生じる。

氏綱は永禄三年当時は淀に在城していて、将軍義輝に近侍できなかったこと、そもそも、義輝御内書の副状の発給人は義輝の侍臣で占められていて、氏綱はふさわしくないこと、である。

②早道馬献納の年代については、『松平記』やその後の官撰記録では考証を行っていないが、「三月廿八日」付けの「誓願寺泰翁」宛の義輝御内書、および同趣旨の御内書を請けて発給された一連の書状より、永禄四年と確定できる。

③義輝の早道馬所望の目的は、今川氏真と元康との抗争に対する和平勧告とかかわるもので、「天下静謐」実現のための和平政策に因んだものであった。他方、元康の献馬の意義についていえば、隣国の信長や氏真に先駆けて駿馬を献納しており、将軍の直臣たりうる戦国大名に向けて、自立の態勢を調えていたことの証とみなすことができる。

〔史料7〕足利義輝御内書(46)

今度早道馬事、内々所望由申候処、対松平蔵人佐被申遣、馬一疋嵐鹿毛即差上段、悦喜此事候、殊更無比類働驚目候、尾州織田三介かたへ雖所望候、于今無到来候処、如此儀別而神妙候、此由可被申越事肝要候、尚松阿可申也

三月廿八日　　　　　　（花押）

誓願寺泰翁

将軍義輝の早道馬所望に対して、氏真は六月、信長に至っては十二月の献馬だったが(47)、家康は三月にいち早く献納しており、たしかに自立への意欲を感じさせる。その他、右の宮本説についてとくに異論があるわけではないが、ただ、和平勧告とかかわらせた③前半の評価については従えない。宮本氏がここで早道馬所望を和平勧告と関連づけて

いるのは、いうまでもなく、先の〔史料2〕の義輝御内書を永禄四年と年次比定されたためである。しかしながら、これは永禄五年のものであるから、誤った前提による評価は改められなければならない。

以上、家康の自立にかかわる問題を三項に分けてみてきたのであるが、これまで述べてきたことを整理しながら、その後の推移も含めてまとめておくこととする。(48)

家康は、永禄三年五月の桶狭間の合戦後ただちに岡崎城に入り、自立への第一歩としてまず西三河の平定に着手した。刈谷・小河や挙母・梅ヶ坪などの三尾国境付近を中心に、当初織田方との抗争がつづいた。

ところが、翌四年三月ころに、家康は信長と和議を結んだ。内容は領域画定のための領土協定であったとみられるが、これによって、後顧の憂いをなくした家康は、同年四月以降に本格的に東三河に侵攻し、今川方と激戦を展開することになった。氏真からみると、「岡崎逆心」「松平蔵人逆心」というゆゆしき事態で、客観的にも「三州錯乱」「参州忩劇」といわれるような状態となった。さらに翌五年にも、三河各地で同様の抗争が繰り返された。

このような、関東への通路もままならないという事態を受けて、永禄五年正月二十日付けで将軍義輝は御内書を発給した。氏真には家康との和睦を勧め、北条氏康・武田信玄には、氏真に「意見」を加え、和平が実現するよう努力することを要請した。これに応えて、氏康は五月朔日付けで酒井忠次・水野信元らに書状を送り、氏真との和睦のために協力を求めた。

翌永禄六年は、家康にとっては三河の新興大名として自立を果したという意味で、大きな画期になった年であった。以下では、その指標ともなる諸事実をあげておこう。

第一に、永禄四年以来の徳川方の東三河侵攻に対して、今川方もよく支えたのであるが、永禄六年に入ると、次第に徳川方の優位が明確になってきた。氏真感状などにみられる合戦は、五月の宝飯郡御油口での戦いが最後である。(49)

第1表でみても、永禄六年にはもはや氏真の禁制は三河ではみられなくなっている。

第二に、この年三月に、信長の次女徳姫と家康の嫡子竹千代（信康）との婚約が成立したことである。[50] これによって、信長との同盟関係は強化され、攻守同盟へと発展したものと考えられる。

第三に、今川氏との関係では、前年に鵜殿長照の二子と家康の正室関口氏（築山殿）・嫡子竹千代との交換が成立して、[51] 離反がいっそう進んでいた。さらにこの年七月に、義元の偏諱「元」の字を捨て「元康」から「家康」へと改名することにより、[52] 名実ともに今川氏と決別したのである。

第四に、将軍義輝との関係がある。永禄四年に義輝が早道馬を所望した際にいち早くこれに応じたこと、また、同五年正月に氏真らに和睦を進める御内書が出されたことなどは、すでに述べたところである。それは、氏真に対抗する三河の新興大名としての存在が認知されたということでもあり、翌六年にかけて、いっそうその存在感は増していったことであろう。

なお、この問題に関連して、光源院＝義輝の代の永禄六年当時の状況を示すとされる「永禄六年諸役人附」中に「松平蔵人元康三河」と家康の名前がみられることから、たとえば宮本氏は元康が大名としての序列を将軍義輝から得ていたとされたのであるが、この理解はその後の研究でまったく成り立たなくなった。[53]

こうして、永禄六年には、家康は三河の新興大名として自立し、三河一国の統一も間近になったのであるが、まさにその時点で、いわゆる三河一向一揆が勃発した。以下、その時期以降の問題については、節を改めて検討することとしたい。

## 二　三河支配と三河三奉行

### 1　三河一向一揆と徳政令

永禄六年（一五六三）秋から翌年春にかけての三河一向一揆は、家康家臣の中にも門徒として一揆方に加わるものも多く、家臣団が二分されるような状況となり、家康にとって大きな試練であったことはいうまでもない。しかし、この一向一揆自体については新行紀一氏の研究によることとして(54)、ここでは立ち入らないこととする。

ところで、この時期の問題で注目されてきたのは、「はじめに」で述べたように、いわゆる徳政令の問題であった。戦国期には、とくに戦乱とかかわって徳政問題が生じることが多かったのであるが、徳川氏の場合も三河一向一揆との関連で、一つの特色ある対応がみられたからである。最初に、一向一揆とかかわりがないものも含めて、永禄期三河の徳政関係史料を掲げると、第4表のごとくである。

さて、この問題を最初に本格的に検討されたのは、久保田昌希氏であった(55)。久保田氏は、松平（徳川）氏の徳政令は、権力の発展過程における重要な政治的転換期に、明確な政策的意図をもって発令されていたとして、永禄期の西三河領主層に対する個別的徳政令から、天正期の農民層を対象とした惣国徳政令への拡大としてとらえられた。その際、前者については第4表の№14・15に注目し、一揆方寺院等に対する領主層の債務を否定したもので、一揆勢力の内部分裂および解体という意図をもつ有意義な一向一揆政策であったと評価されたのである。

ついで新行氏は、№13〜15に加え、新史料として№18・20をあげて、詳細な検討を行われた(56)。すなわち、前三点はいずれも一揆中に出された個別的徳政令ではあるが、内容的には相当差違があることを明らかにされた。後二点は一揆鎮圧後のものであって、No.18では河合の債権が個別的徳政令の適用対象から除外されており、前三者とは矛盾・混乱を生ぜしめるものであった。そのような領国内の金融関係の矛盾・混乱を解消するために、家康老衆の合議によって決定されたのがNo.20であるとし、三河寺内町の検討を経て、このような対応を引き出した背景には、寺内に対する徳政免許の存在と寺内住人の結合の強さがあったと評価されている。

　新行氏は、さらに石山合戦期の信長の徳政令にも言及し、基本的に三河の場合と同様、寺内町の特権を否定するとともに、債務廃棄を一種の恩賞として一揆の分裂をはかり、信長権力の拡大をめざしたものと位置づけられている。なお、臼井進氏の場合も、主として

第4表　永禄期三河の徳政関係史料

| | 年　月　日 | 差　　出 | 宛　　先 | 徳政関係文言 | 文書番号 |
|---|---|---|---|---|---|
| 1 | 永禄 3. 7. 9 | 松平蔵人佐元康御判 | (額田郡)山中法蔵寺 | 徳政之貪銭 | 20号 |
| 2 | 3. 9. 21 | 氏真(花押) | (宝飯郡)法住院 | 徳政・年期延等之儀永停止 | 30号 |
| 3 | 3. 9. 27 | 氏真(花押) | 岩瀬雅楽助 | 徳政・年期延一切停止 | 31号 |
| 4 | 3. 10. 2 | 氏真(花押) | (渥美郡)吉祥院 | 祠堂銭之事任借状之旨可遂催促 | 34号 |
| 5 | 3. 10. 10 | (氏真) | 岩瀬雅楽助 | 自余之供(借)銭徳政之沙汰 | 38号 |
| 6 | 3. 10. 11 | (今川氏真朱印) | (宝飯郡)妙厳寺 | 祠堂銭不可及徳政之沙汰事 | 39号 |
| 7 | 3. 11. 13 | 氏真(花押) | (宝飯郡)財賀寺 | 祠堂物・徳政・同貸銭 | 45号 |
| 8 | 3. 11. 22 | 氏真(花押影) | 林次郎兵衛 | 借置米銭之儀，於参州徳政等之儀 | 49号 |
| 9 | 4. 3. 24 | 氏真(花押) | (渥美郡)太平寺 | 雖国次之徳政・私徳政入来 | 86号 |
| 10 | 4. ③. 25 | 蔵人佐御書御判 | 阿佐見金七郎 | 徳政入候共 | 98号 |
| 11 | 4. 9. 3 | 元康(花押) | 長田平右衛門 | 雖何時徳政入 | 153号 |
| 12 | 5. 12. 25 | 売主忠助(花押)等 | (大樹寺)進誉 | 縦天下一同徳政入候共 | 266号 |
| 13 | 6. 12. 7 | 蔵人家康御書判 | 本多豊後守 | 本知内永代売・借米銭 | 313号 |
| 14 | 7. 正. 28 | 蔵人家康御判 | 松平主殿助 | 閑中徳政之儀 | 340号 |
| 15 | 7. 2. 3 | 家康(花押) | 松平三蔵 | 其方借用米銭等 | 347号 |
| 16 | 7. 2. 5 | 孫三郎 | (大樹寺)進誉上人 | 縦者天下一同之徳政入候共 | 348号 |
| 17 | 7. 2. 27 | 家康御判 | 奥平監物丞 | 徳政之儀，駿・遠・東三河之分者 | 352号 |
| 18 | 7. 7. 20 | 家康(花押) | 河合勘解(由)左衛門尉 | 徳政之事 | 384号 |
| 19 | (7). 8. 6 | 松平蔵人家康御判 | 松平玄蕃允 | 借銭・借米之事 | 387号 |
| 20 | (7). 12. 朔 | (水野)信元(花押) | 書立之衆中御宿所 | 深溝米銭旧借付而 | 402号 |

註　出典は『愛知県史』資料編11により，文書番号のみを記した.

右と同様の五点の史料を検討し、新行氏とほぼ同様の理解を示されている。(57)

これに対して、戦国期の徳政令を全面的に検討し、現段階での到達点を示されたのが阿部浩一氏であった。(58) 阿部氏によれば、徳政が行われる契機としては、自然災害や広義の「代替り」などもあったが、時代状況を反映して、戦乱にかかわって出されたものが圧倒的に多かった。この戦乱の徳政には、家臣に給恩の一種として与えられる個別徳政と、国ないし地域単位でいっせいに施行される惣徳政の二つが存在した。さらに前者の場合、一つには、最前線での城詰など、経済的に疲弊した家臣を救済すると同時に、自らの軍事的基盤の維持をはかろうとする徳政と、もう一つは、離合集散を繰り返す領主層を懐柔することで戦況を有利に導こうとする、一種の利益誘導策としての徳政とがあった。そして、この後者の典型的事例として、永禄六年から翌年にかけての松平（徳川）家康の徳政令が取り上げられているのである。(59)

すなわち、関連史料として№13・14・15・20を取り上げ、№13↓14↓15へとその内容・経過をたどると、適用範囲は家中全体から家臣個人のみへ、適用対象も債務全体から借米銭のみへと、いずれも縮小・制限されていく傾向にあったとし、それは一向一揆との厳しい対立から、戦況の好転、和睦の徴候へという戦況の変化と密接に関連していたとされた。そして和睦の実現により、徳政適用の混乱解消のために、№20にみられるような妥協的な措置がとられたが、そこには戦国大名としての松平氏権力の未熟さ・脆弱さがあらわれていた、と評価されたのである。

以上のような諸説に対して、とくに大きな異論があるということではないが、第4表によりながら、若干の問題点を指摘しておくこととしよう。

まず、久保田氏は「松平氏にとって、その権力の形成以来、一向一揆との対決に至るまで徳政令を発した事例は見あたらない」とし、「松平氏が一向一揆との対決によって得た権力構造の質的変容は『徳政令』を獲得したことにも

求められよう」といわれている。(60)

たしかに、徳政令ということではこれまでのところみあたらないが、他方で、それと表裏の関係にある徳政免除についていていえば、№10・11の阿佐見・長田両氏宛などのように、一向一揆以前からみられるのである。つまり、家康は一向一揆以前から徳政問題に権力的に関与しており、それゆえ、一揆後の権力構造の質的変容を、「徳政令」獲得にも求めようとされるのは、いささか無理があるといわなければならない。

つぎに、阿部氏は家康の徳政令は、適用範囲・適用対象などが次第に縮小・制限される傾向にあり、それは戦況の変化と密接な関連があるといわれている。しかしながら、一般的な傾向としてはともかく、検討対象とされた史料の限りでは、家康にそのような見通しをもった対応が可能であったかどうか、かなり疑わしい。この点、いずれも深溝の松平伊忠にかかわる№14・20の史料によって、具体的に検討してみよう。

〔史料8〕 松平家康判物写

就今度別而御馳走候、其方一身幷鬧中徳政之儀、任望同心候、永代祠堂物相除、当借・久借・年記・本物・本直等之下地、米銭可被下候ハヽ、自然土呂・針崎其外敵方之者無事之上申事候共、可為右同然候、縦前々自今以後徳政除之判形雖出方有之、今度之御忠節異他候間、可為無除者也

永禄七年甲子
正月廿八日　　蔵人
　　　　　　　家康御判

松平主殿助殿参

〔史料9〕 水野信元書状

猶以深溝家中上下之借儀、右之分ニ候、深溝へも達而異見を申候、此外不申候

深溝米銭旧借付而、去年中一揆之刻、不可有返弁之一札を深溝江被出候、然処当春属無事之時、如前々と土呂其外へ一札被出候、只今御相論如何候間、来年中ニ本米・本銭を以、従深溝返弁被成候へ、当年之儀ハ一円納所成間敷候、此旨岡（崎脱カ）諸宿老衆与談合仕申定候、双方之御為、第一国之御為、旁以家康も祝着可申候、国中何方之家中も同前候、但永地計相除候、其外借義一切ニ本を以、来年中ニ可有其沙汰候、岡崎同心之衆点を被合候、各不及御異乱、御合点可被成候、恐々謹言

十二月朔日　　信元（花押）

いずれも周知の史料であるが、まず適用範囲についてみると、〔史料8〕の「其方一身幷閣中徳政之儀」が〔史料9〕の「深溝家中上下之借儀」と対応しているとみられるところから、この徳政は伊忠個人ではなく、家中全般にもおよんでいたとみなければならない[61]。また適用対象についても、祠堂物が除かれているのは、当時の徳政令に一般的にみられることで制限にあたらないとすれば、これまた当借・旧借をはじめ広範囲におよんでいる。さらに「敵方之者」として、あえて土呂＝本宗寺・針崎＝勝鬘寺と名指しであげていることからみても、なお一揆方寺院とのきびしい対立関係があったことをうかがわせるのである。

しかしながら、一揆方との和睦が成立すると事態は変わってくる。一向一揆との対決の最中に、家臣の忠節を賞して、たとい「無事」＝和平が成立しても、それまでに敵方に「徳政除之判形」を出していてもそれらは一切認めず、「不可有返弁之一札を深溝江被出候」と徳政を認めるということと、「当春属無事之時、如前々と土呂其外へ一札被出候」というように、和睦によって敵方だった一向宗寺院に従来の特権を認めるということとの間には、明らかに矛盾・混乱を生じせしめることになった。

他方で、前項で述べたような徳川氏による東三河への侵攻、今川方との抗争は、一向一揆の勃発で一時的に頓挫し

たとはいえ、和睦の成立とともにその平定戦は急速に進行していくこととなった。六月にはつぎの史料にみられるように、東三河をほぼ押さえ、酒井忠次にその統括を委ねたのである。

〔史料10〕松平家康判物(62)

吉田東三河之儀申付候、異見可仕候、室・吉田小郷一円ニ出置之、其上於入城者、新知可申付候、由来如年来、山中之儀可有所務之、縦借儀等ニ向候共、不可有異儀者也、仍而如件

永禄七年甲子
六月廿二日　　　　　　　　　蔵人
　　　　　　　　　　　　　　家康（花押）

酒井左衛門尉殿

しかしながら、東三河の要衝である吉田城・田原城の攻略は、なお翌年三月ころまで持ち越されることになった。このように、三河一国の平定・統一を進めていた当時の家康にとって、一揆で生じた領国内の矛盾・混乱は、早急に克服すべき課題となった。そこで、〔史料9〕にみられるように、岡崎宿老衆たちの談合によって、永代地を除く債務については元本のみの返済ですますこと、その返済についても翌年に繰り延べること、という妥協的な措置がとられることになったのである。そして、そのような措置をとることが、「双方之御為、第一国之御為、旁以家康も祝着可申候」といわれているように、それはまさに、三河の統一と領国内の安定とを優先させた対応であった。

## 2　三河三奉行の実態

さて、つぎに取りあげるべき問題は、徳川氏の三・遠支配段階で、本多重次・高力清長・天野康景らが、いわゆる三河三奉行に任じられたとされていることである。その概要を明らかにした北島正元説は問題が多いため(63)、この問題

を専論した三浦俊明氏の説からみていくと、つぎのように述べられている。(64)

①家康は永禄十年（一五六七）十一月二十七日に「諸役人定」を制定しており、三奉行の名前は本多・天野・高力とは異なっているが、三奉行制が戦国大名徳川氏の職制のなかに明確に位置づけられていることは注目すべきである（四三一頁）。

②徳川氏が遠江入りしてからの後の三奉行の任務は、浜松城を本拠として徳川氏蔵入地を直接支配する郷代官の統率と、兵糧の調達およびその流通組織の整備などが主なものであり、同時に軍団の拡充という任務を併せもっていた（四三九・四四〇頁）。

③永禄八年に「三奉行」という固定化した職制が設置されたという説には多くの疑問があり、永禄十年に制定された「諸役人定」のころに三奉行制が採用されたと考えるのが妥当である（四四七頁）。

④いわゆる高力・本多・天野の三名によって三奉行が構成されたのは、永禄十一年の遠州入り以降のことと考えられる。三奉行制の成立は、永禄十年以前にとられていた個々の奉行制の体制的整備であり、蔵入地拡大にともなう戦国大名の政治支配機構整備の一環としてとらえられる（四四七頁）。

⑤『武徳編年集成』の天正十七年七月七日の項に、本多・高力・天野の三名連名による六ヵ条の掟書を収録している。これは七ヵ条の掟書と内容はほとんど同じであり、なぜ六ヵ条となったかは明らかでないが、天正十七年当時、彼らは三奉行の職についていたらしい（四五四・四五五頁）。

このうち、⑤がまったくの誤りであることは、註(63)の北島説批判の第三と同様である。①③は「諸役人定」を論拠とした主張であるが、すでに煎本増夫氏が「東照軍鑑」について、信憑性が乏しいことを指摘されているところである。(65)新行紀一氏も同様の指摘をされるとともに、三奉行については、高力・本多・天野の三名連署の文書は永禄十一年十二月が初見であり、それ以前に植村・天野・大須賀の連署文書もあることから、三奉行制が永禄十年ころに成立したとしても、三名の人物は固定していなかったことになろうとされた(66)。

その後酒入陽子氏が、三浦氏のいう永禄十年ころ成立説については否定されながらも、「個々の奉行制の体制的整備」という点は指摘のとおりであるとして、大須賀・植村らが個々の奉行として活躍していたのが、三名による三奉行になり、さらにその三名が本多・高力・天野に定まっていったというのが実情であろうといわれた(67)。他方、和泉清司氏も新たな史料を提示しながら、この時期の奉行衆について概括されているが、三河三奉行についてはとくに新たな指摘を行われているわけではなく、大枠では北島氏の論の展開を踏襲されている(68)。

このようにみてくると、三河三奉行については、永禄八年ないし十年ころに成立したとする説については否定される傾向にあり、また当初は誰が三奉行であるかは必ずしも固定したものではなかったということなどが、共通の理解になりつつあるといえよう。しかしながら、筆者はそれにとどまらず、はたして「三河三奉行」あるいは三奉行制なるものが、当時の徳川氏の職制として存在したのかどうかをも疑うべきであると考える。

「三河三奉行」の史料的根拠は、諸種の家譜類や後世の編纂物であり、そこには年代や人名・職名について多くの異同があることは、三浦論文の第一表からも明らかである。また、そもそも「三奉行」という呼称自体がはなはだ便宜的で、奉行職の内容を何ら示すものではなく、とても確たる職制に位置づけられるようなものにはおもえない。

先行研究で、本多・高力・天野のいわゆる三河三奉行の初見文書としてあげられているのは、つぎの禁制である。

〔史料11〕本多重次外連署禁制写(69)

禁制

一甲乙人濫防（妨）・狼藉之事

一山林・竹木伐採之事
一押買幷追立夫・伝馬之事
右之條々於違背者、可被処厳科者也
天野三郎兵衛
永禄十一年極月日　高力与左衛門
本多作左衛門

この禁制は、他に年月日や文言の若干違うものがみられるが[70]、いずれも宛所を欠くため、それぞれ別個に出されたものかどうかは判然としない。それはともかく、問題はこの三名による発給文書が、管見の限りではこの禁制しかみられないことである。先行研究ではこの禁制を初見文書とし、永禄十一年の遠州入り以降この三者による三奉行制が固まっていくように述べられているが、そのようにいうにしては史料的根拠が薄弱で、はなはだ実態が乏しいものといわなければならない。

他方、すでに指摘されているように、この三者以外の、たとえば植村・天野・大須賀の連署文書が永禄十一年八月十五日付けでみられ[71]、また元亀二年（一五七一）十二月吉日付けの比売天神社棟札では、この三者が「郡奉行」としてみえている[72]。さらには遠州入り後の永禄十二年八月二十一日付けで、鳥居・大須賀・上村・芝田の四名の連署状もみられるのである[73]。すなわち、当時の徳川氏の奉行人は三名には限らなかったし、ましてや本多重次らの三者に限られていたわけではなかった。

こうして、これまで自明のように語られてきた本多ら三者による「三河三奉行」なる職制が永禄末年に成立したというような事態は、制度的にも実態的にもなかったということになる。それぞれの奉行人が、その時々の必要に応じて、各種支配に関与していたとみるべきではなかろうか。

ところで、この「三河三奉行」と同様の表現になるが、川岡勉氏によれば、畠山義就の奉行人である花田・小柳・豊岡の三名が、「河内三奉行」とよばれていたことが指摘されている。(74) この場合も、「奉行三人」「三人奉行中」「三奉行方」(75)などとあり、やはり便宜的なよび方で、確たる職制とはみなしえない。ただ、三名の連署奉書や書状が残されていて、(76)延徳二年(一四九〇)に義就が死去するまでのわずかな期間であるとはいえ、それなりに支配の実態を有していたみられるところが、「三河三奉行」との違いである。

# 三　遠江侵攻と三河・遠江支配

## 1　農村支配の展開

永禄十一年(一五六八)は、東海地域のみならず、日本の歴史にとっても一つの画期になる年であった。いうまでもなく、この年の九月に織田信長が足利義昭を擁して上洛し、十月に義昭が将軍宣下をうけたからである。東海地域では、十二月に武田信玄が駿河に侵攻し、これに呼応して家康も遠江に侵攻した。今川氏真は掛川城に逃れたが、翌年五月に開城して北条氏のもとに去り、これによって戦国大名今川氏は実質的に滅亡した。そして、この後武田氏が滅ぼされた天正十年(一五八二)三月まで、主として遠江を中心に、徳川・武田両氏の抗争が続いたのである。(77)

ここでは、本書の主題との関係で政治史については立ち入ることをしないが、徳川氏が遠江に侵攻したことは、領国支配の面でも新たな展開を示すことになった。ここでは三・遠支配期の主要な点について、項を分けてみていくこととしたい。

まずは、基本となる年貢米や棟別銭の徴収に関する問題である。最初に、遠州吉美郷における年貢米と棟別銭に関する史料をみてみよう。

〔史料12〕吉美郷年貢定書写(78)

吉美之郷年貢定之事

『天正四年也』（朱書）
一丙子年以検地之高辻、米銭共ニ従丁丑年定半成、但大風之年者、国次之可加下知事
一給主之年貢米者、宇布美迄可届之事
一蔵入之分者、其地蔵へ可納事
一給主米納事者、蔵入・給主共ニ従九月至テ極月、如法度之納所可仕事
右之條々不可有相違、但就背此旨者、急度可加成敗者也、如件

天正五丁丑年八月十二日

〔史料13〕徳川家康朱印状(79)

遠州棟別銭之事　約束共ニ
（朱印・印文「福徳」）
合六貫五百七文者
右、来九月十日以前ニ蔵橋（倉）三郎五郎かたへ可相渡、若於日限延引者、加利分可請取也、仍如件

天正五丁丑八月五日

吉美之郷

前者の史料は、すでに北島氏や和泉氏も全文を掲げて検討されているものである(80)。そこで述べられた点について、とくに大きな異論があるわけではない。ただし、第一条に関する北島氏の「大風の年は国領の奉行が検分して減免する」とか、和泉氏の「但し大風等によって被害が出た年は国領の奉行が検分して下知を加えること」というような指摘は、いずれもまったくの誤りである。問題の箇所は、「国領」ではなく、「国次」と読むべきところだからである(81)。

さて、吉美郷では「丙子年」＝天正四年（一五七六）に検地が行われたようで、翌五年から「定半成」ということで、検地高辻の五割を年貢高とされたのである。ただし、大風の年はおそらくは検見を行って、「国次」の対応をとることになっていた。これらの年貢米は、給人分は宇布見まで届け、蔵入分は吉美御蔵に納入することとされた。納入期間は、九月から十二月までであった。

ところで、第一条にみられる検地高辻の半分を定納すべき年貢高とする方式は、この時期、三河・遠江に共通する原則であったとみられる。三河の山中・舞木の新田に関する天正五年三月五日付けの酒井忠次判物では、その第一条で、「本新田拾石五升目、定納半成弐拾俵弐斗五升俵也、但水風損之時は可為検見、只今切発之地は五年相過、従午年弐貫文宛可為定納之事(82)」とされている。「定納半成」で、災害時には検見をうけるとしている点は、まったく同様である。ただし、新田ということもあって、新開発地の年貢についても規定されているところが、吉美郷との違いである。

他方、〔史料13〕では吉美郷宛てに、棟別銭納入の指示も出されている。棟別銭六貫五〇七文を、九月十日までに倉橋政範方へ納めるように命じられ、もし期限が過ぎた場合は利分を加えるというように、厳しい催促となっているのである。この棟別銭は、のちの〔史料15〕の西郷清員に宛てた遠州榛原郡内の知行目録で、「此外反銭・棟別、御蔵入」といわれているように、蔵入分であった。それゆえ、この棟別銭は〔史料12〕の第三条により、吉美御蔵に納入されることになり(83)、倉橋はここでは棟別銭を徴収する代官であった。

なお、倉橋三郎五郎政範については、のちに七ヵ条定書の奉者としてあらわれる倉橋長右衛門尉昌次と同一人物であることが柴裕之氏によって明らかにされている(84)。この後も村方支配に深く関与しているが、次項でも再度取りあげることとする。

吉美郷は、浜名湖の西岸にあって、同じ西岸の宇津山や東岸の宇布見と並んで、湖上交通や経済の一大拠点であった(85)。それは戦国期を通じてのことであり、たとえば、永禄四年に今川氏真は、岩瀬雅楽介に対してつぎのような指示を与えている(86)。すなわち、三河牛久保で取り替えた米五〇〇俵の返弁について、遠路であるため代物＝銭納にすることとし、四月の売買によって一五〇貫文を弁償することにした。その際、「遠州吉美以年員（貢）銭所申付也、若代物就不足者、以同郷之米、時之売買積百五拾貫文之首尾可相渡之」と、全面的に吉美郷での対応に委ねたのであった。逆にいえば、吉美郷はそれに対応できる物流の拠点であり、換金市場でもあったということである。

遠州に侵攻した徳川氏は、いち早くこの吉美郷を押さえ、御蔵を置いて蔵入地支配、さらには領国の経済支配の拠点にしたのであった。

年貢収納にかかわってつぎに取りあげるのは、大給松平家の指出である。近世的な年貢収納方式につながる興味深い内容であり、検討してみよう。

〔史料14〕大給領年貢指出案(87)

大給領大沼共惣高辻

代方高
以上千四百参拾弐貫五百弐拾五文　代方高辻

此内四拾弐貫八十七文　荒地・川成・なきをち共

此内取八百参拾四貫六百廿三文　子之納

米方高辻
以上五百八石七斗九升一合　米方高辻

此内拾五石三升　荒地・河成・なきをち

此俵弐千三拾五俵四升一合　子之納細川　二斗五升俵

此代千拾七貫五百八十三文　但百文ニ五升方

米方之内

取三百九十石七斗六升一合　子之納

此俵千五百六十三俵壱升一合　弐斗五升俵

此代七百八十壱貫五百廿二文　但凡百文ニ五升方

惣高辻
米銭合弐千四百五拾貫百七文　惣高辻

此内七拾弐貫百四十七文　荒・川成

此内

取千六百拾六貫百四十五文　子年納所

六所神領　別紙ニ帳上申候

此外

一弐千貫文　小山・はい原郡之内にて被下

只今ハ所務無御座候

一三年ニ壱度棟別取申候、弐拾貫文計御座候、員数不定候

天正四丙子十二月廿二日

一山札銭壱貫文計御座候、山あせ候間、只今ハ一円札とり不申候

御公方へ上申候案文

天正四丙子十二月廿一日

この史料は「御公方へ上申候」とあるように、事情は定かではないが、家康に提出された大給松平家の年貢に関する指出である。そのため、提出時点における全知行高と実際に納入された年貢高とが書き上げられているものとみなすことができる。以下、注目される諸点をみていくこととしよう。

第一に、基本的な知行高が、「代方」と「米方」に分けて記載されていることである。これは有光友學氏が今川氏の年貢収取体制として明らかにされた、いわゆる「米方・代方制」の方式をとっていることを示している。(88)有光氏によれば、今川領国では「米方・代方制」と「貫文制」という二元的な年貢収取方式がとられていたが、このうち「米方・代方制」とは、米方は田年貢で米高で表され、代方は畠年貢で貫文高で表されるというものであった。また、米高は「時之売買ニ積」って貫文高に換算されることはあったが、それは「貫文制」の貫文年貢高とは性格を異にするものであったともいわれている。

初期徳川氏がその村方支配において、今川氏の方式を踏襲していることはよく知られている。たとえば、のちに取りあげる天正十七年の七ヵ条定書の段階においてさえ、四分一人足役の徴発や下方枡の使用などがみられる。ここでは、年貢収取方式という支配のもっとも基本的な部分で、しかも三河の知行地で「米方・代方制」が取られているこ

とが注目されるのである。

第二に、納入される年貢高は、惣高辻＝知行高＝年貢賦課基準高から災害等分＝損免分を差し引いた有高に年貢率を掛けて決定されており、明らかに知行高と年貢高とには差があったことである。この点を、史料に即して検討してみよう。

まず、代方高辻は一四三二貫五二五文で、これから荒地など四二貫八七文を差し引いた有高一三九〇貫四三八文に対して、ほぼ六割の年貢率が掛けられ、八三四貫六二三文という取＝年貢高が確定されている。

つぎに、米方の方はやや複雑であるが、米高が「二斗五升俵」で俵高換算がなされ[89]、さらに、「百文〻五升」つまり一石＝二貫文の換算で貫文高が算出されている。ここでは貫文高でみていくと、米方高辻五〇八石七斗九升一合＝一〇一七貫五八二文（史料の三文は計算の誤り）から荒地など一五石三升＝三〇貫六〇文を差し引いた有高九八七貫五二二文に対して、七割九分余りの年貢率が掛けられて、七八一貫五二二文という取が確定されている。

代方・米方の両者を合わせた惣高辻は二四五〇貫一〇七文であり、「子年納所」とされるこの年の年貢高は一六一六貫一四五文であった。たんに損免分を差し引いて年貢高を算出するのではなく、損免分を差し引いた有高に一定の年貢率を掛けて年貢高を確定しており、この点はまさに近世的な年貢収納と同様の方式であった。

第三に、榛原郡内の二〇〇〇貫文が、「只今ハ所務無御座候」という事態に陥っていることである。松平真乗は永禄十二年の十月に遠江の知行地二〇〇〇貫文の知行目録を交付され、十二月には家康判物により、この二〇〇〇貫文の所領を安堵されていた[90]。

ところが、二〇〇〇貫文もの知行地が、わずか七年後の天正四年にいわば有名無実になっているというのである。これは天正二年に高天神城が武田氏に落とされるなど、遠州中・東部における武田氏との抗争が激化したため、この時期支配の実効性が上がらなかったためとも考えられる。しかしながら、五ヵ国総検地を経て、天正十八年二月に改めて安堵された大給松平領は一万五六四九俵余り、石高に換算して四六九五石におよぶが、その大半は三河加茂郡に集中していて、遠江には知行地はなかった(91)。その点からすると、あるいは二〇〇〇貫文の知行宛行自体が、そもそも一時的な処置だったのかもしれない。

第四に、棟別銭は三年に一度、二〇貫文程度を徴収するとされている。山札銭も一貫文ほどあるが、現在は徴収していないといわれている。いずれにしても、田畠の本年貢以外に、多様な負担がみられるのである。

以上で年貢関係の検討を終え、つぎに、史料的に比較的まとまっている商業・職人

関係文書

| 宛　　先 | 内　　容 | 出　　典 |
|---|---|---|
| 舟大工甚左衛門 | 滝川切吉田於奥郡，舟大工之事 | 都築文書，『愛知県史』401 号 |
| 本多左近左衛門 | 根石原新市，三ケ年之内諸役令免除 | 譜牒余録，『愛知県史』469 号 |
| (長存寺カ) | 当郷市ニ而押買・狼藉之事 | 長存寺文書，『愛知県史』477 号 |
| 松平上野守 | 豊河市場かた | 徳川所蔵文書，『愛知県史』495 号 |
| 見付升取かたへ | 升座之事 | 中村文書，『静岡県史』69 号 |
| | 小山新市，楽市，於彼市国質・郷質 | 松平所蔵文書，『家康文書』170 頁 |
| | 遠州見付国府問屋事 | 成瀬文書，『静岡県史』341 号 |
| 高野山・小林 | 鉛有之，分国中銀鉛，大工職両人ニ | 清水文書，『愛知県史』780 号 |
| 本興寺 | 造営鍛冶・番匠諸役免許，舟役免許 | 徳川家判物，『静岡県史』400 号 |
| 上村清兵衛 | 見付之国府宿屋敷一間并酒役令免許 | 百合叢志，『静岡県史』443 号 |
| 上林越前 | 土呂八町新市之事 | 譜牒余録，『愛知県史』911 号 |
| 上林 | 土呂郷中鍛冶・番匠・諸職人門次人足 | 譜牒余録，『愛知県史』942 号 |
| 清水権助 | 中山之郷地下網弐帖・湊役 | 書上古文書，『愛知県史』982 号 |
| 岡崎塩商人中 | 座を立，永可為売買事 | 小野所蔵文書，『愛知県史』1066 号 |
| 五官唐人五官 | 分国中諸商売荷物買渡海諸役等 | 古簡編年，『静岡県史』943 号 |
| 平野孫八郎 | 廻船着岸商売，三・遠両国中諸湊・諸浦 | 多田所蔵文書，『静岡県史』1036 号 |
| 森市場 | 禁制，押買狼藉，借銭・借米・郷質 | 山中所蔵文書，『静岡県史』1111 号 |
| 玉丸御局 | 勢州玉丸船壱艘，三・遠両国中於諸湊 | 張州雑志，『愛知県史』1291 号 |
| 孫尉・弥大夫 | 分国中加嶋一類，奥山材木，筏下 | 田代文書，『静岡県史』1283 号 |
| (五郎太郎カ) | 遠江国浜松庄大工職之事 | 御庫本古文書，『静岡県史』1291 号 |
| | 大岡之庄上下とい屋之事 | 駿河志料，『静岡県史』1516 号 |
| 長谷川八郎太夫 | 駿州与伊勢嶋鉾楯，塔志嶋廻船可相留 | 記録御用所本，『静岡県史』1150 号 |

は資料編 8,『家康文書』は中村孝也『徳川家康文書の研究』上による.
されていたと推測されるもの.

関係の問題についてみておきたい。関係史料をまとめたものが、第5表である。

　この表より、第一に注目されるのは、No.2・3・4・6・11・17などで、市場の保護、新市の取り立てが積極的に行われていることである。根石原新市では、三年間は諸役免除の特典を与えるだけでなく、市場の居住者には、たとい借銭・借物などがあったとしても、同じく三年間は不問に付すとしている。小山新市では「楽市」とされていて、やはり諸役免除が保証されていた(92)。森市場の禁制は、『静岡県史』の注記によれば、本来は「檜へギ板」に書かれていたものといわれていて、楽市・楽座令で有名な美濃加納市場の制札(93)などと同様に、市場に掲げられたものであったことを示している。

　第二に、座や廻船などの問題がある。No.5では、遠州侵攻後いち早く見付枡座を押さえており、枡座の構成員を一二名にすること、座役は二年後に定めること、家康が出陣する時を除き、宿並の伝馬は免除することなどを定めている。三河岡崎では、No.14で塩座の設置を認めていることも注目される。

　No.16・18では、平野孫八郎と玉丸局に対して、領国内の三河・遠江の諸湊・諸浦への着岸・商売を認め、諸役を免除している。伊勢湾・三河湾・遠州灘・駿河湾など、太平洋沿岸の諸湊や海運は、いわゆる明応七年（一四九八）の

第5表　三・遠支配期の商業・職人

| | 年　月　日 | 差　　出 |
|---|---|---|
| 1 | 永禄 7. 11. | 家康（花押） |
| 2 | 永禄 9. 正. 9 | 権現様御諱御書判 |
| 3 | 永禄 9. 2. 26 | （鵜殿）長竜（花押） |
| 4 | 永禄 9. 5. 9 | 岡蔵家康（花押） |
| 5 | 永禄 12. 7. | （朱印「福徳」） |
| 6 | 永禄 13. 12. | （朱印，印文「福徳」） |
| 7 | 元亀 2. 6. | （朱印「福徳」） |
| 8 | 元亀 2. 9. 3 | （花押）（徳川家康） |
| 9 | 元亀 3. 2. | 家康（花押） |
| 10 | 元亀 3. 4. | （朱印「福徳」） |
| 11 | 元亀 4. 9. 23 | 御判 |
| 12 | 天正 2. 3. 12 | （朱印「福徳」） |
| 13 | 天正 2. 12. 9 | 御朱印 |
| 14 | 天正 3. 正. 17 | 御判 |
| 15 | 天正 3. 11. 7 | （朱印「福徳」） |
| 16 | 天正 5. 2. 18 | 家康（花押） |
| 17 | 天正 5. 極. 27 | |
| 18 | 天正 6. 8. | 御諱御朱印 |
| 19 | 天正 8. 2. 晦 | （朱印，印文「福徳」） |
| 20 | 天正 8. 3. 13 | （花押影）（徳川家康） |
| 21 | （天正 10）. 3. 25 | （酒井カ）忠次（花押） |
| 22 | . 5. 15 | 御判物 |

註 1.『愛知県史』は資料編11,『静岡県史』
　2.（朱印「福徳」）は,「福徳」朱印が捺

大地震により大きな打撃を受けたのであるが、[94] その後戦国期を通じて次第に回復していったのである。[95] 家康も、No.13・15・22なども含めて、諸湊や廻船の動向に対応していたことがうかがえる。

最後に職人の問題であるが、戦国大名にとって領国内の職人の統制は、築城や武具の調達などをはじめとして、欠かせない課題であった。人数的にも動員する頻度においても、もっとも多かったのは番匠と鍛冶であり、石切や大鋸がそれについでいたことが、笹本正治氏によって明らかにされている。[96] 第5表は三・遠支配期というごく限られた期間の事例ではあるが、No.9・12の鍛冶・番匠やNo.8・20の大工職など、やはり同様の傾向がみられる。

以上、はなはだ不十分ではあるが、領国支配をめぐるその他の問題は、奉行人などを検討する次項において、合わせてみていくこととしたい。

## 2　奉行人等の台頭

ところで、この時期の徳川氏による領国支配は、どのような態勢で行われていたのであろうか。この点を、文書様式の面からみてみると、家康の直状式の判物による直接支配が行われていたことが特色である。

すなわち、山室恭子氏が戦国諸大名や天下人の発給文書を詳細に分析された結果から明らかなように、[97] たとえば武田氏の場合は、永禄末年以降、奉書式の印判状が圧倒的に多数を占めるようになった。この時期の駿河・遠江における信玄・勝頼などの発給文書についてみても、ほぼ六割が奉書式印判状となっている。[98]

これに対して家康の場合は、永禄十一年（一五六八）末の遠州侵攻後から印判状は部分的に進出をはじめ、領国が駿・甲・信に拡大した天正十年（一五八二）以降本格的に進出するが、判物の方が上回る年もあって安定しない、といわれているとおりである。しかも、進出を始めたとされる印判状も、先の第5表にみられる限りでは、すべて直状式であった。それゆえ、奉書式印判状にみる奉行人問題の検討は、第二章に譲らざるをえない。

そのような制約はあるものの、遠州侵攻のころから、家臣たちの領国支配にかかわる内容の発給文書も、かなりみられるようになってくる。これをまとめたものが第6表であるが、本多重次と大須賀康高については点数が多くなるので、その個人分は原則として表では省略した(99)。

さて、第6表によって主要な点をみてゆくと、まず、No.1・No.5の石川数正・同家成およびNo.2の酒井忠次は、この時期の家康家臣団のなかでは特別な位置を占めていた。すなわち、煎本増夫氏の研究によって永禄末年の徳川氏家臣団編成をみると、東三河は吉田城代である酒井忠次が旗頭となり、西三河は石川家成が同じく旗頭として、それぞれ軍団を統括していた。そして、永禄十二年に今川氏真が掛川城を退去した後、掛川城には石川家成が入り、西三河の旗頭は同数正に引き継がれたといわれている。もとより、家康の直轄軍と重要拠点に配された武将の軍団など、両旗頭に属さない軍団もあったが、大半は、酒井忠次組・石川家成組に編成されていたのであった(100)。

このように、酒井忠次と石川家成・数正とは、両旗頭として徳川氏の家臣団を統括する立場にあったが、平野明夫氏は、両者の間にはその地位と権限とについて差があったことを指摘されている(101)。また、西三河の旗頭が家成から数正に代わった時期が永禄十二年だったとしても、第6表No.3のわずかな事例であるとはいえ、永禄八年から忠次と数正の連署がみられるように、数正の関与は永禄十二年以前からみられたことにも注意しておく必要があろう。

さて、第6表のNo.6以下にみられるように、家康の遠州侵攻によって領国が拡大したころから、いわゆる奉行人たちの台頭がはじまった。すでに本多重次については、その奉行人としての役割は遠州侵攻以降に顕著になるとして、寺社領支配、年貢・兵糧米の徴収、交通問題などに関与していたことを、具体的に明らかにしたところである(102)。ここではその他の諸氏をも含めて、第6表によりながら再度検討してみよう。

| 内　　　容 | 出　　　典 |
| --- | --- |
| 長仙寺領の安堵 | 長仙寺文書，『愛知県史』419 号 |
| 寺領安堵関係書状 | 長仙寺文書，『愛知県史』420 号 |
| 年中勤行次第 | 長仙寺文書，『愛知県史』421 号 |
| 忠功を賞した添状 | 三河古文書，『愛知県史』629 号 |
| 戦功を賞し，勝頼の動静注進依頼 | 譜牒余録，『愛知県史』1081 号 |
| 白山先達職の安堵 | 桜井寺文書，『愛知県史』425 号 |
| 寄進された吉祥寺領の諸役免除 | 東観音寺文書，『愛知県史』429 号 |
| 白山先達職が桜井寺であること | 桜井寺文書，『愛知県史』500 号 |
| 寺領安堵，諸役免除 | 長慶寺文書，『愛知県史』533 号 |
| 東漸寺の全徹に住持職安堵 | 東漸寺文書，『愛知県史』701 号 |
| 山中・舞木内新田の年貢等定め | 竹尾文書，『愛知県史』1223 号 |
| 意向尊重に関する書状 | 満性寺文書，『愛知県史』1626 号 |
| 帰参に対する起請文 | 諸士先祖書，『愛知県史』464 号 |
| 所領安堵等の起請文 | 譜牒余録後編，『愛知県史』653 号 |
| 宇津山城普請の四分一人足役 | 満性寺文書，『愛知県史』1640 号 |
| 新田畑・屋敷等の定め | 諸州古文書，『愛知県史』1348 号 |
| 禁制 | 菟足神社，『愛知県史』1588 号 |
| 懸河正願寺浮説に関する書状 | 正願寺文書，『静岡県史』88 号 |
| 六栗分の田地安堵 | 本光寺文書，『愛知県史』612 号 |
| 棟札，郡奉行上村・大須賀・天野 | 比売天神社，『愛知県史』790 号 |
| 榛原郡内の知行目録 | 記録御用諸本，『静岡県史』79 号 |
| 前後寺内居屋敷等の安堵 | 譜牒余録後編，『愛知県史』718 号 |
| 所領安堵等の起請文 | 譜牒余録後編，『愛知県史』654 号 |
| 禁制 | 一智公御世紀，『愛知県史』624 号 |
| 禁制 | 譜牒余録後編，『愛知県史』643 号 |
| 渡船勤めに関する書状 | 行興寺文書，『静岡県史』887 号 |
| 遠州柏原の孫衛門新田兵粮 | 諸州古文書，『静岡県史』2245 号 |
| 松平真乗の遠江国内知行目録 | 松平所蔵文書，『静岡県史』92 号 |
| 遠州土橋郷内の寄進 | 夫須美社文書，『静岡県史』138 号 |
| 一花院寺領等に関する書状 | 大樹寺文書，『愛知県史』1235 号 |
| 八幡国分寺の寺領目録 | 国分寺文書，『愛知県史』1300 号 |
| 天宮神主の子息帰国に関する書状 | 天宮神社文書，『静岡県史』596 号 |
| 天宮神主の子息帰国に関する書状 | 天宮神社文書，『静岡県史』597 号 |
| 舟流し一件に関する書状 | 行興寺文書，『静岡県史』888 号 |
| 見付御蔵より兵糧移送に関する書状 | 行興寺文書，『静岡県史』885 号 |
| 新居宿屋敷の替地宛行 | 疋田文書，『静岡県史』1508 号 |

第6表　三・遠支配期の領国支配等にかかわる家臣発給文書

| | 年　月　日 | 差　　出 | 宛　　先 |
|---|---|---|---|
| 1 | 永禄 8. 5. 19 | 石川数正 | 長仙寺 |
| | (永禄8). 5. 19 | 石川数正 | 長仙寺 |
| | 永禄 8. 5. 19 | 石川数正 | 長仙寺 |
| | (永禄12). 正. 20 | 石川数正 | 奥平信光 |
| | (天正3). 4. 14 | 石川数正 | 奥平信光 |
| 2 | 永禄 8. 6. 11 | 酒井忠次 | 桜井寺大坊 |
| | 永禄 8. 7. 5 | 酒井忠次 | 東観音寺 |
| | (永禄9). 5. 22 | 酒井忠次 | 赤羽根・高松百姓中 |
| | 永禄 9. 12. 27 | 酒井忠次 | 長慶寺 |
| | 永禄 13. 2. 15 | 酒井忠次 | 全徹和尚 |
| | 天正 5. 3. 5 | 酒井忠次 | 村井・河角 |
| | 9. 4 | 酒井忠次 | 満性寺 |
| 3 | 永禄 8. 極. 晦 | 酒井忠次・石川数正 | 江馬時成・同泰顕 |
| | 永禄 12. 4. 12 | 酒井忠次・石川数正 | 大沢・中安・権太 |
| | 10. 27 | 酒井忠次・石川数正 | 河西百姓中 |
| | 天正 7. 11. 吉 | 酒井忠次・松平家忠 | 吉田方新田百姓中 |
| 4 | 2. 15 | 松平・石川・酒井重忠 | 小坂井 |
| 5 | 10. 29 | 石川家成 | 身延寺 |
| 6 | 永禄 11. 8. 15 | 植村・天野・大須賀 | 松平伊忠 |
| | 元亀 2. 12. 吉 | | |
| | 永禄 12. 8. 21 | 鳥居・大須賀・上村・芝田 | 西郷清員 |
| 7 | 元亀 元. 8. 1 | 鳥居忠吉 | 鈴木重直 |
| 8 | 永禄 12. 4. 12 | 渡辺盛 | 大沢・中安・権太 |
| 9 | 永禄 11. 極. | 天野・高力・本多 | |
| | 永禄 12. 3. 7 | 天野・高力・本多 | |
| | 4. 朔 | 本多重次・天野景能 | 池田道場 |
| | 2. 21 | 天野景能 | 本多重次 |
| 10 | 永禄 12. 10. 4 | 岩本道興・長谷川吉広 | 大河原・松平・宇野 |
| 11 | 永禄 12. 極. 23 | 夏目広次 | 熊野山実報院 |
| 12 | (天正5). ⑦. 22 | 榊原康政 | 守元 |
| 13 | 天正 6. 10. 8 | 岩瀬泰民 | |
| 14 | 4. 11 | 本多重次 | 名倉若狭 |
| | | 名倉若狭 | 天宮惣左衛門 |
| | 6. 2 | 名倉若狭 | 池田道場 |
| | 2. 7 | 倉橋政範・名倉若狭 | 池田道場 |
| | 天正 10. 3. 11 | 名倉若狭 | 新居村鷲清寺 |

註『愛知県史』は資料編11,『静岡県史』は資料編8による.

第一に、家康が家臣に対して知行地の安堵・宛行を行った場合、合わせて詳細な知行目録が出されたが、それは奉行人の連署によることが一般的であった。No.10の松平真乗宛の知行目録については先に触れたが、No.6の西郷清員宛についてみておこう。西郷氏は三河嵩山月ケ谷城を本拠としていたが、正勝の代に居城を五本松に移したといわれている。そして、永禄四年（一五六一）に今川氏を見限り家康に属したため、今川方に五本松城を攻められ、正勝と嫡子元正が討死したため、次子清員が家康に援兵を請い、本領を奪い返したといわれている。(103) この清員が永禄十二年三月二日付けで家康から遠江で替地七〇〇貫文を宛行われ、(104) ついでつぎのような知行目録を下されたのである。

〔史料15〕鳥居忠吉等連署知行目録写(105)

　榛原郡之内

一参百俵　九合、三斗五升俵下方ニ積　此代百五拾七貫五文　下　江留伊定分
一七拾五俵　同積　此代参拾九貫三百七拾五文　同　市場
一百九拾四俵　同積　此代百壱貫八百六十五文　同　本郷
一百拾八俵　下方三斗俵　此代四拾四貫弐百六十文　同　足あらひ分
一百拾四俵　升拾壱合　此代五拾七貫文　同　三輪方
　合四百貫文
　此外反銭・棟別、御蔵入

永十二巳八月廿一日

鳥　伊　判

大五郎左同（判、以下同じ）

上　庄　同

芝　七　同

西郷左衛門佐殿

清員が宛行われた替地は七〇〇貫文であったから、この知行目録はそのうちの四〇〇貫文分ということになる。俵高で書き上げられ、貫文高に換算されているが、枡や一俵の内容が違うこともあり、俵当たりの貫文高は一定ではなかった。

発給者をみると、「鳥伊」は鳥居伊賀守忠吉で、清康以来の家臣として、家康の幼少時から仕えていた。(106) №７にもみえるように、この時期村方支配に関与していた。「大五郎左」は、大須賀五郎左衛門尉康高である。(107)「上庄」は植村庄右衛門尉正勝で、(108) この時期№６の大須賀・天野らとともに、奉行人としての活躍が顕著である。「芝七」は芝田七九郎康忠で、この後甲・信支配でも活躍し、信州高嶋城を守った。(109) 七ヵ条定書の奉者でもあり、村方支配とのかかわりは深い。

第二に、№11〜13の寺社領支配との関係であるが、№11では夏目広次より熊野山実報院代僧実仙房宛てに奉書が出されており、家康の上意をえて遠州山名荘土橋郷八貫文を寄進することが伝えられている。その四日後に本多重次がそれをうけて、「当国之内土橋之儀、先奉行任証跡被申付候」と、同じく実報院に書状を送っているが、(110) そこでは夏目のことを「奉行」といっている。

本多重次には、遠州天宮社に対して米方六四石四斗八升＝此代八〇貫六〇〇文、代方一貫一一〇文、合わせて八一貫七一〇文を神主給および祭礼費用として安堵した黒印状もある。(111) これなども、先に述べた「米方・代方制」の典型的な事例であるといえよう。なお、同じく天宮神社文書によれば、天正十四年（一五八六）以降と推測されるが、[112]天宮神主大膳の息子が甲州から帰国してくるということがあり、No.14の二点の文書のごとく、重次が名倉若狭に対して「神主之事候間、屋敷へ御返し可有之候」と指示することがあった。名倉はこれをうけて、神主屋敷に戻れるような段取りを、惣左衛門に命じているのである。No.12・13については省略する。

第三は交通問題で、この時期ではNo.9・14にみえる池田・馬籠の渡船に関する一連の史料が注目される。すなわち、家康はすでに天正元年十一月十一日付けで池田・馬籠の「船守中」に宛てて、昼夜の渡船奉公を命ずるとともに諸役を免除し、また同三年二月十六日には、上下の往来人が船頭らに乱暴を働くことを禁じていた。[113]

おそらくこれからそう遠くない時期に、本多重次は「池田道場」に宛てて、今回は大軍が渡るにもかかわらず、「三そうにてこき可申所を、一そうニてこき申候事分別無之候、殊ニ水出候ニ、ケ様成事仕候儀、前代未聞候」と、磔にかけることも辞さずと叱責している。[114]またNo.9では天野景能と連署で、同じく池田道場に対して、「明日御かいちんあるへく候間、ふさたあるましく候」と、合戦に備えて懸塚との連携を命じている。いずれも軍事的な意味合いが強く、平時の交通問題とはいえないが、徳川氏が天竜川・馬籠川の渡船問題を重視していたことが知られるのである。

なお、天野三郎兵衛尉景能は三河以来奉行人として活躍しており、七ヵ条定書の時点でも景能名で奉者となっている。のち慶長六年（一六〇一）に興国寺城に入り、翌年家康の偏諱を賜って康景と改名したといわれている。[115]No.14ですべての文書にあらわれる名倉若狭も、この時期の代表的な奉行人であり、次章でみるように、蔵入地遠州宇布見郷の年貢収納にも関与していた。

年貢米と棟別銭については前項で取りあげたので、最後に、兵糧米の問題をみておくこととしよう。棟別銭の収納を担当していた倉橋政範は、No.14では名倉とともに、池田道場宛てに兵糧の管理について指示することがあった。すなわち、見付御蔵より池田御蔵に兵糧を移すことになり、奉行を派遣することを伝えるとともに、火の用心・盗人の用心を命じたのであった。本多重次もまた兵糧の徴収に関与しており、No.9によると年は未詳ながら、榛原郡柏原の孫衛門新田からの兵糧請取について、天野景能から連絡をうけているのである。

このように、限られた事例ではあるが、徳川氏の遠州侵攻にともなって、領国支配が拡大し、蔵入地や御蔵の整備もはかられていった。年貢米・棟別銭の徴収や兵糧米の確保をはじめとして、各種の施策のために、奉行人や代官層も台頭してきたのであった。

## むすび

本章では、永禄三年（一五六〇）の桶狭間の合戦を契機に戦国大名としての自立を始めた徳川家康について、その自立の過程、および三河・遠江支配までの農村支配にかかわる問題について検討してきた。不十分ながらも、基本的な問題については取りあげてきたつもりであるが、もとより残された問題もないとはいえない。それらの点については今後の課題として、ひとまずこれまで述べてきたことをまとめて、むすびにかえることとしたい。

第一に、家康の大名としての自立の時期については、第一節末尾で四点にわたる事実関係をあげ、永禄六年であるとした。ただし、若干補足しておくならば、これはあくまでも一応の自立ということであり、三河の新興大名として最終的に自立を達成したのは、永禄九年とする方がよいだろう。

なぜなら、最後まで今川方として抵抗していた牛久保城の牧野成定が、永禄九年五月に家康に帰順したからである。(116)

今川方の有力拠点であった東三河の吉田城・田原城はすでに前年に攻略されていたため、これによって三河一国の統一が最終的になったのである。さらに付け加えるならば、同年十二月に勅命による「徳川」改姓を行うとともに、「従五位下・三河守」に叙任されたことである(117)。それゆえ、永禄九年十二月に至り、名実ともに三河一国の大名徳川三河守家康が誕生したのであった。

第二に、三河一向一揆の終結とともに、一揆方寺院などに対する当初の徳政令は緩和され、妥協的な措置がとられることになった。それは、三河の統一と領国内の安定とを優先させた対応であった。

第三に、従来の研究では、本多重次・高力清長・天野康景の三名は「三河三奉行」に任じられたとされてきた。しかしながら、そもそもそのような職制があったとは考えがたく、また三者による支配の実態も乏しいためそのような事態はなく、それぞれの奉行人が、その時々の必要に応じて、各種支配に関与していたとみるべきであろう。

第四に、遠州侵攻後、領国の拡大とともに農村支配も展開するが、たとえば、その基本となる年貢米の徴収においては「米方・代方制」が採られるなど、今川氏の支配方式の影響が大きかった。しかしながら、年貢高の確定に際しては、検地高辻の五割を年貢高とする方式とともに、他方で、惣高辻から損免分を差し引いた有高に一定の年貢率を掛けて算出されている事例もあり、その点は近世的な年貢収納と同様の方式であった。

第五に、遠江への領国支配の拡大とともに、奉行人・代官層の台頭もみられた。この時期の徳川氏は、文書様式からみれば、家康の直状式の判物による直接支配が行われていた。給人や寺社への知行地の宛行や安堵はもとよりそうであった。商業や職人の保護・統制の面などでは印判状の使用も始まっていたが、それも直状式のものであった。

しかしながら、他方で支配の拡大につれて、家臣たちの発給文書もかなりみられるようになってきた。彼らは年貢米・棟別銭の徴収、兵糧米の確保、寺社領支配、交通・渡船問題など、多様な側面に関与していたのである。

註

(1) 新行紀一『一向一揆の基礎構造』(吉川弘文館、一九七五年)。

(2) 拙著『近世初期社会の基礎構造』(吉川弘文館、一九八九年)、第一章の第二・三節。

(3) 北島正元『江戸幕府の権力構造』(岩波書店、一九六四年)、第一部第一章第三・四・六節。

(4) 和泉清司『徳川幕府成立過程の基礎的研究』(文献出版、一九九五年)、第一篇第一章。

(5) 久保田昌希「戦国期松平権力と徳政令」(『駒沢大学史学論集』一〇号、一九八〇年。のち同『戦国大名今川氏と領国支配』吉川弘文館、二〇〇五年、に第二編第二章の四として収録)。

(6) 新行紀一「一向一揆と徳政令」(北西弘先生還暦記念会編『中世社会と一向一揆』吉川弘文館、一九八五年)。

(7) 臼井進「戦国期松平氏と徳政令――『借銭借米』の安堵との関わりから――」(『史叢』五六号、一九九六年)。

(8) 阿部浩一『戦国期の徳政と地域社会』(吉川弘文館、二〇〇一年)、第Ⅰ部第一章。

(9) 平野明夫「三河統一期における徳川氏の支配体制――酒井忠次と石川家成・同数正の地位と権限を通して――」(『戦国史研究』二三号、一九九二年)。

(10) 酒入陽子「家康家臣団における大須賀康高の役割」(『日本歴史』六一二号、一九九九年)。

(11) 柴裕之「徳川氏の河東二郡支配と松井忠次」(『戦国史研究』四五号、二〇〇三年)、同「岡部正綱の政治的位置」(『野田市史研究』一四号、二〇〇三年)。

(12) 拙稿⑤論文。

(13) 峰岸純夫『中世 災害・戦乱の社会史』(吉川弘文館、二〇〇一年)、Ⅱの一・二・三(初出は順に、一九七九・一九九三・一九八九年)。また、今川氏については、大久保俊昭「戦国大名文書にみる『禁制』の研究――今川氏を事例として――」(戦国史研究会編『戦国期東国社会論』吉川弘文館、一九九〇年)がある。

(14) 禁制・制札類に限らず、寺領安堵・諸役免許に関する今川氏真判物も、西三河にはみられない。『愛知県史』資料編11(愛知県、二〇〇三年)によって永禄三年分をあげると、つぎのごとくである。

六月廿九日宝飯郡妙厳寺（一九号）、九月廿一日宝飯郡法住院（三〇号）、十月二日渥美郡吉祥院（三四号）、十月廿八月日宝飯郡大恩寺（四三号）、十一月十三日宝飯郡財賀寺（四五号）、十二月九日渥美郡長仙寺（五三号）、十二月十六日設楽郡永住寺（五六号）。

(15) 内閣文庫所蔵史籍叢刊『朝野旧聞裒藁』第二巻（汲古書院、一九八二年）、『岡崎市史別巻　徳川家康と其周囲』上巻（名著出版、一九七二年復刻、初版は一九三四年）、中村孝也『徳川家康文書の研究』上巻（日本学術振興会、一九五八年）、同『徳川家康公伝』（東照宮社務所、一九六五年）など。また、最新の成果である『愛知県史』資料編11においても、ほぼ同様の理解である。

(16) 平野明夫「戦国期徳川氏の政治的立場——織田氏との係わりを通して——」（『国史学』一五八号、一九九五年、A論文とする）。以下、この問題に関する平野説は、本論文の九八～一〇四頁による。また、この時期の関連論文として、同「戦国期の徳川氏と足利将軍」（『史学研究集録』二一号、一九九六年、B論文とする）がある。

(17) 『愛知県史』資料編11、一一二号。また、同日付けで、酒井忠次宛の北条氏康書状（一一一号）も出されている。

(18) 宮本義己「松平元康〈徳川家康〉の器量と存在感」（『大日光』七一号、二〇〇一年、A論文とする）、また、この時期の関連論文として、同「松平元康〈徳川家康〉の早道馬献納——学説とその典拠の批判を通して——」（『大日光』七三号、二〇〇三年、B論文とする）がある。

(19) 『愛知県史』資料編11、一八五号。同日付けでほぼ同内容のものであるが、今川氏真宛御内書（一八四号）・武田信玄宛御内書（一八六号）があり、また、武田信玄宛の上野信孝添状（一八七号）も残されている。
なお、『静岡県史』資料編7（静岡県、一九九四年）においても、上野信孝添状を除いて、これら一連の史料が収録されている。足利義輝御内書でいえば、今川氏真宛（二八八〇号）・北条氏康宛（二八八一号）・武田信玄宛（二八八二号）、また、先の北条氏康書状については、酒井忠次宛（二九二七号）・水野信元宛（二九二八号）である。

(20) 「三亜相」＝三条西実澄の「御物語」は、三条大納言らを差し下すということをうけており、「京都御下知」が、遣わされた御内書の内容であることはいうまでもない。しかも、それが「当国へモ」とされていることは、今川氏や武田氏にも、同じく御内書が遣わされたことを承知していたからであろう。

なお、三条西実澄はその当時駿府に滞在していたことが、歌会の記録などによって確認される（『静岡県史』資料編7、二六九五・二八七八・三〇〇一・三四二四号など）。

(21) ただし、一一二号文書の末尾には、「永禄五年の可能性もある」との注記はなされている。

(22) たとえば、杉山博・下山治久編『戦国遺文 後北条氏編』第一巻（東京堂出版、一九八九年）七〇〇号では〔史料1〕を、『同』第五巻（同、一九九三年）四四三五号では〔史料2〕を、いずれも永禄四年としている。

(23) 宮本氏A論文、五五頁。B論文四九頁の「足利義輝御内書一覧」でも、同じく『静岡県史』資料編7によって永禄四年とされている。

また、久保田昌希「『遠州忩劇考』――今川領国崩壊への途――」（所理喜夫編『戦国大名から将軍権力へ――転換期を歩く――』吉川弘文館、二〇〇〇年。のち同『戦国大名今川氏と領国支配』吉川弘文館、二〇〇五年、に第一編第二章の三として収録）も、著書の一三三頁にみられるように、永禄四年とされている。

(24) たとえば、『愛知県史』資料編11のいずれも岡部五郎兵衛に宛てられた一四号（六月八日付け）・二七号（九月朔日付け）文書によれば、桶狭間の合戦後、大高・沓掛両城は自落したものの、岡部が守備した鳴海城はよく持ちこたえたこと、しかも引き揚げに際して刈谷城攻めで戦功をあげたことを賞している。

(25) 奥野高廣・岩沢愿彦校注『信長公記』（角川書店、一九七〇年）、五八頁。

(26) この第一節に相当する部分を、二〇〇四年七月二十三日に戦国・織豊期研究会で「松平元康の自立」と題して報告した。その際平野氏より、①この年次比定は、なお状況証拠にとどまるのではないか、②永禄四年とする年次比定は、五月一日付けで酒井忠次に宛てた北条氏康書状の花押の形態によるものである、との指摘を受けた。

①については、たしかに状況証拠ではあるが、第2表でみる限り、その確度は高いと考える。②については、その後、山口博「北条氏康花押の変遷について」（『神奈川地域史研究』一七号、一九九九年）を知り、それによると、当該文書の花押は永禄五年ないし六年の形態に類似するといわれているので、花押の面からみても、永禄五年の可能性が強まったといえよ

う。

(27) 宮本氏A論文、五七頁。
(28) 日本思想大系26『三河物語・葉隠』（岩波書店、一九七四年）、八一頁。
(29) 『信長公記』、五九頁。『愛知県史』資料編11、一〇三号。
(30) 勝俣鎮夫「織田信長とその妻妾」（『愛知県史のしおり』資料編11、二〇〇三年）。
(31) 『三河物語』、八一～八二頁。
(32) 国立公文書館所蔵の『松平記全』（内閣文庫、三三〇七八号）による。
(33) いずれも、続群書類従完成会の刊本による。
(34) これも、続群書類従完成会の刊本による。
(35) 『朝野旧聞裒藁』第二巻、三四一頁および三五八頁以下。
(36) たとえば、『岡崎市史別巻　徳川家康と其周囲』上巻、三二二～三二七頁。
(37) たとえば、『岡崎市史別巻　徳川家康と其周囲』上巻、三三〇頁以下。
(38) 『寛政重修諸家譜』第十一（続群書類従完成会、一九六五年）。『寛永諸家系図伝』もほぼ同内容である。
(39) 藤木久志『豊臣平和令と戦国社会』（東京大学出版会、一九八五年）、二頁。
(40) 『岡崎市史別巻　徳川家康と其周囲』上巻、三三六頁以下。『愛知県史』資料編11、九一頁。
(41) 宮本氏A論文、五八～五九頁。
(42) 『朝野旧聞裒藁』第二巻、四五八頁。
(43) 『寛政重修諸家譜』の場合も、〔史料6〕石川数正譜にはみられるが、その他の家譜についてはそのような記載はない。
(44) 平野氏B論文、五六～五八頁。なお、同「今川氏真と室町将軍」（『戦国史研究』四〇号、二〇〇〇年）の註(2)において、早道馬の解釈を、早道＝飛脚に使用する馬と訂正されている。
(45) ただし、宮本氏が平野説について「元康の将軍家（義輝）への馬の献上は永禄三年時と同四年時の両度との見方である」

（B論文、四七頁）とされたのは誤りである。平野氏は、弘治二年か三年時、および永禄四年時といわれており、永禄三年は義輝の返礼があったとされる時期である。

(46)『徳川実紀』第一篇（吉川弘文館、一九七六年）、一三六頁に収録されているが、平野・宮本両氏の論文では、原本から引用されている。また、『愛知県史』資料編11では、「年次未詳史料」の一五九三号として収録されている。

(47) 今川氏真書状写（『静岡県史』資料編7、二九四八号）、織田信長書状写（『愛知県史』資料編11、一六四七号）。

(48) なお、ごく最近になって、柴裕之「永禄期における今川・松平両氏の戦争と室町将軍――将軍足利義輝の駿・三停戦令の考察を通じて――」（『地方史研究』三一五号、二〇〇五年）が発表された。これまで述べてきた第一節とほぼ同じ課題である義輝の停戦令や早道馬問題を、駿甲相三国同盟や上杉氏の動向などとのかかわりで追究されていて参考になったが、年次比定問題をはじめ、基本的な認識においては大きな違いはなかったので、成稿後のことでもあり、とくに論旨に組み込むことはしなかった。

(49)『愛知県史』資料編11、二九二・二九六号。

(50)『朝野旧聞裒藁』第二巻、五〇六頁。

(51)『朝野旧聞裒藁』第二巻、四八〇〜四八七頁。

(52) 播磨良紀「松平元康の花押について」（『愛知県史研究』八号、二〇〇四年）、同「徳川家康の花押について」（矢田俊文編『戦国期の権力と文書』高志書院、二〇〇四年）。

(53)「永禄六年諸役人附」（『群書類従』第二十九輯、続群書類従完成会、一九三二年）。宮本氏A論文、五六頁。

宮本氏はふれられなかったのであるが、長節子「所謂『永禄六年諸役人付』について」（『史学文学』四巻一号、一九六二年）によると、本史料は義輝側近の前半部分、義昭側近の後半部分、および外様衆以下の三つの部分からなっているとし、まず前半部分は永禄六年五月時点のものとされた。ついで後半部分は永禄八年八月六日〜同十一年十月五日の作成と推定し、それに続く「大名在国衆号国人」も同時期のものとされていた。

さらに最近になって、黒嶋敏「『光源院殿御代当参衆足軽以下衆覚』を読む――足利義昭の政権構想――」（『東京大学史料編纂所研究紀要』一四号、二〇〇四年）によると、まず、本史料の諸本の検討から、彰考館本が定本としてもっとも良質であることを明らかにされた。ついで、この彰考館本を基本にして、「外様衆」「関東衆」について厳密に検討し、本史料は本来「外様衆」の記載までで完結していたものとみなされた。さらに、「外様衆」各氏の官途表記の期間から、本史料の作成時期は永禄十年二月〜十一年五月の間にしぼられるとともに、義昭にきわめて近い立場の人間によって作成された可能性が高いといわれたのである。

以上のような両氏の研究、とりわけ黒嶋説により、本史料後半部分は義昭段階の作成になるものであることがより明確になり、宮本説のごとく「外様衆」の記載を義輝段階のものとみることはまったくできなくなった。

なお、平野氏B論文、六一頁では、長氏の説を前提にして、家康は義昭上洛以前から直臣であったことがわかるとされている。ただし、平野氏が「今川氏真と室町将軍」（『戦国史研究』四〇号、二〇〇〇年）の註(7)において、「外様衆は該当者がいなかったのであろう」などとされた点は、黒嶋説および彰考館本によって否定されることになった。

(54)　新行氏前掲書、第六章。ただし、最近発表された村岡幹生「松平三蔵について――尾張・三河を駆け抜けた武将――」（『安城市史研究』六号、二〇〇五年）によると、一揆勢との戦闘は秋からではなく、六月ごろまでさかのぼる可能性がある。

(55)　久保田氏前掲論文。

(56)　新行氏前掲論文。

(57)　臼井氏前掲論文。

(58)　阿部氏前掲書、第Ⅰ部第一章。

(59)　阿部氏前掲書、五二〜五四頁。

(60)　久保田氏前掲書、三三六頁。

(61)　阿部氏は前掲書八九頁の註(71)において、「鬮中」について新たな解釈を加えられている。しかしながら、そこで氏自身も認められているように、「一身」との対応関係からすれば、ここではやはり新行説のごとく、「家中上下」とみてよいとおもわれる。

(62)『愛知県史』資料編11、三七七号。
なお、この時期の酒井忠次の役割については、平野氏前掲註(9)論文参照。
(63)北島氏前掲書、第一部第一章第五節の一。三河三奉行の関係では、つぎのような諸点が問題である。第一に、永禄八年に三河三奉行が設置され、本多・高力・天野の三名が任命されたとしているが(一五四頁)、これはその事実を否定した三浦説が妥当である。第二に、本多重次について、『寛永諸家系図伝』によって家康の駿府移城(天正十四年末)後、江尻・久能の二城を守り、駿河一国の政務をみたとされるが(一五五頁)、これは『寛政重修諸家譜』がいうように天正十年が正しい。第三に、天正十七年には三名連署で出された六ヵ条の制札があるとして、高力も依然として奉行の職にあったとされるが(同)、『武徳編年集成』所載の六ヵ条は、いわゆる七ヵ条定書の第三条が欠落したものであり、この時期三名連署の六ヵ条の制札などは出されていなかった。
(64)三浦俊明「三河三奉行について——本多作左衛門を中心として——」(高柳光寿博士頌寿記念会編『戦乱と人物』吉川弘文館、一九六八年)。
(65)煎本増夫『幕藩体制成立史の研究』(雄山閣出版、一九七九年)、六三頁。
(66)『新編岡崎市史』2中世(新編岡崎市史編さん委員会、一九八九年)、八五九頁、八五七・八五八頁。
(67)酒入氏前掲論文、註(24)。
(68)和泉氏前掲書、二二一〜二二八頁。
(69)第二章で本多重次を取り上げた第9表No.1。『武徳編年集成』上巻(名著出版、一九七六年)、一一四頁、中村孝也『徳川家康文書の研究』上巻(前掲)、一〇七頁など参照。また『愛知県史』資料編11、六二四・六四三号参照。
(70)三浦氏前掲論文、第二表。
なお、「先祖書」では永禄十二年正月日付け、『譜牒余録』下の一五六頁では同年三月七日付けとなっている。
(71)『愛知県史』資料編11、六一二号。
(72)『愛知県史』資料編11、七九〇号。

(73)『静岡県史』資料編8（静岡県、一九九六年）、七九号。

(74)川岡勉「河内国守護畠山氏における守護代と奉行人」（『愛媛大学教育学部紀要』第Ⅱ部人文・社会科学三〇巻一号、一九九七年。のち同『室町幕府と守護権力』吉川弘文館、二〇〇二年、に第三部第二章として収録）、二四五〜四六頁。小谷利明『畿内戦国期守護と地域社会』（清文堂、二〇〇三年）、四七〜四九頁も参照。

(75)『大乗院寺社雑事記』（角川書店、一九六四年）、文明十五年十月二十五日・同十六年四月二十二日・同十七年四月二日の条。なお、この点に関して、川岡氏より畠山氏以外の事例などについてご教示をえた。

(76)「畠山家発給編年文書目録」（研究代表者矢田俊文編『室町・戦国期畠山家・赤松家発給文書の帰納的研究』新潟大学人文学部、二〇〇三年）、一一六〜一一七頁。

(77)この間の抗争については、大塚勲「武田・徳川、攻防の推移」（『地方史静岡』二六号、一九九八年）、小川隆司「武田・徳川両氏の攻防と城郭」（『藤枝市史研究』二号、二〇〇〇年）、『静岡県史』通史編2（静岡県、一九九七年）第三編第七章第一節・第二節（阿部浩一氏執筆）など。

(78)「随庵見聞録」（『浜松市史』史料編二、浜松市役所、一九五九年。『静岡県史』では収録漏れ）。ただし、『浜松市史』の翻刻には誤りがあるため、ここでは現在縣居神社所蔵となっている原本によった。閲覧に際しては、同社の禰宜三浦寛氏にお世話になった。

この文書自体には差出人は記されていないが、つぎの松野文書との関連で、徳川家康朱印状の可能性がありはしないかと気になるところである。『浜松市史』の頭注では、「本多作左年貢定書」としている。「随庵見聞録」のこの史料直前の記述からすればその可能性はあり、また、内容的に類似する酒井忠次発給の註(82)文書もあるので、ここでは本多重次の発給文書として扱うこととする。

なお、和泉氏は前掲書七七頁で、引用史料末尾を「本作（印）」とされているが、ご本人に確認したところ、誤りであることが判明した。

(79)『静岡県史』資料編8、一〇七四号。

なお、和泉氏はこの史料を「随庵見聞録」から引用されているため、「発給人の記載はないが、あるいは先の年貢定書同様本多重次ではなかったろうか」とされているが（七九頁）、松野文書（戦前の『静岡県史料』第五輯、五三三頁でも紹介されている）には原本があり、家康の「福徳」朱印が捺されている。
(80) 北島氏前掲書、一四四・一四五頁。和泉氏前掲書、七七・七八頁。また筆者も、前掲拙著一七一頁で本史料を引用し、検地と年貢について述べた。
(81) 『浜松市史』史料編二では「国領」としており、両氏はそれによられたものであるが、〔史料12〕では「随庵見聞録」原本により、「国次」と改めた。
(82) 『愛知県史』資料編11、一二三三号。
(83) 吉美に御蔵があったことは、第二章第三節を参照されたい。
(84) 柴裕之「徳川家奉行人倉橋昌次」（『静岡県地域史研究会報』一三二号、二〇〇三年）。また、『寛政重修諸家譜』第二十一（続群書類従完成会、一九六六年）も参照。
(85) 阿部浩一「中世浜名湖水運と地域社会」（藤原良章・村井章介編『中世のみちと物流』山川出版社、一九九九年）など。
(86) 『静岡県史』資料編7、二九五六号。
(87) 『愛知県史』資料編11、一二一九号（『静岡県史』では収録漏れ）。
(88) 有光友學『戦国大名今川氏の研究』（吉川弘文館、一九九四年）、第二章。
(89) 初期徳川氏の領国下では下方枡の三斗俵が多く、枡は不明であるが、二斗五升俵はめずらしい。しかしながら、下方枡の三斗俵が確立するのはやはり七ヵ条定書の段階で、それ以前はなお多様なあり方を示していたと考えられる。のちに掲げる〔史料15〕でみても、「拾壱合」枡があり、下方枡でも「三斗五升俵」などがある。この点、前掲拙著、二五四〜二五六頁を参照されたい。
(90) 『愛知県史』資料編11、六九二・六九一号、『静岡県史』資料編8、九二・一二六号。
(91) 『新編岡崎市史』6（新編岡崎市史編さん委員会、一九八三年）、松平乗承家蔵古文書三八号。新行紀一「徳川五か国検地

研究ノート――五十分一役を中心に――」（『愛知県史研究』創刊号、一九九七年）、一〇一～一〇三頁。

(92) なお、小山新市は従来三河の小山と考えられてきたが、新行紀一「小山新市は遠江である」（『戦国史研究』四三号、二〇〇二年）によって、遠江の小山であることが明らかになった。

(93) 奥野高広『増訂　織田信長文書の研究』上巻（吉川弘文館、一九八八年）、七四・一〇〇号など。

(94) 峰岸純夫「中世東国水運史研究の現状と問題点」（峰岸純夫・村井章介編『中世東国の物流と都市』山川出版社、一九九五年）、矢田俊文『日本中世戦国期の地域と民衆』（清文堂、二〇〇二年）、第二章第三節。

(95) 有光友學「戦国前期遠駿地方における水運」（『横浜国立大学人文紀要第一類』四二号、一九九六年）、綿貫友子『中世東国の太平洋海運』（東京大学出版会、一九九八年）、第四章・第七章。

(96) 笹本正治『戦国大名と職人』（吉川弘文館、一九八八年）、四四～四九頁。

(97) 山室恭子『中世のなかに生まれた近世』（吉川弘文館、一九九一年）、武田氏については五一頁以下、徳川氏については三一七頁以下。

(98) 小川隆司「武田氏の駿河・遠江支配について」（『武田史研究』二三号、二〇〇〇年）。

(99) さしあたり、本多重次については本書の第9表、大須賀康高については酒入氏前掲論文の表1を参照されたい。

(100) 煎本氏前掲書、第一章第三節。

(101) 平野氏前掲註(9)論文。

(102) 拙稿⑤論文、二の2。

(103) 『寛政重修諸家譜』第六（続群書類従完成会、一九六四年）。

(104) 『静岡県史』資料編7、三六四七号。

(105) 『静岡県史』資料編8、七九号。

(106) 『寛永諸家系図伝』第七（続群書類従完成会、一九八四年）。

(107) 『寛永諸家系図伝』第二（続群書類従完成会、一九八〇年）。酒入氏前掲論文。

(108)『寛永諸家系図伝』第三（続群書類従完成会、一九八〇年）。
(109)『寛永諸家系図伝』第五（続群書類従完成会、一九八二年）。
(110)『静岡県史』資料編8、一三九号。
(111)『静岡県史』資料編8、二五三号。
(112) No.14の二点の文書は、『静岡県史』資料編8では五九六・五九七号にあり、元亀四年（一五七三）の武田氏関係文書にかけられている。これを天正十四年以降のものと推測したのは、中村千代松の帰国は武田氏滅亡後のことで、また「自岡崎」とあって、重次が岡崎城代の時とみられることによる。
(113)『静岡県史』資料編8、六九七・六九八号、および八八三・八八四号。
(114)『静岡県史』資料編8、八八六号。
(115)『寛永諸家系図伝』第十（続群書類従完成会、一九八六年）、『寛政重修諸家譜』第十四（続群書類従完成会、一九九二年）。
(116)『愛知県史』資料編11、四九四号。
(117)『愛知県史』資料編11、五二九・五三五・五三六号。また、中村孝也『徳川家康文書の研究』上巻、八八〜九六頁参照。

# 第二章　五ヵ国領有期の農村支配

## はじめに

天正十年（一五八二）は、徳川家康にとっては領国支配の拡大という点で、大きな画期になった年であった。まず、三月の武田氏滅亡にともなって、織田信長より論功行賞で駿河一国を与えられた。(1) ついで、六月二日未明の本能寺の変後、甲斐・信濃・上野の支配をめぐる北条氏との抗争を経て、(2) 甲斐と佐久郡を含む南信濃とを手中にした。こうして、この年十一月に至り、家康は三河・遠江・駿河・甲斐・南信濃の五ヵ国を領有することになったのである。

五ヵ国への支配の拡大にともなって、農村支配にかかわる面でも、重要な施策が展開されることになった。そのうち、いわゆる五十分一役をめぐる問題については第三章で、また最大の施策というべき五ヵ国総検地をめぐる問題については第四章で、それぞれ取りあげることとする。

本章では、まず、主として甲斐支配の態勢についてみることとし、ついで、この時期の有力な奉行人の一人である本多重次を取りあげる。さらに、新たに発見された遠州宇布見郷の年貢勘定書は、蔵入地の年貢収納に関する貴重な史料であり、その検討を行うこととしたい。

これらの問題にかかわる研究は、とくに甲斐支配などに関しては豊富であるが、いずれも該当の箇所で具体的に述べることとする。

# 一　天正十年代の五ヵ国支配

## 1　奉行人・代官支配の展開

徳川氏の領国が駿河、ついで甲斐へと広がっていく過程でみられる支配方式の大きな変化の一つに、発給文書の問題がある。前章では、三・遠領有段階の家康の場合は、直状式の判物による直接支配が主で、印判状が進出しはじめてはいても、それも直状式のものであったことを指摘した。

ところが、天正十年代になって、奉書式印判状が広範にみられるようになってきたのである。それにともなって、奉者として多数の奉行人も登場することになった。これを管見の限りで、奉者別にまとめたものが第7表である。総数四〇一点のうち、ほぼ三分一が直状式印判状であるが、その中には、「写」の文書のため奉者名が不明のものも含まれているので、奉書式印判状の比率は、実際はもう少し高くなるだろう。

これらの奉書式印判状のうち、天正十年（一五八二）二月・三月のものは駿河侵攻にかかわるものである。ところが、八月以降翌年にかけては、大半が甲斐の武田旧臣および寺社に宛てられたものであり、家康の甲斐経略にまさに対応したあり方を示しているのである。

すなわち、本能寺の変当時堺にあった家康は、急遽伊賀越えで六月四日に岡崎に帰ると、ただちに甲斐侵攻の指示を出したのであった。

第7表　天正10・11年の徳川家康朱印状

| | 奉者名 | 天正10年(1582) | | | | | | | | | 天正11年(1583) | | | | | | | | | | 計 |
|---|---|---|---|---|---|---|---|---|---|---|---|---|---|---|---|---|---|---|---|---|---|
| | | 2月 | 3月 | 6月 | 7月 | 8月 | 9月 | 10月 | 11月 | 12月 | ①月 | 3月 | 4月 | 5月 | 6月 | 7月 | 9月 | 10月 | 11月 | 12月 | |
| 1 | 阿部善九郎(正勝) | 1 | | | | 1 | 4 | | | 1 | | | | | | | | 1 | | | 8 |
| 2 | 阿部善九郎・松平五郎左衛門 | 1 | | | | | | | | | | | | | | | | | | | 1 |
| 3 | 弥三左衛門・善阿弥 | 2 | | | | | | | | | | | | | | | | | | | 2 |
| 4 | 山本帯刀(成氏) | 1 | | | | | | | | | | | | | | | | | | | 1 |
| 5 | 本多作左衛門尉(重次) | | 3 | | | | | | | | | | | | | | | | | | 3 |
| 6 | 大久保新十郎(忠泰・忠隣) | | | | 1 | 8 | 6 | 1 | 3 | 1 | | | | | | | | | 1 | | 21 |
| 7 | 井伊兵部少輔(直政) | | | | | 17 | 2 | | 29 | 15 | | | | | | | 3 | | | | 66 |
| 8 | 本多弥八郎・高木九助 | | | | | 1 | | | 1 | 46 | | 1 | | | | | | | | 1 | 50 |
| 9 | 本多弥八郎(正信) | | | | | 2 | | 1 | 1 | 2 | | | | | | 2 | 2 | | | | 10 |
| 10 | 高木九助(広正) | | | | | 2 | | | 1 | 3 | | | | | | | | | | | 6 |
| 11 | 岡部次郎右衛門(正綱) | | | | | 5 | | | | | | | | | | | | | | | 5 |
| 12 | 榊原小平太(康政) | | | | | 3 | | 1 | | | | | | | | | | | | | 4 |
| 13 | 松平玄蕃允・内藤三左衛門 | | | | | 1 | 1 | | | | | | | | | | | | | | 2 |
| 14 | 内藤三左衛門(信成) | | | | | 1 | | | | | | | | | | | | | | | 1 |
| 15 | 戸田三郎右衛門(忠次) | | | | | 1 | 1 | | | | | | | | | | | | | | 2 |
| 16 | 成瀬吉衛門尉・日下部兵衛門尉 | | | | | 1 | 5 | | | 9 | | | 11 | | | | 6 | 2 | | | 34 |
| 17 | 成瀬吉右衛門尉(正一) | | | | | 2 | | | | | | | | | | | | | | | 2 |
| 18 | 阿部善九郎・山本帯刀 | | | | | | 3 | | | | | | | | | | | | | | 3 |
| 19 | 大久保新十郎・成瀬吉右衛門 | | | | | | 1 | | | | | | | | | | | | | | 1 |
| 20 | 本多弥八郎・大久保新十郎 | | | | | | | 2 | | | | | | | | | | | | | 2 |
| 21 | 松平玄蕃允(清宗) | | | | | | | 2 | | | | | | | | | | | | | 2 |
| 22 | 市川左内 | | | | | | | 1 | | | | | | | | | | | | | 1 |
| 23 | 芝田七九郎(康忠) | | | | | | | | 3 | 9 | | | | | | | | | | | 12 |
| 24 | 榊原小平・神谷弥五助(重勝) | | | | | | | | 1 | | | | | | | | | | | | 1 |
| 25 | 日下部兵右衛門尉(定好) | | | | | | | | | 2 | | | | | | | | | | | 2 |
| 26 | 井出甚之助(正次) | | | | | | | | | | 1 | | | 3 | | | | 10 | | | 14 |
| 27 | 倉橋三郎五郎(政範) | | | | | | | | | | 1 | | | | | | | | | | 1 |
| 28 | 加々爪甚十郎・本多千穂(正純) | | | | | | | | | | | | | | | | 1 | | | | 1 |
| 29 | 三宅弥次兵衛尉(正次) | | | | | | | | | | | | | | | | | | | 1 | 1 |
| 30 | 直状式印判状(含奉者不明分) | 1 | 7 | 1 | 8 | 5 | 1 | 1 | 2 | | 19 | 12 | 61 | 3 | 3 | 1 | 3 | 1 | | 2 | 142 |
| | 総計 | 6 | 10 | 1 | 9 | 50 | 24 | 9 | 41 | 99 | 21 | 13 | 72 | 6 | 3 | 3 | 15 | 14 | 1 | 4 | 401 |

〔史料1〕徳川家康書状写(3)

此時候間、下山へ相うつり、城見立してふしんなさるべく候、委細左近左衛門可申候、恐々謹言

六月六日　　　　　　　　　　　家康御判

岡次まいる

穴山信君とともに武田氏滅亡の直前に織田・徳川方に属したとみられる岡部正綱に対し、家康と別行動で帰国しようとして横死した信君の本拠地である下山へ移り、菅沼城を普請するよう命じたのである。これによって穴山衆は、この後正綱のもとで甲斐侵攻に従うこととなった(4)。

この六月中に岡部正綱や穴山衆とともに、家康の甲斐経略のいわば先鋒隊としての役割を果たしたのが、大須賀康高と曾禰昌世であった。曾禰は岡部と同じく家康に降った武田旧臣であったが、徳川氏の甲斐侵攻当初の活躍は顕著である。武田旧臣に対する所領安堵状でもっとも早いものは、六月十二日付けで加賀美右衛門尉に宛てた岡部正綱・曾禰昌世連署状となっている(5)。

また、大須賀康高の場合はこの六月の時期に限って、武田旧臣や寺社に対する直状式ないし奉書式の黒印状を発給している。酒入陽子氏は奉者はすべて康高の家臣であることを明らかにされるとともに、これらの黒印状の発給は、家康が甲斐に入国するまでの緊急かつ臨時の処置であったといわれている(6)。

やがて六月末には、いわば第二陣ともいうべき大久保忠世・石川康道・本多広孝・同康重父子らを派遣し、甲斐からさらに進んで信濃経略を指示するとともに、家康自身も七月三日に浜松城を発ち、九日には甲府に入った(7)。これ以後、甲斐・信濃の領有をめぐる北条氏との抗争が続き、十月末の和睦後もなお一ヵ月余り現地にとどまり、家康が甲府を発ったのは十二月十二日のことであった(8)。

先の第7表の文書発給数をみても、この甲斐経略の経緯が、如実にあらわれているといえよう。家康の甲斐入部以降、武田旧臣の取り込みや寺社領の安堵がより積極的に行われるようになり、しかもそれらは基本的に家康の朱印状あるいは判物で保証された。

いまこれを、比較的まとまって発給されている時期についてみると、まず入部からほぼ一ヵ月後の八月十二日に黒駒合戦で北条方を破って以降、九月にかけての時期があげられる。ついで和睦が成った後の十一月から十二月にかけてがもっとも多くなっているとともに、同一人物で再度安堵されたものが多いのが特色となっている。翌年四月には直状式印判状が多数みられるが、これはたとえば十八日付けで一七通、十九日付けで一三通、二十日付けで一三通というように、寺社領の安堵がまとめて行われたからである。

奉者別でみると、当時の奉行人の多くは、また武将としての側面をもあわせもっていたといえよう。とくにここでは、駿河・甲斐への侵攻・平定時という特殊性はあるが、当時の奉行人の一面をよくあらわしている。以下、一〇点をこえているものを中心に、簡単にその経歴をみてみよう。

このうち、もっとも点数が多かったのはNo.7の井伊直政である。直政は、いうまでもなく徳川氏の家臣団の中では典型的な有力武将であり、この甲斐侵攻時にあっては、武田旧臣の多くを自らの家臣団に組み込んでいったのであった。(9) 天正十六年には従五位下・侍従に叙任され、関東入国時には上野箕輪城主となり一二万石を領した。(10)

No.6の大久保忠泰（忠隣）の場合も三河譜代の名門として、父忠世とともに早くから戦功をあげており、天正十六年には従五位下・治部少輔に叙任され、関東入国時には武蔵羽生城で一万石を領した。(11) No.23の芝田康忠の場合は叙位・任官がなく、天正十七年にはいわゆる七ヵ条定書の奉者にもなっているが、関東入国時の領知高は五〇〇〇石にとどまり、その経歴からすると武将としての活躍が顕著である。(12)

これに対して、No.8・9の本多正信の場合は天正十四年に従五位下・佐渡守に叙任、関東入国時には相模甘縄で一万石を領したというが、右の諸氏とはかなり性格が異なり、家康の側近にあって吏僚的性格が強い[13]。甲斐平定時にはNo.8のように高木広正との連署状が多いが、これは三河一向一揆の際にはともに門徒方に与し、のちに赦免されて広正が先に帰順し、正信は広正を通じて帰順したという経緯によるものであろう[14]。

No.16・17の成瀬正一・日下部定好の場合は後で述べることとして、最後に、No.26の井出正次についてみておくこととしよう。正次は、天正十年の拝謁時に駿河国の代官職に任じられたといわれているように、第7表では奉者として一三点までが駿河関係であり、発給文書でみても富士郡を中心とする駿河支配にかかわっている[15]。いずれにしても第7表の奉者の中では異色であり、武将というよりは民政面で活躍した存在である。

ところで、甲斐支配における民政組織についていえば、村上直氏の研究が出発点となり[16]、それが基本的に北島正元氏や和泉清司氏に受けつがれてきた[17]。そこで主張されてきたことは、若干の用語上の違いはあるが、およそつぎのようなことであった。

すなわち、徳川氏の甲斐支配の職制は、武田氏時代の職制である両職（両奉行）—公事奉行—勘定奉行—蔵前衆（代官）をほぼ踏襲したものであった。新たに甲斐郡代を置いて重臣平岩親吉を任命し、両職（両奉行）には成瀬正一・日下部定好を配置し、さらに武田旧臣である桜井信忠・市川元松（以清斎）・石原昌明・工藤喜盛（玄随斎）を四奉行（公事奉行）として取り立てたというものであった。なお、甲斐国のうち、郡内領は鳥居元忠に任せられ、河内領は穴山勝千代の所領とされたため[18]、甲斐郡代平岩親吉を頂点とする支配は、山梨・巨摩・八代三郡の国中地域に限られた。

これに対して、柴裕之氏は右のような国中地域の支配機構像は江戸幕府の職制を意識した後世の史料にもとづいてつくられたものであるとして、同時代史料による再検討が必要であることを指摘された(19)。

まず、甲斐郡代あるいは国奉行的存在とされる平岩親吉の政治活動について、その関連文書一覧によって検討された。その結果、親吉の管轄領域が山梨・巨摩・八代の国中地域であることを再確認するとともに、八代郡には所領を有していたこと、国中地域の諸将に対しては、家康の指示のもとで軍事指揮権を有していたこと、などを明らかにされた。他方で、同時期に駿河東二郡の郡代といわれた松井忠次の役割などと比較して(20)、領国制的公事である棟別役などの諸役徴収・免除にかかわる活動がみられないとして、甲斐郡代として位置づけることを否定された。また、甲斐の軍事・内政すべてを統括したわけではないとして、国奉行的存在としてとらえることもできないとされた。

ついで、両職（両奉行）および甲斐四奉行の関係史料を検討し、甲斐国中地域の直轄領の運営や諸役賦課、相論裁許などは、家康の直接統治下にあったとされた。そして、家康の意を受けた成瀬・日下部の領域担当奉行人（両奉行）と、さらにその意を在地で執行する甲斐四奉行の手によって行われたと結論づけられたのである。

以上のような柴氏の指摘はほぼ首肯できるものであるが、甲斐国での奉行衆等の連署状をまとめた第8表によりながら、あらためて確認しておこう。

平岩親吉についてはこの表でのかかわりはないが、郡代や国奉行的存在であることを否定した場合、何らかの位置づけが必要であろう。たしかに軍事的役割が大きく、甲斐侵攻時のみならず、たとえば翌天正十一年二月にも、鳥居元忠とともに家康から信濃深志への軍事作戦や、金子・高遠の普請を命ぜられているのである(21)。また、御岳衆などを配下に置いていたことが、つぎの史料で知られる。

〔史料2〕平岩親吉書状(22)

猶々其村同心ニ差添、平組ニ申付候上者、向後組下無礼義有之ニおゐてハ訴ニ不及、其方仕置ニ可申付候、

以上
其方同心給明所候て者、秋山九右衛門方ニ拾弐貫相渡、向後者其方平組に諸事尤候、恐々謹言

十二月一日　　　　　　　　　　　　　　　　平七
　　　　　　　　　　　　　　　　　　　　　親吉（花押）

相原内匠助殿

これは相原友貞を御岳衆の頭目とし、組下の仕置を委ねたものである。御岳衆は当初岡部正綱の配下にあったが、(23)天正十一年十一月に正綱が死去したことにより、新たに親吉に付属せしめられたものであろう。(24)

当時は、軍事指揮権を有するものが、民政においても主導的役割を果たすことが多かった。三河吉田城代酒井忠次などがその典型であったが、親吉の場合も甲府館にあって、国中地域の支配についていわば「甲府城代」的な立場にあったのではなかろうか。親吉の判物や禁制なども、(25)そのような立場からのものとみることも可能であろう。

つぎに、両職（両奉行）とされる成瀬正一・日下部定好についていえば、家譜類などでみる限り、両者の結びつきは強い。(26)すなわち、天正三年の長篠の合戦ではともに先鋒をつとめ、同八年の高天神城攻めではともに砦の巡見にあたったという。また、のちに松平定勝が慶長十二年（一六〇七）に伏見城代になった時にも、ともに伏見城の留守居奉行をつとめたという。

天正十年六月の本能寺の変後は、岡部正綱・大須賀康高らとともにいち早く甲斐経略にあたった。とくに成瀬は一時武田氏に仕えたという経歴もあり、たとえば武川衆の徳川氏への帰属などに力を尽くした。家康は七月十五日付けで武川衆の米倉忠継・折井次昌宛に感状を与えていたが、さらに八月七日付けで同じく武川衆の曲淵吉景にも感状を与えた。(27)同日付けの添状は、本多正信・山本成氏の連署状であったが、成瀬は別途翌八日付けの書状でいっそうの忠

| 宛　　先 | 内　　　容 | 出　　典 |
|---|---|---|
| 加賀美右衛門尉 | 所領安堵 | 『甲州』3-2438 号 |
| 米山囚獄助 | 所領安堵 | 『野田市史』21 号 |
| 窪田助丞 | 所領安堵 | 『静岡県史』1544 号 |
| 古屋甚五兵衛 | 所領安堵 | 『甲州』3-2353 号 |
| 龍王河原宿衆中 | 諸役・地子免除 | 『山梨県史』1279 号 |
| 新津直太郎 | 所領安堵 | 『山梨県史』525 号 |
| 山梨禰宜藤兵衛 | 山梨権現宮所の返付 | 『山梨県史』576 号 |
| 穂見之社 | 禁制 | 『山梨県史』1430 号 |
| 成瀬・日下部 | 萩原源五左衛門への所領宛行 | 『山梨県史』456 号 |
| 百姓中 | 田辺佐左衛門尉への所領宛行 | 『山梨県史』428 号 |
| (萩原源五左衛門) | 所領安堵 | 『山梨県史』457 号 |
| 岡部孫右衛門尉 | 所領安堵 | 『山梨県史』303 号 |
| 山守衆 | 市川の肌吉に質物の返付 | 『山梨県史』947 号 |
| 天目山 | 禁制 | 『山梨県史』695 号 |
| 神主 | 二宮神領の宛行 | 『山梨県史』1453 号 |
| 河野但馬守 | 龍王河除の事 | 『山梨県史』1280 号 |
| 芝田殿同心衆 | 替地の安堵 | 『山梨県史』1432 号 |
| 奈良田名主 | 奈良田之郷商売物諸役免除 | 『山梨県史』1075 号 |
| 奈良田之名主 | 奈良田郷商売物諸役免除 | 『山梨県史』1076 号 |
| 名主 | 湯嶋之郷商売物諸役免除 | 『山梨県史』1092 号 |
| 湯嶋之名主 | 湯嶋郷商売物諸役免除 | 『山梨県史』1093 号 |
| 市兵衛外 3 名 | 市川郷矢師の商売保証 | 『山梨県史』925 号 |
| 坂田甚八 | 肴役銭の賦課 | 『山梨県史』145 号 |
| 真田殿代官衆 | 市川内芦川高の処置 | 『山梨県史』958 号 |
| 国中之社人衆 | 国中禰宜衆登支度之事 | 『山梨県史』42 号 |
| 市川之矢作衆 | 破魔矢細工作の保証 | 『山梨県史』926 号 |
| 保治・藤内 | 長盛院の棟別弐間赦免 | 『山梨県史』1335 号 |
| 坂田甚八 | 肴役銭の賦課 | 『山梨県史』146 号 |
| 河野但馬守 | 塩山門前の人足 | 『山梨県史』411 号 |
| 保治・藤内 | 市川の肌吉漉棟別六間御免 | 『山梨県史』950 号 |
| 山守衆 | 肌吉漉衆新規に 4 人仰付 | 『山梨県史』951 号 |
| 御印判衆新四郎 | 中尾郷軍役衆同心・被官 | 『山梨県史』533 号 |
| 山三・岡藤 | 慈照寺門前家五間の棟別赦免 | 『山梨県史』1260 号 |
| 小嶋飛驒守 | 恵林寺領 5 貫文の上成返付 | 『山梨県史』413 号 |
| 坂田甚八 | 肴役銭は 10 両と鐚銭 100 貫文 | 『山梨県史』147 号 |
| 坂田甚八 | 肴役銭は 15 両と鐚銭 80 貫文 | 『山梨県史』148 号 |
| 御催促衆 | はたよし衆三人の棟別御免 | 『山梨県史』952 号 |
| 塩山御納所 | 門前の諸役免除 | 『山梨県史』364 号 |
| 保科喜右衛門尉 | 夫丸 1 疋 1 人分・鐚銭 1 貫文進納 | 『甲州』1-909 号 |
| 保科喜右衛門尉 | 五十分一地頭役 306 文賦課 | 『甲州』1-910 号 |

第8表　甲斐における徳川家奉行衆等連署状

| | 年月日 | 奉行衆 |
|---|---|---|
| 1 | 天正10. 6. 12 | 曾下昌世・岡次正綱 |
| 2 | (天正10). 6. 15 | 岡部次郎右衛門・曾根下野守 |
| 3 | 天正10. 6. 17 | 松五康高・曾下昌世・岡次正綱 |
| 4 | (天正10). 6. 23 | 岡九正綱・曾下昌世 |
| 5 | (天正10). 7. 23 | 成瀬吉右衛門一斎・以清斎元松 |
| 6 | (天正10). 8. 9 | 岡部次郎右衛門正綱・曾禰下野守昌世 |
| 7 | (天正10). 8. 晦 | 以清斎・成吉右一斎・日下部定吉 |
| 8 | (天正10). 10. 3 | 桜井・以清斎 |
| 9 | (天正10). 12. 9 | 玄随斎・石四右・以清斎 |
| 10 | (天正10). 12. 13 | 玄随斎・以清斎・石四郎右・栄冨斎 |
| 11 | (天正11). ①. 27 | 玄随斎・以清斎・石四郎右・栄冨斎 |
| 12 | (天正11). 3. 10 | 玄随斎・石四郎右・以清斎 |
| 13 | (天正11). 4. 1 | 玄随斎・石四右・以清斎 |
| 14 | 天正11. 4. 20 | 小田切大隅守・桜井安芸守 |
| 15 | 天正11. 5. 13 | 玄随斎喜盛・石原四郎右衛門尉昌明・以清斎元松 |
| 16 | (天正11). 6. 17 | 成瀬吉右衛門・日下(部)兵右衛門 |
| 17 | (天正11). 10. 5 | 桜井・以清斎・石四右・玄随斎 |
| 18 | (天正11). 10. 6 | 桜井・以清斎・石四右・玄随斎 |
| 19 | (天正11). 10. 6 | 日下兵(日下部)・成吉(成瀬) |
| 20 | (天正11). 10. 6 | 桜井・以清斎・石四右・玄随斎 |
| 21 | (天正11). 10. 6 | 日下兵(日下部)・成吉(成瀬) |
| 22 | (天正11). 12. 15 | 桜安・以清斎・石四郎右・玄随斎 |
| 23 | (天正12). 5. 13 | 桜井・以清斎・石四右・玄随斎 |
| 24 | (天正12). 7. 26 | 桜井・以清斎・石四右・玄随斎 |
| 25 | (天正12). 9. 7 | 桜井・以清斎・石四郎右・玄随斎 |
| 26 | (天正12). 12. 12 | 桜井・以清斎・石四郎右・玄随斎 |
| 27 | (天正12). 極. | 桜井・以清斎・石四郎右・玄随斎 |
| 28 | (天正13). 2. 朔 | 桜井・以清斎・石四郎右・玄随斎 |
| 29 | (天正13). 2. 8 | 桜井・以清斎・石四右・玄随斎 |
| 30 | (天正13). 2. 18 | 桜井・以清斎・石四右・玄随斎 |
| 31 | (天正13). 4. 16 | 桜井・以清斎・石四郎右・玄随斎 |
| 32 | (天正13). 8. 朔 | 駒井・跡九・玄随斎 |
| 33 | (天正13). 9. 7 | 桜井・以清斎・石四郎右・玄随斎 |
| 34 | (天正13). 10. 17 | 桜井・以清斎・石四郎右・玄随斎 |
| 35 | (天正14). 3. 2 | 桜井・以清斎・石四郎右・玄随斎・日下部・成瀬 |
| 36 | (天正14). 3. 2 | 桜井・玄随斎・日下部・以清斎・石四郎右・成瀬 |
| 37 | (天正14). 3. 24 | 保治・藤内 |
| 38 | 天正14. 8. 19 | 桜井昌忠・以清斎元松・石原昌明・玄随斎喜盛 |
| 39 | (天正15). 10. 21 | 大十兵・大主・小民 |
| 40 | (天正15). 10. 24 | 大十兵・小民部・雨次右 |

| 宛先 | 内容 | 出典 |
| --- | --- | --- |
| 久能衆中込次郎左衛門 | 五十分一地頭役 115 文賦課 | 『山梨県史』1373 号 |
| 五味太郎左衛門尉 | 五十分一地頭役 200 文賦課 | 『諏訪史料叢書』巻 30 |
| 萩原源(五)左衛門 | 五十分一地頭役 650 文賦課 | 『山梨県史』433 号 |
| 原半 | 五十分一代官役 138 文賦課 | 『山梨県史』1261 号 |
| 西花輪之禰宜 | 八幡領 450 文，神領として安堵 | 『山梨県史』1323 号 |
| 窪勘(窪田勘右衛門) | 慈照寺門前御免棟別五間 | 『山梨県史』1262 号 |
| 保科喜右衛門尉 | 五十分一地頭役 306 文賦課 | 『甲州』1-906 号 |
| 保科喜右衛門尉 | 夫丸 1 疋 1 人分・鐚銭 1 貫文進納 | 『甲州』1-908 号 |
| 萩原源五左衛門 | 五十分一地頭役 650 文賦課 | 『山梨県史』434 号 |
| 中込次郎左衛門 | 五十分一地頭役 115 文賦課 | 『山梨県史』1372 号 |
| 田中兵部丞 | 五十分一地頭役 190 文賦課 | 『甲州』3-2437 号 |
| 五味太郎左衛門尉 | 五十分一地頭役 200 文賦課 | 『諏訪史料叢書』巻 30 |
| 妙龍寺 | 国中次ニ半納 2 貫 500 文所務 | 『山梨県史』1376 号 |
|  | 肌吉の御本 | 『山梨県史』953 号 |
| はたよし漉六人 | 上旦紙たけ・はばについて | 『山梨県史』955 号 |
| 原三右衛門 | 東鼻輪の内，知行安堵 | 『山梨県史』572 号 |
| 米蔵主計・折井市左衛門 | 知行書立，重て伊熊書付あるべし | 『甲州』2-1936 号 |
| 欠(米蔵・折井カ) | 知行書立 | 『甲州』2-1937 号 |
| 折井市左衛門・米蔵主計 | 知行書立，伊熊御手形可進候 | 『甲州』2-1938 号 |
| 折井市左衛門・米蔵主計 | 知行書立 | 『甲州』2-1939 号 |
| 欠(万福寺カ) | 寺中諸役免除で馬役を指し置く | 『甲州』1-717 号 |
| 東郡筋当社八幡之神主 | 府中の御城普請について | 『山梨県史』712 号 |
| 原半 | 西山郷慈照寺棟別免許 | 『山梨県史』1266 号 |

文書』第 1 巻～第 3 巻,『野田市史』は資料編中世 2 による.





節を促すとともに、折井・米倉らと万事談合するようにと申し送っている。(28)

この成瀬と日下部が両職（両奉行）とよばれ、桜井信忠・市川元松（以清斎）・石原昌明・工藤喜盛（玄随斎）が甲斐四奉行（公事奉行）と称される体制が成立してくるのは、第8表でみる限りでは天正十一年の後半からである。

それ以前の奉行人は一定せず、No.5の「龍王河原宿衆中」宛の成瀬・市川の連署状が、管見の限りでは関係奉行人の初見文書である。これは成瀬と市川の連署状となっており、No.7では市川・成瀬・日下部の連署状もみられるが、本来市川ら四奉行は武田旧臣であり、両職とは自ずから格差があった。家康朱印状による市川元松宛の所領安堵状のうち、天正十年十一月十七日付けの奉者は本多正信、十二月三日付けは日

| | 年月日 | 奉行衆 |
|---|---|---|
| 41 | (天正15).10.24 | 大十兵・雨次・小民・板喜 |
| 42 | (天正15).10.24 | 大十兵・大新(主ヵ)・小民 |
| 43 | (天正15).10.25 | 大十兵・大主・石新 |
| 44 | (天正15).10.28 | 大十兵・大主・石新 |
| 45 | (天正15).12.23 | 桜井・以清斎・石四右・玄随斎 |
| 46 | (天正16).⑤.21 | 桜井・以清斎・石四右・玄随斎 |
| 47 | (天正16).10.16 | 大十兵・小民・雨次・板喜 |
| 48 | (天正16).10.17 | 大兵・小民・大主・板喜 |
| 49 | (天正16).10.17 | 大十兵・石新・板喜 |
| 50 | (天正16).10.17 | 大(十)兵・小民・雨次・板喜 |
| 51 | (天正16).10.17 | 大兵・石八左・大主・板喜 |
| 52 | (天正16).10.17 | 大十兵・小民・雨次・板喜 |
| 53 | (天正16).12.12 | 桜井・以清斎・石四郎右・玄随斎 |
| 54 | (天正17). 3. 2 | 桜井・以清斎・石四郎右・玄随斎 |
| 55 | (天正17). 3. 7 | 桜井・以清斎・石四郎右・玄随斎 |
| 56 | (天正18).正.10 | 桜井・跡九・石四郎右・以清斎 |
| 57 | (天正18).正.27 | 成吉右・大十兵・日下兵 |
| 58 | (天正18).正.27 | 成瀬吉右衛門・大久保十兵衛・日下部兵右衛門 |
| 59 | (天正18).正.28 | 成吉右・大十兵・日下兵 |
| 60 | (天正18). 2.24 | 成吉右・大十兵・日下兵 |
| 61 | 天正18. 4. 3 | 日下兵右・成吉 |
| 62 | 4.25 | 桜井・以清斎・石四右・玄随斎 |
| 63 | 11. 5 | 桜井・以清斎・石四右・玄随斎 |

註　『山梨県史』は資料編4,『静岡県史』は資料編8,『甲州』は『新編甲州古

下部であった[29]。また石原昌明の場合も、十二月三日付けの奉者は日下部、十二月十日付けは成瀬・日下部の連署となっていた[30]。市川・石原らは、まずは安堵を受ける立場だったのである。

家康朱印状の奉者としての成瀬・日下部の連署は、「河野但馬」宛の天正十年八月二十日付け所領安堵状が初見であり[31]、その後両職としての立場が確定していく時期も含めて、第7表にみられるように三四通に及んでいる。他方、奉者としてではない成瀬・日下部の連署状は、第8表のNo.16からみられ、ほぼ時を同じくして、No.17から桜井以下四奉行の連署状が始まる。

〔史料3〕徳川家奉行衆連署状写

穴山之内諏方神領拾貫六文、自穴山殿御訴訟ニ付返シ被進候間、替リ相渡可申候条、不可有催促候、以上

未拾月五日

桜井　印
以清斎　印
石四右
玄随斎　印

芝田殿同心衆

すなわち、桜井以下四奉行連署による初見文書であるが、穴山勝千代の訴えによって穴山内の神領一〇貫六文を返すことになったが、そこは芝田康忠同心衆の領地となっていたため、替地を渡すというものである。[32]これ以降は若干の出入りはあるが、天正十七年までは桜井以下を便宜上「甲斐四奉行」といっていいだろう。[33]

この両職と四奉行との関係について、柴氏はNo.18～21文書より、成瀬・日下部の連署状には「手形」とあり、これは家康の意を奉じたものであり、四奉行の連署状はそれをふまえた遵行状ということになり、両奉行の意を在地で執行するのが四奉行であったといわれた。[34]たしかにNo.23においても、「追而定手形ハ別紙ニ出之候也」とあり、両職の手形があったようにもみえる。しかしながら、問題はそれほど簡単ではない。

第一に、市川の肌吉瀧衆の棟別免許に関する問題では、No.30で四奉行は配下の代官と思われる保治・藤内宛に指示を出している。さらに、翌年のことになるが、保治・藤内はNo.37では「御手形御奉行衆ヨリ只今参候条、催促御無用ニ候」と「御催促衆」に指示を出しているのである。この手形を出した「御奉行衆」は四奉行とみなければならず、そうなると、四奉行は両職より手形を受けて現地で執行するだけの存在ではなかったということになる。

第二に、No.18～21において、諸役免許を両職の手形にもとづき四奉行が遵行するのであれば、両職から四奉行に指示が出され、それを四奉行が現地で執行するということになるはずである。ところが、両職・四奉行のいずれの連署状も、同日付でそれぞれ奈良田郷・湯嶋郷の名主に宛てられているのである。これでは遵行の意味はなく、在地にとってはより上級の両職の手形さえあればいいということになってしまう。それにもかかわらず、なぜ同日付で両者の連署状が出されているのだろうか。

この点にかかわって興味深いのは、№35・36では肴役の代官「坂田甚八」に対して、両職・四奉行六名の連署状が出されていることである。№36では天正十三年分の肴役黄金四〇両を完納できなかったため、あらためて黄金一五両・鐚銭八〇貫文ということで決着がつけられた。№35は天正十四年分の肴役について、黄金三〇両と定め、一〇両は黄金、二〇両分は鐚銭一〇〇貫文とし、七月と十二月に半分ずつ納めるように命じたものである。天正十二年分と十三年分については、№23・28にみられるように四奉行のみの連署であったから、これは異例の事態ということになる。十三年分が完納できなかったという事態をうけての処置だったのであろうか。

いずれにしても、先の№18〜21も、同日付でしかも同じ宛先に出されていることからすれば、別々に出されたか、六名連署で一紙で出されたかの違いであって、文書の効果としては№35・36と変わらないということになる。そのように考えると、№18〜21から、両職の手形による指示と四奉行の遵行ととらえることもむつかしくなるのである。

郡内領が鳥居元忠、河内領が穴山勝千代の支配下に置かれたことに対して、国中地域が家康の直接統治下にあったとみることは可能であろう。しかしながら、その支配体制が平岩親吉を頂点に、両職（両奉行）―四奉行（公事奉行）というような秩序で貫徹していたとまではいえないのではなかろうか。両職は四奉行に比べて相対的に上位にあったことは確かであるが、何か問題が起こればともに対処することもあったのである。

ところで、第8表を一見して明らかなように、とくに天正十五年以降、大十兵＝大久保十兵衛長安以下、代官の進出が著しいことである。そこで連署しているものは、村上氏の指摘によれば、大主＝大野主水元貞、小民＝小宮山民部之丞、雨次＝雨宮次郎右衛門、石新＝石原新左衛門守明などというように、武田氏時代の蔵前衆の系譜を引く代官衆であった(35)。彼らは第8表によれば、五十分一地頭役・代官役の賦課、夫丸・鐚銭の徴収などにあたっていて、民政支配一般にかかわる四奉行とは、役割を異にしていたといえよう。

なお、天正十八年になると、これまでみてきたような支配体制がかなり変わってくる。前年秋以降総検地の施行、七ヵ条定書の交付などがあり、給人知行地・寺社領についても俵高制にもとづく再安堵が行われた。総検地にかかわる問題は第四章で詳述することとして、ここではNo.57〜60にみられるように、給人への知行書立が成瀬・大久保・日下部の連署となっていること、No.60で「但地方儀者、伊熊御手形可進候」などといわれているように、伊奈忠次の役割が大きいこと、を指摘するにとどめることとする。

このように、三・遠支配から五ヵ国領有へと領国支配の拡大によって、奉行人・代官の数が増えただけでなく、その役割も格段に大きくなったといえよう。本節では甲斐支配を中心に検討してきたのであるが、それ以外の問題については、次節以降で述べることとしたい。

## 2　農村支配の深化

すでに述べたように、徳川氏の領国支配は天正十年（一五八二）に五ヵ国に拡大したのであるが、本項では農村支配を中心にしながらも、さらに広く領国支配全般についても主要な点をみていくこととしたい。

まず、農村支配の基本にかかわる開発や用水の問題がある。家康は甲斐武田氏攻めのために駿河へ侵攻した当初から、百姓保護に意を用い、軍勢の干渉を許さない旨の朱印状を郷村宛に交付した。

〔史料4〕徳川家康朱印状(36)

此百姓等子細在之、対朱印相出之上、当軍勢聊以不可手差、若於違背之輩者、速可加成敗者也、仍如件

天正十年
十二月廿一日（朱印、印文「福徳」）　　阿部善九郎奉之

とうめ郷中

これは益頭郡の当目郷宛のものであるが、ほぼ同内容の朱印状が、安倍郡・有度郡などにも出されている。すなわち、「広野・小坂・足窪」宛、「阿部三ヶ郷□」宛、「安倍三河内百姓中」宛、「高根郷中」宛などである。(37)

ついで同年十一月には、井出正次が富士郡横手沢村芝川の用水について指示するところがあった。(38) 芝川用水のために、井口一〇〇間四方・井路二里余り・堀幅三間通りが上意によって除地とされ、通水村々の人足によって堀渡されたのである。そして、用水路のための諸役は村々の懸かりとされたが、水番となった堀久保百姓四間は、それを免除されたのであった。

天正十四年から翌年にかけては、剣持正長らが志太郡伊久美郷内犬間村の平内三郎らに対して、荒地の開墾を命じている。(39) 開墾すれば忠節であるから一作、二作も年貢を免除するといい、百姓を引っ越させるように指示しており、さらに、ただ今は郷中大破の非常事態だとして、歩夫も免除したのであった。また、天正十六年には倉橋長右衛門昌次が、遠州敷智郡白羽の惣左近に対して、芝間の開発を任せるということもあった。(40)

とりわけ注目されるのは、富士郡下方の厚原・久爾両郷に対するつぎの二点の史料である。

〔史料5〕徳川家康朱印状(41)

下方厚原幷久爾郷事

一年来畠・屋敷、向後雖成田地、弐ケ年之分者畠年貢、従翌年者可為田地年貢事

一新開作之田畠等開発次第、弐ヶ年之間年貢令赦免、至其上者、以奉行人令検見、随開発之分量可遂納所事
一当地新宿出来次第、是又弐ヶ年諸役免許事
右条々、不可有相違之状、如件
天正十五年
二月廿日（朱印、印文「福徳」）
百姓
廿二人中

〔史料6〕徳川家康朱印状(42)
下方厚原・久爾郷掛樋之事、於為物主者、其所ニおひて野銭とも永弐拾貫文令扶助訖、弥守此旨、永々不可有怠慢もの也
天正拾六年
九月廿八日（朱印、印文「福徳」）
植松右近とのへ

いずれも、いわゆる直状式の「福徳」朱印状によっており、〔史料5〕では、田成地の場合は二年間は畠年貢並とすること、新開作の田畠の場合は二年間は年貢免除、その後は奉行人の検見によって徴収すること、また、新宿が設立された場合も、二年間は諸役を免除するとしている。(43)このような開発を奨励する措置は、当時の諸大名の領国下では広く行われていたことではあったが、ここでは家康の朱印状によって、厚原・久爾両郷に下されているのである。

〔史料6〕では、同じく厚原・久爾両郷の掛樋について、厚原郷の土豪植松右近を物主としてその管理を命じ、永

二〇貫文を扶助したのである。この厚原・久爾用水はこの地域の重要な用水となり、近世では「二本樋」とよばれる厚原・伝法用水として、引き続き植松氏に管理が委ねられていた。慶長十五年（一六一〇）の大水で厚原・伝法の両樋が押し切られた際には、植松右近はただちに駿河代官兼駿府町奉行彦坂光正にこれを報じ、「樋奉行」としてその修復や扶持米の勘定などを取り仕切ったのであった。(44) このような、近世に続く重要な用水の整備が、五ヵ国領有下で行われたのである。

つぎに、領内諸職人の支配・統制についてみてみよう。この問題は戦国大名にとっても欠かせない課題であり、領内の衣食住にかかわる日常生活においてはもとより、戦乱の世にあっては、武具の製作や陣地・築城などの面においても、職人の果たす役割は大きかった。戦国大名が支配した職人の職種はまことに多様であり、笹本正治氏によればその職種は五〇種類をこえていて、その中でもとくに需要が多かったものは、番匠と鍛冶であり、それにつぐのが石切や大鋸であったといわれている。(45)

この時期の徳川領国では、天正十年にまず駿河金堀衆に対する諸役免許があり、また同十六年には、梅ヶ島金堀への詳細な定書が出されている。(46) 天正十一年には小栗・倉橋・名倉の奉行衆の連署により、「石切市右衛門」宛に駿河一国の石切大工の統括を任せるとともに、庵原郡坂下村の石切屋敷二間分を安堵し、四分一人足役などの諸役を免除している。また同十五年にも、朝比奈宗白・内記昌継の連署で、石切の奉行を務めているということで、「青木市右衛門」宛に庵原西方坪付六筆、四石六合三勺五才＝五貫八文を安堵している。(47) 鋳物師については、つぎに史料をあげておこう。

〔史料7〕徳川家康朱印状(48)

駿・遠両国鋳物師惣大工職之事

右、七郎左衛門ニ定上者、小工共可相随、小工・同鋳物師・商人并炭竈五口之通、諸役免許之事、不可有相違者
也、仍如件

天正十五年
（朱印、印文「福徳」）
正月十五日
かな屋
七郎左衛門

すなわち、遠州森の山田七郎左衛門を駿河・遠江両国の鋳物師惣大工職に任じ、小工以下を統括させ、諸役を免許したのである。さらに同年十一月十一日には、小栗吉忠が「大工七郎左衛門」に宛てて、金谷・藤枝の吹屋各四間に対し人足各二〇人、江尻・沼津の吹屋各二間に対し人足各一〇人ずつ、それぞれ人足役を免除している(49)。そして、山田七郎左衛門がこの時与えられた権限は、豊臣大名山内氏の安堵を経て(50)、近世にも引き継がれたのである(51)。

なお、この問題に関連して、天正十五年十一月二十七日付けで七郎左衛門尉に宛てた坂本貞次手形(52)にかかわる問題がある。和泉清司氏はこれについて、「藤谷《ママ》、金谷の鋳物師七郎右《ママ》衛門の番子衆（職人衆）二十人の四間分の棟別銭免除を小栗吉忠の手形（証文）をうけて行っていることは藤枝、金谷二郷にわたる職人集団に対し布達できる権限を持っていたのである(53)」とされた。しかしながら、その史料にみえる「藤枝かな屋四間ばんこ衆弐十人」とは、和泉氏自身も著書の二五頁で引用されている同年十一月十一日付けの先の小栗吉忠手形の「一藤枝　四間　此人足弐拾人」をうけたものであり、ここでいう「かな屋」は地名ではなく、鋳物師を指すものとみなければならない。鋳物師が当時「かな屋」と呼ばれたことは、〔史料7〕の宛先からも明らかである。

職人についてはもう一例、天正十六年後五月十四日付けで「瀬戸者等」に宛てた徳川家康朱印状をあげておこう(54)。

これは浅井雁兵衛が奉者となっているが、「遠州志都呂」に居住する瀬戸者＝焼物師（陶工）に対して、分国中の「焼物商売之役」を免許している。すなわち、焼物奉公を行うかわりに、分国中での商売を保証したのであった。

商業の面でも、同じく安堵や保護がみられた。残された史料の限りでは甲斐関係が主であるが、たとえば、天正十年七月十二日付けで九一色郷の商人たちに対し、「九一色諸商売之役」が免許されている。(55) また、同年十二月十二日付けで志村又左衛門尉に「莚座・河隔市・西部紺三役」が、翌年後正月十四日付けで大木初千代に「中郡紺座五拾貫文」などが安堵されている。(56) さらに、同十一年四月には保科惣左衛門尉・芦沢兵部左衛門尉・田草川新左衛門尉らに対して、「分国諸商壱月に馬壱疋分之役」が他の諸役などとともに免許されている。(57)

領国内の寺社は長年にわたり在地に根付き、時々の領主の帰依や住民の信仰の対象となってきただけに、その保護と統制もまた重要な課題であった。この時期の徳川氏の場合も、禁制や寺社領の安堵・寄進状が多数みられる。しかしここでは、天正十一年十一月二十八日付けで可睡斎等膳に対して、「三河・遠江・駿河幷伊豆国、右四箇国為僧禄之上、曹洞之寺院可致支配者也」とする家康判物が下され、(58) 可睡斎の近世に続く僧禄司としての立場の出発点になったということをあげるにとどめることとしたい。

最後に、交通問題について一言述べておこう。交通路の整備は人や物資の移動にとどまらず、とくに戦国期においては情報の伝達や軍隊の移動など、軍事的な意味合いも大きかった。とくに今川・武田・北条など東国の戦国大名領国下では、早くから伝馬制度の発達がみられたことはよく知られている。

徳川氏の場合も同様で、五ヵ国支配の初期には、天正十年七月六日付けで九一色衆の渡辺囚獄佑宛に「甲・駿路次往還」の警護を命じたり、(59) 翌年十月五日付けで根原・精進村・本須村の各伝馬人等宛に伝馬屋敷分として駿河大宮内で新給恩を与え、伝馬役を勤めることを命じているように、(60) 甲斐への交通路整備に努めた。また、領国の拡大にしたがって、伝馬の使用も当初は「遠・三宿中」宛が「遠・駿宿中」宛と駿河に、さらに「駿・甲・信宿々」宛にと甲斐・信濃へと広がっていったことも当然のことであった。(61)

また、則竹雄一氏らによって明らかにされてきていることであるが、東国の戦国諸大名間では、同盟関係にあって抗争がない時期に限られたとはいえ、領国を越えた伝馬の使用がみられたことが注目される。(62)徳川氏と北条氏との間では、天正十一年八月に家康の次女督姫が北条氏直に嫁いだのであるが、(63)早くも翌年三月二十三日付けの北条家伝馬手形写では伝馬三疋が「小田原より安城迄宿中」宛に出されている。(64)同様のことはその後もみられるが、いずれにしても徳川領国駿河・遠江・三河の各宿での伝馬使用が、北条氏の伝馬手形で可能となっていたのである。

この時期の領国支配の問題としては、たとえば「吉原湊渡船」問題など、(65)交通関係についても取りあげるべきものはあるが、ここでは以上の指摘で本項を閉じることとする。

## 二　本多重次の役割

### 1　遠江・駿河の支配

まず、本多重次の奉行人などとしての活動をみる前に、『寛永諸家系図伝』(66)、『寛政重修諸家譜』(67)、「先祖書」(68)などによって、簡単に重次の経歴をたどってみよう。慶長元年（一五九六）に六十八歳で死去したということであるから、数え年として生年を確認すると、享禄二年（一五二九）ということになる。天文四年（一五三五）は十二月にいわゆる「守山崩れ」となるが、その年に七歳で初めて松平清康に仕えたといい、ついで広忠、そして家康に仕えたのである。

弘治四年（永禄元、一五五八）二月の三河寺部城攻めは、十七歳の家康の初陣となったが、重次は弟九蔵重玄とともに参戦し、重玄は討死してしまった。永禄六年（一五六三）の三河一向一揆の際には、重次は宗旨を改めて軍忠を励まし、乱後に采地を給わったという。同八年三月に奉行職になったという点については、すでに前章第二節第2項において、いわゆる「三河三奉行」ということでは、その実態はないものとしたところである。

元亀三年（一五七二）十二月の三方原の合戦においては、退陣に際して殿を務めた。また籠城に備えて城中に兵糧を蓄えていたことを賞され、重次を三曲輪に置かせたという。その後、天正三年（一五七五）五月の長篠の合戦、同九年三月の高天神城攻略などでも戦功をあげた。同十二年四月の長久手の合戦では命を受けて星崎城を守り、六月の蟹江城攻めでは先鋒を務めた。そして、翌十三年十一月に石川数正が出奔した後、重次は岡崎城を預けられ、城代となったのである。

天正十八年（一五九〇）の小田原攻めにおいても戦功をあげるが、秀吉との関係もあって戦後上総国古井戸に閉居せしめられ、三〇〇〇石の采地を給わり、諸役を免ぜられた。その後采地を下総国相馬郡井野に移され、同所において慶長元年七月十六日に死去したといわれている。

このようにみてくると、史料の信憑性にやや問題があるとはいえ、本多重次は武将としての働きが顕著であったことはたしかであろう。本書では、この後主として第9表によりながら、重次関係文書の検討を通じて、その奉行人としての役割について検討しようとするものであるが、すでに前節でも述べたように、当時の奉行人の多くは武将としての側面をもあわせもっていたのである。

さて、本多重次の奉行人としての役割は、永禄十一年末の徳川氏の遠江侵攻以降に顕著となる。その主な内容についてみてみると、つぎの三点があげられる。

| 宛　　先 | 内　　　容 | 出　　　典 |
|---|---|---|
| | 禁制３ヵ条 | 一智公御世紀，『愛知県史』624 号 |
| | 禁制３ヵ条 | 譜牒余録，『愛知県史』643 号 |
| 那智実報院 | 遠州土橋郷の寄進 | 米良文書，『静岡県史』139 号 |
| (天宮神社) | 神主給・祭礼費用等安堵 | 天宮神社文書，『静岡県史』253 号 |
| | 吉美郷年貢定書 | 随庵見聞録，『浜松市史』史二 |
| 金地院 | 無縁所のため３貫文寄進 | 中村文書，『静岡県史』1157 号 |
| 本多作左衛門尉 | 河合勘解由方旧借の件 | 岡崎領古文書，『愛知県史』1303 号 |
| 池田道場 | 船の出し様への叱責 | 行興寺文書，『静岡県史』886 号 |
| 本作左参御陣所 | 柏原の兵糧，浜松御留守中 | 諸州古文書，『静岡県史』2245 号 |
| 大知波孫四郎 | 論地に関する返答催促 | 随庵見聞録，『浜松市史』史二 |
| 池田道場 | 其地渡し舟，掛塚へも | 行興寺文書，『静岡県史』887 号 |
| 作左(本多重次) | 督兄弟不弁沙汰之限 | 松平古文書 22 号，『岡崎市史』 |
| 野出様人々御中 | 伯州様より本作へ折紙 | 松平古文書 23 号，『岡崎市史』 |
| 松督(松平真乗) | 札請取，本作ハ御城へ出仕 | 松平古文書，『愛知県史』1610 号 |
| 大ちは六左 | おこちや様，浜松にてハ作左 | 豊田文書，『静岡県史』2244 号 |
| 石伯(石川数正) | 鱸彦右衛門尉方の儀，松督 | 松平古文書，『愛知県史』1623 号 |
| 清見寺 | 禁制３ヵ条 | 清見寺文書，『静岡県史』1497 号 |
| (臨済寺) | 当軍勢甲乙人異儀なし | 臨済寺文書，『静岡県史』1499 号 |
| 岡次郎右 | 委細作左衛門可申候 | 寛永諸家系図伝，『家康文書』102 頁 |
| | 江尻宿上下衆への問屋安堵 | 寺尾文書，『静岡県史』1543 号 |
| くさなき宮 | 竹木みたりに伐取事停止 | 判物并朱黒印，『静岡県史』1544 号 |
| 徳河(家康) | 臨済寺再興，本田作左衛門尉 | 臨済寺文書，『静岡県史』1552 号 |
| 本作左 | 戦勝の連絡，飛脚の依頼 | 譜牒余録，『静岡県史』1560 号 |
| (蓮花寺) | 竹木伐取の禁止 | 蓮花寺文書，『静岡県史』1582 号 |
| 本門寺日春上人 | 日蓮直筆の寄進 | 西山本門寺文書，『静岡県史』1583 号 |
| (本多重次) | 御貴所(本多重次)うら判 | 西山本寺文書，『静岡県史』1584 号 |
| 間宮，後藤，孫一 | 角屋の七郎次郎殿様被官 | 角屋文書，『静岡県史』2243 号 |
| 〈棟札〉 | 小国一宮鹿薗大菩薩社頭所 | 小国神社蔵，『静岡県史』1708 号 |
| 本田作左衛門 | 貴辺(重次)による家康への取成し | 植松文書，『大日本史料』6-442 頁 |
| 本田作左衛門尉 | 御息(仙千代)の指越，祝着 | 古文書，『大日本史料』13-285 頁 |
| 御奉行所 | 村山浅間社，本田作左衛門尉 | 葛山文書，『静岡県史』1780 号 |
| (尊答) | 七ヵ寺御身上の儀，作左肝煎 | 上宮寺文書 19 号，『岡崎市史』 |
| 佐上様 | 後室の書状，作左へ不渡 | 上宮寺文書 139 号，『岡崎市史』 |
| 形部卿法眼 | 本証寺荒河道場御建等 | 上宮寺文書 23 号，『岡崎市史』 |
| 下間形部卿法眼 | 七ヶ寺，本田作左衛門墨付 | 上宮寺文書 24 号，『岡崎市史』 |
| (本願寺) | 本田作左衛門の使 | 上宮寺文書 25 号，『岡崎市史』 |
| 人々 | さく左 | 上宮寺文書 27 号，『岡崎市史』 |
| (上宮寺) | 本証寺殿に本作左の墨付 | 上宮寺文書 28 号，『岡崎市史』 |
| (上宮寺) | 本証寺詫言公事，作左の書状 | 上宮寺文書 29 号，『岡崎市史』 |
| 下間形部卿法眼 | 本証寺への折紙 | 上宮寺文書 30 号，『岡崎市史』 |
| 本田作左衛門尉 | 馬一疋黒毛到来，悦入候 | 古文書(記録御用所本)七上 |

第９表　本多作左衛門重次関係文書

| | 年　月　日 | 差　　　出 |
|---|---|---|
| 1 | 永禄 11. 極. | 天野・高力・本多作左衛門 |
| 2 | 永禄 12.　3.　7 | 天野・高力・本多作左衛門 |
| 3 | (永禄 12). 12. 27 | 本多作左衛門尉重次(花押)㊞ |
| 4 | (永禄 13).　9. 15 | 本多作左衛門尉重次㊞ |
| 5 | 天正　5.　8. 12 | |
| 6 | 天正　6. 10. 13 | 本田作左衛門重次判 |
| 7 | 天正　6. 10. 21 | 松平勘解由康包(定) |
| 8 | .　2. 12 | 本作(花押) |
| 9 | .　2. 21 | 天三兵景能(花押) |
| 10 | .　2. 24 | 本作左(花押) |
| 11 | .　4.　1 | 本作(花押)・天三郎兵(花押) |
| 12 | .　4. 10 | 石伯(石川数正) |
| 13 | .　4. 14 | (宇野)清直(花押) |
| 14 | .　6.　3 | □与兵衛(花押影) |
| 15 | .　8. 23 | 本作左重次(花押) |
| 16 | .　8. 25 | 本作左重次(花押影) |
| 17 | 天正 10.　3.　3 | 本多庄(作)左衛門尉奉之 |
| 18 | 天正 10.　3.　3 | 本多庄(作)左衛門奉之 |
| 19 | (天正 10).　5. 11 | 家康御判 |
| 20 | (天正 10).　6. 15 | 本作(花押) |
| 21 | 天正 10.　6. 19 | 本多作左衛門尉 |
| 22 | (天正 10).　8.　3 | (四辻)公遠 |
| 23 | (天正 10).　8. 14 | 阿善九・本弥八・大新十 |
| 24 | 天正 10. 10. 11 | 本作左 |
| 25 | 天正 10. 10. 28 | 本多作左衛門(花押) |
| 26 | | (日春) |
| 27 | (天正 11).　9.　1 | 自得倉，本作左(花押) |
| 28 | 天正 11. 12.　7 | 奉行本田作左衛門重次 |
| 29 | (天正 12).　4.　3 | (北畠)朝親(花押) |
| 30 | (天正 13).　2. 14 | 秀吉 |
| 31 | (天正 13).　4. 27 | 葛山与右兵衛尉 |
| 32 | (天正 13).　5. 14 | (山本)為次 |
| 33 | (天正 13).　6.　9 | (山本)為次 |
| 34 | (天正 13).　6. 15 | 本田作左衛門重次 |
| 35 | (天正 13).　6. 23 | 石河家成・石河康輝・酒井忠次 |
| 36 | (天正 13. 6) | (三河坊主衆) |
| 37 | (天正 13. 6) | ゐんきょ㊞ |
| 38 | (天正 13. 6) | 行空(山本為次) |
| 39 | (天正 13).　7.　5 | (山本)為次(花押) |
| 40 | (天正 13).　7.　7 | 本多作左衛門重次在判 |
| 41 | (天正 13). ⑧. 21 | 秀吉 |

第一は寺社領支配とのかかわりで、No.3では、その四日前に夏目広次より熊野山実報院代僧実仙房宛に奉書が出されており、家康の上意をえて遠州山名荘土橋郷八貫文を寄進することが伝えられていた。(69) 重次はそれをうけて、「当国之内土橋之儀、先奉行任証跡被申付候」と書状を送ったものである。

No.4は周知の史料で、天宮社に対して米方六四石四斗八升＝此代八〇貫六〇〇文・代方一貫一一〇文、合わせて八一貫七一〇文を神主給および祭礼費用として安堵したものである。なお、天宮神社文書によれば、天正十四年以降と推測されるが、(70) 天宮神主大膳の息子が甲州から帰国してくるということがあり、No.61のごとく、重次が名倉若狭守に

| 宛　　先 | 内　　容 | 出　　典 |
|---|---|---|
| 本多丹下 | 作左衛門尉無二の奉公 | 書上古文書，『家康文書』682頁 |
| 〈棟札〉 | 米大明神御宝殿上葺 | 息神社蔵，『静岡県史』1844号 |
| 中村与太夫 | 吉村新町の代官申付 | 中村文書，『静岡県史』1890号 |
| (中村)与太夫 | 吉村郷田畠荒地開発 | 中村文書，『静岡県史』1906号 |
| 中村与太夫 | 吉村湊の舟役徴収 | 中村文書，『静岡県史』1907号 |
| 本作左 | 天又兵へ御朱印 | 小野文書4号，『岡崎市史』 |
| 本証寺，外2寺 | 家康京普請，作左へ申入 | 上宮寺文書45号，『岡崎市史』 |
| 七ヶ寺(御返報) | 京都への材木一向宗に | 上宮寺文書46，『岡崎市史』 |
| 本証寺外7ヵ寺 | 御門徒中京へ，作左衛門方 | 本証寺文書5号，『岡崎市史』 |
| 七ヶ寺(御返報) | 京都への材木急ぐように | 上宮寺文書53号，『岡崎市史』 |
| 浅井六之助(道忠) | 京都へ遣わす材木何程か | 上宮寺文書54号，『岡崎市史』 |
| 石川，本多正，酒井 | 材木門徒衆へ，作左へ書状 | 上宮寺文書57号，『岡崎市史』 |
| 本多作左衛門尉 | 御家道具京都へ，駿河の普請 | 上宮寺文書58号，『岡崎市史』 |
| 内二兵へ | 材木の事，作左へ書状 | 上宮寺文書60号，『岡崎市史』 |
| 長瀬郷外4カ郷 | 材木の儀，七ヵ寺本作左より | 上宮寺文書66号，『岡崎市史』 |
|  | 材木の儀，本作左よりも御催促 | 上宮寺文書68号，『岡崎市史』 |
| 形法(下間頼廉) | 本作左も駿州在府 | 上宮寺文書74号，『岡崎市史』 |
| 六所大明神之神主 | 六所大明神山道境 | 大竹文書3号，『岡崎市史』 |
| 松五左(松平近正) | 左もんとの申様，本作へ | 松平古文書40号，『岡崎市史』 |
| 名若 | 神主大膳の子息を屋敷へ | 天宮神社文書，『静岡県史』596号 |
| 天宮惣左衛門 | 同上，本作より被為仰様候 | 天宮神社文書，『静岡県史』597号 |
| 本作左御報 | 長瀬八幡領内の松又八知行分 | 本光寺文書6号，『岡崎市史』 |
| 本証寺，外2寺 | 道場門徒之儀，本作左かた | 本証寺文書4号，『岡崎市史』 |

『岡崎市史』は『新修岡崎市史』の6，『家康文書』は『徳川家康文書の研究』上巻による．

対して「神主之事候間、屋敷へ御返し可有之候」と指示することがあった。No.62では名倉はこれをうけて、神主屋敷に戻れるような段取りを、惣左衛門に命じているのである。またNo.6は、金地院への寺領寄進状である。

第二は、年貢や兵糧米の徴収にかかわるものである。まず、「随庵見聞録」に収録されているNo.5が注目されるが、第一章で〔史料12〕として取りあげたものであり、ここでは詳細については省略する。

本多重次はまた兵糧の徴収にも関与しており、No.9によれば、榛原郡柏原の孫衛門新田からの兵糧請取について、天野景能からつぎのように連絡をうけているのである。

〔史料8〕天野景能書状写

尚以早々御吉左右可承候、〳〵

柏原之孫衛門新田にて兵糧あけ申者、如何程にてもけいこ被仰付候て、可有御請

取候、海上海賊衆へも我々書付以申、御働之様子可預示候、浜松御留守中へ可申遣候、恐々謹言

二月廿一日　天三兵
景能（花押）

本作左
参御陣所

このように、徳川氏の遠州侵攻とともに、前章でも述べたように、蔵入地の拡大、御蔵の整備がはかられ、重次らによる年貢米・棟別銭の徴収や兵糧米の確保も広がっていったのである。

| | 年　月　日 | 差　　　出 |
|---|---|---|
| 42 | 天正 13. 12.　8 | 御諱御判 |
| 43 | 天正 14.　3. 吉 | 御奉行本田作左衛門殿 |
| 44 | (天正 15).　2. 22 | 本作(花押) |
| 45 | 天正 15.　6.　1 | 本作(花押) |
| 46 | 天正 15.　6.　1 | 本作(花押) |
| 47 | (天正 16).　2.　1 | 本佐渡正信 |
| 48 | (天正 16).　2. 15 | 石日家成 |
| 49 | (天正 16).　2. 20 | 本作左重次(花押) |
| 50 | (天正 16).　2. 26 | 石川日向守家成(花押) |
| 51 | (天正 16).　3. 17 | 本作左右重次(花押) |
| 52 | (天正 16).　3. 17 | 本作左在判 |
| 53 | (天正 16).　3. 23 | 本証寺等 3 ヵ寺・5 ヵ寺 |
| 54 | (天正 16).　3. 24 | 本証寺宗□外 3 名 |
| 55 | (天正 16).　3. 25 | 七ヶ寺 |
| 56 | (天正 16).　3. | 石日(石川家成) |
| 57 | (天正 16. 3) | |
| 58 | (天正 16).　5. 10 | 平地御坊中 |
| 59 | 天正 16.　9. 20 | 本多作左衛門尉重次(花押)外 |
| 60 | (天正 16). 11. 27 | 加又左景直(花押) |
| 61 | .　4. 11 | 自岡崎，本作(花押) |
| 62 | | 若狭守 |
| 63 | .　9. 14 | 佐渡正信印(花押)・大治忠成 |
| 64 | . 11. 11 | 石川・本多佐渡守正信・酒井 |

註　『愛知県史』は資料編 11,『静岡県史』は資料編 8,

第三は交通問題で、この時期では池田・馬籠の渡船に関する一連の史料が注目されるが、すでに前章で取りあげているので、ここでは省略したい。

本多重次の役割は、天正十年を画期にさらに広がることとなった。徳川氏の支配領域が、三月に武田氏が滅亡することで駿河に及び、さらに六月の本能寺の変後、小田原北条氏との抗争を経て、甲斐・南信濃にまで広がったからである。しかしながら、重次自身の活動は甲斐・南信濃には及ばず、第9表にみられるごとく、駿河とそれまでの三河・遠江にとどまった。

まず駿河についてみてみると、『寛永諸家系図伝』には「そのゝち駿州大権現の御掌に皈する時、台命によりて江尻・久能の両城をまもり、且駿河一国の政務をつかさどる」とみえる。[71] この後段より、重次は「駿河奉行」になったとする理解も一般的にみられるが、[72] 先に「三河三奉行」について述べたごとく、明確な職制として確立していないものを、便宜的に命名することは避けるべきであると考える。

ところで、家譜類の記述はそのまま信ずることはできないことが多いとはいえ、駿河領有の初期に、重次が江尻・久能の両城を守ったとする点は、関係文書によってある程度裏付けられる。

江尻城については、『家忠日記』天正十年三月五日条に、酒井忠次が府中へ陣替えしたとする記事に続けて、「江尻へ者本田作左衛門也」とあり、[73] 重次が江尻城の守備についたことがわかる。久能城については、葛山関係文書に「殊我等儀ハ、去午四月葛山本領七千貫余之本帳、久野御城ニ而本田作左衛門尉殿へ指上申候キ」とあり、[74] 天正十年に久能城にいた時期もあったことが知られる。第9表によれば、庵原郡では№17の清見寺への禁制、№20の江尻宿への問屋安堵、有渡郡では№21の草薙神社への禁制などは、まさにそのような江尻城・久能城の城代ともいうべき立場からのものであろう。

しかしながら、重次の駿河支配への関与は、庵原・有渡の両郡に限られていたわけではなかった。安倍郡臨済寺に対しては、№18では家康による禁制の奉者となっている。また№22によれば、四辻公遠が家康に後奈良天皇の勅願寺であるとして臨済寺の再興を求めた際、「猶如雪斎・本田作左衛門尉両人へ申候、可有伝達候」とされているのである。あるいはまた№25によれば、富士郡の西山本門寺日春上人に対して、日蓮直筆の寄進を行ったりしている。

このような寺社支配とのかかわりでは、それまでと同様に、遠江の寺社についても引き続き関与していた。№24の蓮華寺への禁制などがそうであるが、さらに社殿造立の棟札が注目される。№28の小国神社や№43の米大明神の棟札銘には、いずれも「御奉行」などとして、本多重次の名前がみられるのである。

他方で、天正十年代初頭には、武田氏の滅亡から北条氏との抗争へと続くなかで、重次の政治的かつ武将としての役割も大きかった。No.19は天正十年のものとおもわれるが(75)、徳川方に帰順してきた岡部正綱に対して、「前々より御ちいんの事ニ候間、すこしもぶさた有間敷候」とし、委細は重次からとしたものである。本能寺の変直後の六月六日には、さっそく正綱に下山の城普請を命じて、甲斐侵攻への第一歩としているのである(76)。

七月に入ると家康自身が甲斐に進出し、北条方と対陣した。No.23によると、阿部正勝らが重次宛に伊豆方面での軍功を賞するとともに、黒駒での戦勝を報じ、合わせて三枚橋・興国寺両城へも諸事油断なきよう飛脚の依頼をしたのである。中村氏や徳川氏は、このとき重次は沼津城にいたとされるがそうは考えがたく(77)、「先祖書」によれば、やはり江尻城ということになるであろう(78)。

本多重次はその後天正十三年(一五八五)末に岡崎城代になるが、その支配は三河にとどまることはなかった。それ以前と同様に、引き続き遠州支配にも関与していた。No.44〜46はよく知られた気賀の中村文書であり、すでに三浦俊明氏によって(79)、また最近では阿部浩一氏によっても(80)、詳しく取り上げられている。ここでは、中村与太夫を吉村新町の代官に任じた最初のNo.44文書のみを掲げると、つぎのごとくである。

〔史料9〕本多重次判物

吉村新町居住之者、中村与太夫ニ代官を申付候、何事茂与太夫異見次第ニいたすへく候、然共与太夫横合於申懸者、以書付可申候、遂糺明可申付候、仍如件

丁亥二月廿二日　　本作(花押)

中村与太夫との

まいる

この吉村新町とは、阿部氏が指摘されたように、気賀郷内に設置された新宿であり、本多重次は中村与太夫を代官に登用して開発にあたらせたのである。代官中村氏の具体的な役割としては、これもすでに三浦氏・阿部氏が指摘されているように、No.45によれば、吉村郷田畠荒地の再開発があり、作人の取り立てや再開発地からの年貢・米銭徴収の取次を命ぜられていた。またNo.46によれば、吉村湊に入る船から、大小によらず舟役を徴収する権限を与えられていた。

このように、本多重次による遠州支配は、実際には中村与太夫のような在地土豪を代官に登用して行われていたのである。No.43によれば、宇布見郷の中村源左衛門正吉もまた、奉行である重次の下で代官となっていた。この中村源左衛門は、他方で名倉若狭や中谷次大夫らの命により代官として宇布見郷の年貢収納にあたっており[81]、中村与太夫と同様の役割を担っていたのであろう。

## 2　七ヵ寺赦免問題

ところで、この時期に本多重次もかかわらざるをえなくなった問題に、三河七ヵ寺の赦免問題があった。第9表ではNo.32～40であるが、すでに新行紀一氏によって基本的な諸点については解明されている[82]。

①家康と本願寺教団との関係は、天正十年（一五八二）末ころから改善が図られるようになり、豊臣氏との緊張関係が高まる中で、翌十一年末になって和解が成立し、三河における本願寺派禁制が解除された。

②七ヵ寺についてはなお還住が認められなかったが、それにもかかわらず二ヵ寺（上宮寺・勝鬘寺）がひそかに三河へ帰ったことが発覚し、天正十三年三月に再度七ヵ寺追放命令が発せられる事態となった。

③しかしながら、その後豊臣氏との対決路線が強化されるに伴い、同年十月に七ヵ寺の還住が許可され、寺院の再興が認められた。

以上のような指摘についてはとくに異論はないが、本多重次とのかかわりでいえば、②の経緯が問題となる。すなわち、その過程で本証寺が七ヵ寺赦免との虚言を構え、その際重次の折紙なる謀書を作成したのである。当時駿河にいた重次のもとへもさっそく連絡が入ったようで、重次は六月十五日付けで本願寺の下間頼廉宛に、つぎのような書状を送っている。

〔史料10〕本多重次書状写[83]

猶申候、此折帋之面、本証寺虚言と被仰候者、早々本証寺御下あるへく候、拙者折帋之写、自本証寺後室へ参候文体入筆御座候と存候、返々本証寺何かと被仰候者、早々御くたしあるへく候、已上

急度申候、只今承候へハ、本証寺殿自去年当春迄荒河ニ道場御建、其上拙者以肝煎家康号赦免、近辺之門下御臨之由候、左様成儀、拙者一円不存候、謀略被仰事驚存候、右之理不存候処、去年三月中御進退御迷惑之由候間、本証寺へ折帋ヲ進之申候処、其ヲ被成証拠、海塚《（貝）》殿様へ御訴訟被成由候、右之理不存候て遣申候間、其ハ証拠ニ罷成間敷候、其前後煩敷候之砌ニ候つる、今度安芸後室方へ、彼折帋之写参候間、披見申候へハ、一円不存候文体候、猶以自家康本証寺免許之趣者不被申候、去年於尾州就錯乱、御迷惑之由候間、先々御国一篇之間、三州境目迄深御忍候へと申候処、荒河ニ道場建、拙者虚言被仰付候事、一段迷惑候之間、海塚様被得御意、御家中如御作法被仰付者、忝可存候、此上も御聞分於無之者、貴坊様頼入、何ケ度も御訴訟可申候、追而申候、近年安芸後室肝煎《（ママ）》不大方ニ無之候、只今拙者引懸、後室へ虚言被仰懸候事、一円不聞候、猶以今度本証寺以御覚悟、我等迷惑仕候、御分別候て、早々御披露所仰候、委曲御報待申候、恐々謹言

六月十五日　　本多作左衛門
　　　　　　　　重　次
　　　　　　自駿州湯本
（刑）形部卿法眼
　　人々御中

このように、本証寺が荒河に道場を建てたことを非難し、そのうえ「拙者以肝煎家康号赦免、近辺之門下御臨之由候、左様成儀、拙者一円不存候」といい、これは謀略であるとしたのである。同様に、No.40では重次の折紙に筆を入れていて、謀書歴然であるとして、このようなことは俗方でも珍しいことで、まして出家の身でどういうことなのかと抗議したのであった。ただ、このような重次の名をかたった謀書が作成され、しかもそれが一定の効力をもったということは、在地支配における当時の重次の役割と力量とを示すものでもあったといえよう。

ところが、このような七ヵ寺追放の方針は、それから間もなくして撤回されることになった。十月に入ると豊臣氏との対決路線が強まり、石川家成・酒井忠次らの書状で七ヵ寺赦免のことが告げられた(84)。また、十月二十八日になると、家康自身によって上宮寺の佐々木道場屋敷や本証寺の野寺道場屋敷などが、それぞれ安堵されたのであった(85)。こうして、三河一向一揆以来二〇年余りを経て、三河の本願寺寺院は、七ヵ寺も含めて赦免されたのである(86)。

家康と秀吉との間には、天正十二年にいわゆる小牧・長久手の合戦はあったが、同年末には一応の和議が成立していた。同年十二月には、家康の次男義伊が秀吉の養子として大坂に送られ、石川数正と本多重次の子息、勝千代と仙千代もこれに従った(87)。しかしながら、実際はその後も両者の対抗関係は続き、翌天正十三年には、次第に秀吉方の優位が明らかになっていったのである。

豊臣方からの人質提出要求の圧力が強まる中で、十月二十八日には評議のため、諸将が浜松城に招集された。そして人質については、「各国衆同意ニ質物御出し候事不可然之由申上候」というように反対意見が多数を占め、[88]対決路線が固まっていった。そのような最中の十一月十三日に、岡崎城の石川数正が一族とともに上方へ出奔するという事件が起こった。[89]出奔の理由としては、豊臣氏に対して協調路線を取っていた数正が、浜松城での評議で最終的に敗北したためとする新行説に、筆者も賛成である。[90]

さてこの事件は、本多重次にとっても大きな意味をもつことになった。すなわち、数正出奔後の岡崎城の守備を命ぜられ、岡崎城代となったからである。またこの間に、人質となっていた嫡子仙千代が謀をもって呼び戻され、元服して「丹下」と号することとなった。そして家康から、No.42にみられるような感状を下された。

〔史料11〕徳川家康感状写

今度作左衛門尉無二奉公之処、忠節祝着畢、然者其方進退之儀、知行・同心以下無疎略、弥可執立置候条、猶可抽忠勤者也、仍如件

天正十三年

十二月八日　　御諱御判

本多丹下殿

こうして、重次はこれ以降岡崎城代という立場で、徳川氏の領国支配に関与していくことになるのである。

## 3　京都屋敷普請の材木問題

さて、天正十六年（一五八八）にNo.48〜58にみられるように、本多重次も深くかかわった事件として、家康の三河

七ヵ寺の門徒らに対する材木賦課一件があった。この問題については、すでに新行紀一氏によって基本的な事実関係は明らかにされているのであるが、その後、播磨良紀氏によって新行説への批判が行われた。

すなわち、新行氏は三河門徒に賦課された材木は、家康の京都屋敷造営用のものであったとされた。そして、家康と三河門徒との間が紛糾し、その解決の過程で豊臣秀長の仲介が行われたことを、「豊臣政権による領国支配への介入」とみなされたのである。[91] これに対して、播磨氏はこの材木運搬を、同年の方広寺大仏殿作事に関するものであったとされた。そして秀長の仲介は、その家臣羽田が大仏材木の調達にかかわっていたためであるとして、「秀吉の大仏殿造営という政策実施に関わる介入[92]」であったといわれたのである。

以上の点を最初に指摘して、以下、この問題に関する重次のかかわりに注意しながら、簡単にその経緯をみておくこととしよう。

事の起こりは、二月十五日付けで三河三ヵ寺に宛てられたNo.48の石川家成書状からである。そこではまず、「家康近日在京候、其付而普請之儀、京にて被申付候」とあるように、家康の在京にともなう普請がきっかけとなっていたことがわかる。そしてこれは家康の命令で七ヵ寺門徒中に申し入れることになっているとして、「万端事多候共、此度一篇之儀」であるから仰せつけるようにといい、「作左へも此旨申入候」としている。家康から七ヵ寺へは別途指示がなされたようで、これらを受けて、重次はさっそく七ヵ寺宛にNo.49の書状を送っている。

〔史料12〕本多重次書状

右之理ハ、家康先年一城ニ罷成候事、別之子細ニあらす候、御存知之師匠を見はなしかねけん、ふちを蒙候普(譜)代之もの共、別儀を仕候て、剰家康国を望、其上馬頭原ニて鈴(ママ)を被取申候ても、師弟之間ハ無別候、ケ様成たのもしき御流儀候間、被仰付候ハヽ、定悦急材木届可申候、以上御折帋拝見申候、随而京都へ之材木、一向宗ニ届候へと被仰付之由承候、何様にも在御談合、可有御届候、拙者式異見ハ罷成間敷候、尚以従石日（石川日向守）被仰越候者、早々御届可然候、又何も被仰付候て、遅々候ハんと御帋面候、師弟之事候間、定門徒中ハ別条有ましく候、師弟之間を自余より申付候事有之ましく候、恐々謹言

本作左
重次（花押）

二月廿日

七カ寺
□□□（御返報）

このように、重次は七ヵ寺に対して、京都へ材木を届けるよう指示しているのである。この材木が、家康の京都屋敷普請のためのものであることは、先の石川家成書状から明らかである。また「上宮寺文書」についてみても、「家康就御作事、為御門徒衆京都へ材木可被差上旨」（五二号）、「家康京都御普請被成ニ付而」（五九号）、「今度家康京都造作ニ付而」（六三号）などとあり、いずれも家康自身の作事であることを示しており、これを大仏殿造営用とする播磨氏の新行説批判は成り立たないと考えられる(93)。

他方で、七ヵ寺側では本願寺にも窮状を訴えた。しかしながら、三月五日付けの下間頼廉書状によると、まず家康方に免除の嘆願をすることが肝要であるとしながらも、できる限り要求に応じるようにというものであった(94)。重次の方は、№51では引き続き七ヵ寺に材木の搬入を急ぐように要求し、№52によると材木運搬の実際の手配は、浅井道忠らの代官に命じているのである。

ところが、№53～55・57によれば、七ヵ寺などが門徒衆を動員しようとしても、「上辺へ人足又ハ駿河之御普請ニ寸之隙も無之まゝ」、一人も出合わないという状況であった。そのため、立場を失った七ヵ寺などが、在所を立ち退

くという事態になったのである。豊臣秀長の仲介が入ったのは、まさにそのような時点であり、四月二十七日付けの羽田正親書状がその間の経緯を簡潔に伝えている。

〔史料13〕羽田正親書状写(95)

尚以御門徒衆、如前々不可有相違候由、家康堅御約束ニ候間、此由御門徒中へ可被仰越候

今度家康就御作事、三州七ケ寺被仰付、為檀那衆京都へ御材木可被相届之旨、被仰懸候処ニ、各依難及了簡、被退出之由御理ニ付而、大納言殿家康へ被成御異見、材木之儀被成御差置候間、可有其御心得候、随而三ケ寺へ諸役免除之儀、最前家康ヨリ以御墨付被仰出候上ハ、少も不可有相違候、勿論前々ヨリ御門徒衆之儀ハ、聊不可有其煩候、右之通以来之儀ハ、秀長御請乞ニ候間、七ケ寺早々可有還住之由、可被仰下候、恐々謹言

羽田長門守
正親

卯月廿七日
下間形（刑）部卿法印
人々御中

このように、家康は秀長の異見を受け入れて、七ヵ寺に対する材木賦課を撤回し、三ヵ寺の諸役免除の特権も再確認したのである。そして、その後のことは秀長が請け負ったとして、羽田は七ヵ寺が早々に還住するよう本願寺に伝えたのであった。こうした対処の仕方が可能であったのは、それこそ播磨氏がいわれているように、家康入洛以来の両者の入魂な関係によるものであった。

この京都への材木問題は、六月に七ヵ寺が駿府に下り、家康に礼をすることで一応解決したかにみえた。しかしその下旬に家康がこの年二度目の上洛の途についたころ、七ヵ寺を除いた下坊主衆・御門徒中に対して、再度「五千本

之材木京都へ早々可相届之由被申懸」という事態が生じた。[96] 家康は秀吉に臣従して以降、上洛・滞在する機会が増えたため、ますます京都屋敷造営の必要性に迫られていたものとおもわれる。[97] この京都屋敷の材木問題は、十月になって礼金として金五〇枚を納入するということで、やっと決着をみることになったようである。しかし、十一月になっても完納されず、門徒中の不満が大きかったことがうかがわれる。[98]

ところで、この材木問題からみた場合、本多重次の立場や役割はどのようにとらえられるであろうか。岡崎城代として関与していることはいうまでもないが、徳川氏の領国支配のあり方、指揮・命令系統のあり方が問題となる。

この点で示唆的な史料がNo.58で、秀長の仲介により七ヵ寺などの還住が決まった時点での門徒側の対応である。すなわち、このことを守護方に断らずに国中に申し触れてはどのような讒言にあうかもしれないとして、「奉行衆迄一往相届、其上可申触候」といい、駿府の奉行衆の了解を得ることにしているのである。また岡崎城代にも断る必要があると判断したのであろう、「本作左も駿州在府之事候間、以飛脚可申入候」という措置をとっている。[99]

同様の対応として、先に三ヵ寺などが在所を立ち退くことになった事情は、No.53では駿府の奉行衆に、翌日付けのNo.54では本多重次宛てに出されているのである。そしてNo.53によると、この時期の徳川氏の政策を担った駿府奉行衆の中心メンバーは、酒井忠次・石川家成・本多正信の三名であったことがわかる。このうち、駿府に常住していたのは石川・本多の両名であったが、吉田城を本拠とした酒井忠次も、この年には駿府に来ていたのである。[100]

このように、徳川氏の諸政策は駿府奉行衆によって担われ、岡崎城代本多重次はその指示を受けながら、三河・遠江の在地支配にかかわっていたのである。もとより、駿府奉行衆を中心とするこのような支配体制が整うのは、家康が駿府に居城を移してからのことであった。ただ浜松在城時も、先にみた七ヵ寺赦免に至る経緯からすれば、同じく酒井忠次・石川家成・石川数正という三名の奉行衆による支配がみられた。[101] いずれにしても、徳川氏の支配体制が整備されていく過程については、別途さらに検討する必要があり、ここでは以上の指摘にとどめておくこととしたい。

## 三　遠州宇布見郷の年貢勘定書

### 1　宇布見郷と代官

さてつぎに、遠州宇布見郷の年貢勘定書について検討を行うこととしたい。この年貢勘定書は、天正十年（一五八二）代の徳川氏の蔵入地支配と、そこでの年貢収納の実態を知ることができる貴重な史料である。まず、六点の年貢勘定書の年月日・差出・宛先、および最初の事書を示すと、つぎのごとくである。[102]

①天正十一年　三月　七日　名倉若狭（花押）　中村源左衛門尉
　（前欠・天正十年分）
②天正十二年　二月　八日　名倉若狭（花押）　御代官中村源左衛門尉
　天正十一癸未年分宇布見地頭・領家御年貢納下勘定事
③天正十二年十二月廿三日　名倉若狭（花押）　御代官中村源左衛門尉
　天正十二甲申年宇布見両郷米銭勘定事
④天正十三年十二月廿五日　名倉若狭（花押）　宇布見御代官中村源左衛門尉
　天正十三乙酉年宇布見両郷米銭勘定之事
⑤天正十六年　二月十九日　安方伊賀（花押）・中谷次大夫（花押）　御代官うふミ中村源左衛門

天正十五丁亥年分宇布見之郷御年□(貢)・塩浜銭米銭勘定事

⑥天正十七年　二月廿九日　安方伊賀（花押）・中谷次大夫（花押）　中村源左衛門尉

（前欠・天正十六年分）

この六点のうち、②⑤は戦前の『静岡県史料』に収録されていて、早くから知られていたものである。[103] 残る四点については、『静岡県史料』欄外の註でその当時存在したことは知られていたものの、長らくその所在が不明であった。ところが最近、浜松市博物館の斎藤新氏らによる中村家文書の調査によって、この四点の史料があらたに発見されたのである。これらの新発見の史料は、すでに斎藤氏によって全点紹介されている。[104]

さて、宇布見郷は浜名湖の東南岸に位置し、中世では浜松荘内の一郷であり、その後雄踏町の大字となり、現在は浜松市に合併されている。最初に掲げた年貢勘定書の事書によると、宇布見郷は当時、②では「地頭・領家」、③④では「両郷」といわれている。また、年貢勘定書の内容をみると、年貢は地頭方・領家方などからそれぞれ納入されている。さらに、永禄八年（一五六五）の飯尾乗連判物によると、「うふミ領家之郷」「うふミ領家」などとみえる。[105] これらのことから、当時の宇布見郷は地頭・領家の両郷からなっていたことがわかるが、これがいわゆる下地中分の名残であるかどうかは定かではない。

ところで、これらの年貢勘定書は、天正十四年分は欠けているとはいえ、天正十年〜十六年分の六点が残されていて、徳川氏の五ヵ国領有期の年貢収取の実態を示すものとしてはなはだ貴重である。

まず差出をみると、①〜④は名倉若狭となっているが、この名倉は第一節でみたように、天正期の有力な代官である。天正十年には新居村の鷲清寺に対して新居宿屋敷の替地を与えたり、翌年には小栗吉忠・倉橋政範との連署で、駿河の顕光院に対して上島郷医王寺屋敷を与えたりしている。[106] ⑤⑥の安方・中谷両名については不詳であるが、代官ではあろう。

宛先はすべて同一であり、④で「宇布見郷御代官中村源左衛門尉殿」とあるように、宇布見郷の土豪中村源左衛門であった。郷内の米大明神の棟札銘によると、天正十四年には（表）「御奉行本田作左衛門殿・代官中村源左□□□」・（裏）「代官中村源左衛門正吉」、天正十六年には「本願御代官・禰宜中村源左衛門」となっている[107]。すなわち、宇布見郷の土豪で米大明神の禰宜でもある中村源左衛門は、宇布見郷の在地代官に取り立てられているのである。

岡崎城代で「御奉行」ともよばれている本多重次が、在地の有力者を代官に取り立てて支配にあたっている例としては、すでに第一節で取りあげた遠州気賀郷の土豪中村与太夫などがある。重次は天正十五年に、「吉村新町居住之者、中村与太夫ニ代官を申付候」[108]とあるように、中村与太夫を在地代官に取り立てており、中村源左衛門もまた、そのような代官のひとりであった。

このように、天正十年代の宇布見郷は、代官支配を受ける徳川氏の蔵入地であったとみられる。そのことは、天正十六年分の年貢勘定書に明確に示されている。長文ではあるが、斎藤氏の翻刻にはやや正確さを欠くところがあり、また、次項での検討素材ともなるため、全文を掲げることとしよう。

〔史料14〕天正十六年分宇布見郷年貢勘定書

（前　欠）　　　　　　　　　　栄能・浄光書立有

此取五拾三貫九百卅六文

取以上六拾六貫弐百五十三文

此ひた弐百六拾五貫廿文

一拾四貫三百五文　高辻 地頭方 長宝寺分

此内

三貫五百七十六文　損免弐つ半引
内浄光定之書立有

取拾貫七百廿六文

此ひた四拾弐貫九百八文

一米百七拾五表(俵、以下同じ)弐斗三升　高辻　地頭かた

此内

弐拾三表壱斗　定不作ニ引

百五拾弐表壱斗三升

此取百弐拾壱表弐斗八升四合　八ツ取
右之衆書立有

一拾六貫七百文　地頭方塩浜年貢
但壱貫五百九十四文新浜、此内弐百廿四文亥年より出、
又百文者子年新浜新右衛門・六郎大夫前也

此ひた六拾六貫八百文

此内

三貫三百文　亥年・子年河成分ニ引
但本高八百廿四文之所也、二郎九郎・源二郎・六郎三郎・源七、
又子年分者新衛門・衛門太郎・六郎兵衛也

取六拾三貫五百文
同所閏銭、但高百文ニ十九文ふり
但右之河成所引候て
一三貫十五文
此ひた拾弐貫六十文
山崎方かぢかゝへ
一七貫六百六十文取
此ひた卅貫六百五十文
同方閏銭、高百文ニ十八文
ふり此如
一壱貫三百七十九文
此ひた五貫五百廿八文
高辻領家方
一四拾三貫九百六十六文
此内
拾壱貫弐百四十七文　　定不作ニ引
五百文　　皆河成
九貫弐百五十文　　畑方夏毛
此内弐貫百卅三文　　四ッ七分取
此取四貫三百四十七文　　損免ニ引、右衆書立有
弐拾弐貫九百六十九文　　秋毛田畠
此取拾貫三百卅六文　　四ッ半取、右同断
取以上拾四貫六百八十三文
此ひた五拾八貫七百四十四文

一拾四貫弐百十一文　高辻　領家方長宝寺分
　此内三貫五百五十二文　弐つ半引
　取拾貫六百五十六文
　此ひた四拾弐貫六百廿四文
一五百文　高辻　同方同分
　此内
　弐百五十文　夏毛
　此取百十七文
　弐百五十文　秋毛
　此取百十三文　四ツ半取
取以上弐百卅文
　此取ひた九百廿四文
一拾壱貫七百文　領家方塩年貢
　此内壱貫百文　新浜、但亥年六百五十文増、百文子年之増共ニ
此ひた四拾六貫八百文
　此内

弐貫百文　　亥年より河成　左近衛門・浄玄・七郎五郎・五郎左衛門・九郎四郎前也
　壱貫八百文　　子年河成　かうや・兵衛太郎・左近七・四郎衛門・九郎左近前也
　　　　　　　　右之両之高、九百七十四文高也
　取四拾弐貫九百文取
一弐貫卅六文　　同所闕銭、高百文ニ十九文ふり也
　　　　　　　　但右之河成引候て此如
　此ひた八貫百四十文
一九貫九百廿文　　山崎又二郎塩年貢
　此内百五十文　新はま
　此ひた卅九貫六百八十文
一弐貫百八十文　　同所闕銭　高百文ニ廿二文ふり也
　此ひた八貫七百廿文
一八貫四百五十文　　同所孫左衛門かゝへ　塩年貢
　此内弐百五十文新浜
　此内
　百文　　　子年河成ニ引、太郎左衛門前也
　取八貫三百五十文
　此ひた卅三貫四百文
一壱貫六百七十文　　同所闕銭、高百文ニ廿文ふり也

此ひた六貫六百八十文

一三貫四百文　　人見二郎衛門かゝへ　塩浜銭
但百五十文新浜、又三百文彦助申出増分、弐百五十文新右衛門申出増分也

此ひた拾三貫文

一七百八十二文　　同所閏銭、高百文ニ廿三文ふり也

此ひた三貫百廿八文

一四百文　　高辻　地頭かた山内やしき

此内百文　　損免弐ッ半引

三百文取

此ひた壱貫弐百文

一ひた弐貫八百十一文取　　不作見取所、浄光・栄能書立分

一ひた壱貫文　　かや野銭

ひた合六百八拾弐貫六百卅五文

此内

拾三貫六百五十三文　　五十分一ニ引

壱貫六百文　　失跡ニ引　但八兵衛
作人ほりの内屋しき弐貫四百文納所可仕、内五百文ハ納所申候、又三百文者八兵衛いゐをうり候て出申、残如此無納所也

六百五拾四貫文　　浜松御蔵へ納

宗円・久左うけ取弐拾枚有

残拾三貫三百七十八文　「未進

(後筆、以下同じ)「円浜松御蔵へ納、宗円うけ取壱ッ有　五月十三日㊞」

一米百卅表壱斗六升取　不作所之見取

取米以上弐百五拾弐表壱斗四升四合
右之地頭方取共ニ

此内

五表壱升五〔弐〕合　五十分一ニ引

卅四表七升三合五勺　吉美御蔵へ納

蔵衆うけ取あり

残弐百拾三表五升八合五勺

一ひへ三表弐斗七升　不作所之見取

円浜松御蔵へ納、うけ取有

一麦拾三表弐斗九升　同不作所見取

円右同人へ納、うけ取有

一塩九拾八表壱斗二升　上り塩壱斗七升表、塩升也
但本銭五拾五貫九百卅文ニふり宛候て

此内

六表　　毎年不被成所ニ引
八拾三表　　浜松御蔵へ納、うけ取有
　但此内壱表、おな九兵請取有
残九表壱斗二升　「未進
「㊞　此未進、円浜松御蔵へ納、うけ三枚有
　　丑三月廿八日　　」
天正十七己丑　　安方伊賀（花押）
　二月廿九日　　中谷次大夫（花押）
中村源左衛門尉殿

すなわち、この年貢勘定書から明らかなように、米年貢は吉美御蔵へ、その他の鐚銭・稗・麦・塩は、いずれも浜松御蔵に納入されているのである。宇布見郷からの各種年貢はすべて蔵入となっており、この時期の宇布見郷は全郷蔵入地であった。

## 2　年貢収取とその推移

それではつぎに、第10表・第11表によりながら、宇布見郷の年貢納入状況を具体的にみてみよう。鐚銭はほぼ七〇〇～八〇〇貫文、石米は二〇〇俵代、塩は九〇俵代で推移している。稗と麦とは、納入されていない年もある。これはいずれも、史料で「不作所之見取」とされているように、不安定な耕地であったからであろう。

そのような耕地に対する年貢賦課に際しては、検見が行われた。④勘定書の米の不作所見取で、「但検見奉行割付

有之」とされている。実際に現地で検見にあたったのは、〔史料14〕にみえる「浄光・栄能」らであった。たとえば浄光は、③勘定書で「塩見(検ヵ)奉行内浄光割付有[109]」とあるように、検見奉行の配下で実務を行っていたのである。

勘定書作成時点での年貢の納入率はかなり高く、天正十三年（一五八五）分では鐚銭分を除いて、米・麦・塩はすべて皆済となっている。未進分についても、翌年二月ころまでにはほぼ納入されているが、天正十五・十六年分はやや遅くなっている。

また、天正十五・十六年分のところでは、五十分一役賦課の実態が明らかである。すなわち、それぞれ鐚銭年貢と米年貢との総額に五十分一役がかけられており、同じ蔵入分とはいえ別途に計算され、⑤勘定書で「此五十分一納、うけ取有㊞」とあるように、請取も別に出されていた。また、天正十六年分の米年貢を除いて[110]、総額のちょうど二㌫となっているのである。

第10表　宇布見郷年貢勘定の推移

| 天正10年(1582) | 天正11年(1583) | 天正12年(1584) | 天正13年(1585) |
|---|---|---|---|
| 鐚銭　286貫242文<br>代方米 1430俵154合<br>納入 1328俵255合<br>(代銭623貫119文)<br>未進　101俵200合 | 鐚銭　801貫585文<br>納入　756貫541文<br>未進分(2月25日納) | 鐚銭　811貫924文<br>納入　653貫064文<br>未進分(2月14日納) | 鐚銭　759貫393文<br>納入　751貫文<br>未進分(納月日なし) |
| 石米　191俵180合<br>皆済 | 米　207俵015合<br>納入　201俵150合<br>未進分(2月25日納) | 米　211俵110合<br>納入　205俵200合<br>未進分(1月13日納) | 米　231俵<br>入用・免7俵<br>皆済　224俵 |
| 稗　2俵050合<br>未進分(納月日なし) | 稗　2俵280合<br>納入　2俵210合<br>未進分(2月25日納) | 稗　5俵100合<br>皆済 | |
| | | 麦　2俵200合<br>皆済 | 麦　9俵080合<br>皆済 |
| 塩　96俵070合<br>御台所渡　64俵<br>未進分(6月26日納) | 上塩　94俵145合<br>納入　77俵<br>尾奈九兵衛　1俵<br>未進分(2月25日納) | 上塩　96俵080合<br>浜高下に5俵120合<br>納入　81俵<br>尾奈九兵衛　1俵<br>未進分(12月23日納) | 上塩　96俵080合<br>浜高下に6俵080合<br>皆済　90俵 |

註　計算が合わないものもあるが，数字は史料どおりとした．

これら一連の年貢勘定書は、徳川氏の蔵入地宇布見郷の年貢納入に責任を負った在地の代官中村源左衛門尉に対して、たとえば②勘定書の末尾で「右、渡方之請取勘定状預り申候、未進之代、驪而可有勘定者也」と指示をしていることからも明らかなように、勘定書作成時の納入分については、渡方の請取勘定状を預かったことを知らせ、他方、未進分については、早急に御蔵に納所し、皆済するように命じたものであった。

その際、〔史料14〕でみると、請取を出しているのは吉美御蔵では蔵衆であり、浜松御蔵の鐚銭納入で二〇枚の請取を出している「宗円・久左」らも、同じく蔵衆であったみてよいであろう。彼らは、名倉若狭や中谷・安方らの配下で、蔵米や蔵銭の請取・管理にあたっていたものとおもわれる。

ところで、鐚銭部分の年貢収取はよりいっそうくわしくなっているので、もう少し立ち入って検討してみたい。これを天正十六年分の年貢勘定書についい

第11表　宇布見郷年貢勘定内訳

| 天正15年(1587)分 | | 天正16年(1588)分 | |
|---|---|---|---|
| 鐚銭年貢 | 715貫118文 | 鐚銭年貢 | 682貫635文 |
| 五十分一役 | 14貫302文 | 五十分一役 | 13貫653文 |
| 松下外へ納入分 | 181貫文 | 失跡引 | 1貫600文 |
| 宗円外へ納入分 | 407貫200文 | 浜松御蔵納 | 654貫文 |
| 未進分(4月24日納) | 112貫616文 | 未進分(5月13日納) | 13貫378文 |
| 米年貢 | 270俵120合 | 米年貢 | 252俵144合 |
| 五十分一役 | 5俵122合 | 五十分一役 | 5俵012合 |
| 塩堤人足酒代 | 4俵 | | |
| 新入戸明戸免 | 3俵 | | |
| 吉美御蔵納 | 248俵050合 | 吉美御蔵納 | 34俵0735勺 |
| 未進分(4月24日納) | 9俵248合 | 未進分(カ) | 213俵0585勺 |
| 稗年貢 | なし | 稗年貢　浜松御蔵納 | 3俵270合 |
| 麦年貢　浜松御蔵納 | 8俵170合 | 麦年貢　浜松御蔵納 | 13俵290合 |
| 塩年貢 | 96俵080合 | 塩年貢 | 98俵120合 |
| 浜高下ゆるし引 | 6俵080合 | 毎年不被成所引 | 6俵 |
| 孫十外渡 | 66俵 | 浜松御蔵納 | 83俵 |
| 宗円外渡 | 23俵 | | |
| おな九兵衛渡 | 1俵 | 未進分(3月28日納) | 9俵120合 |

註　計算が合わないものもあるが，数字は史料どおりとした.

て整理したのが第12表である。天正十五年分ではなく十六年分にしたのは、十五年分には一部脱落が認められるからである[11]。

　これによると、宇布見郷は地頭・領家の両郷からなっていたため、年貢の面でも地頭方・領家方が基本であったことがわかる。ただ、隣郷である山崎・人見などもかかわっているが、これはどのような立場からであろうか。なお推測の域を出ないが、主として塩年貢であること、「かゝへ（抱）」とあることなどから、山崎の孫左衛門や人見の二郎衛門らは、宇布見郷へいわば入作して製塩に携わっていたのではなかろうか。

　さて、年貢収取の方法についてみると、まず永高表記[112]で高の把握が行われ、そこから損免や不作分・河成分などを差し引いて「取」が確定される。これを永：鐚＝一：四の比率で、鐚銭に換算するのである。た

第12表　天正16年分年貢勘定書内訳

| 区　分 | 内　容 | 高 | 取 | 鐚　銭 |
|---|---|---|---|---|
| 地頭方 | 高辻 | (前欠不明) | 66貫250文 | 265貫020文 |
| | 長宝寺分 | 14貫305文 | 10貫726文 | 42貫908文 |
| | 米高辻 | 175俵230合 | 121俵284合 | |
| | 塩浜年貢 | 16貫700文 | | *63貫500文 |
| | 関銭 | 3貫015文 | | 12貫060文 |
| | 山内やしき | 400文 | 300文 | 1貫200文 |
| 山崎方 | かぢかゝへ | 7貫660文 | | 30貫650文 |
| | 関銭 | 1貫379文 | | 5貫528文 |
| 領家方 | 高辻 | 43貫966文 | 14貫683文 | 58貫744文 |
| | 長宝寺分 | 14貫211文 | 10貫656文 | 42貫624文 |
| | 長宝寺分(畑方) | 500文 | 230文 | 924文 |
| | 塩年貢 | 11貫700文 | | *42貫900文 |
| | 関銭 | 2貫036文 | | 8貫140文 |
| 山崎 | 又二郎塩年貢 | 9貫920文 | | 39貫680文 |
| | 関銭 | 2貫180文 | | 8貫720文 |
| | 孫左衛門かゝへ塩年貢 | 8貫450文 | 8貫350文 | 33貫400文 |
| | 関銭 | 1貫670文 | | 6貫680文 |
| 人見 | 二郎衛門かゝへ塩浜銭 | 3貫400文 | | 13貫000文 |
| | 関銭 | 782文 | | 3貫128文 |
| 不作見取 | ひた | | | 2貫811文 |
| | 米 | | 130俵160合 | |
| かや野銭 | | | | 1貫000文 |

だし、すべてがちょうど四倍になっているわけではなく、半数近くは若干の誤差がある。

地頭方の塩浜年貢と領家方の塩年貢部分のみは右の原則からはずれ、永高からすぐに鐚銭に換算され、そこから河成分が差し引かれて「取」が確定されている。それゆえ、「取」とはあっても永高ではないため、表では＊印を付けて鐚銭部分に記載した。

銭納・米納部分の総計についてみると、米納では表の「取」部分にある二ヵ所、合わせて二五二俵一斗四升四合であり、これは〔史料14〕末尾の「取米以上」と完全に一致している。しかし、銭納部分では、表の鐚銭は合わせて六八二貫六一七文であるが、末尾の「ひた合」では一八文多くなっている。先の永高から鐚銭への換算の誤差といい、年貢勘定書にしてはやや厳密さを欠いているといえよう。

そのような若干の問題があるとはいえ、徳川氏の蔵入地宇布見郷の年貢収取の実態が、このように詳細に把握できることは貴重である。徳川氏の宇布見郷支配と年貢収取は、名倉や中谷・安方などの代官や蔵衆たちによって、在地の代官中村源左衛門尉を通じて確実に行われていたのであった。

## 3　年貢勘定書をめぐる諸説

それでは最後に、宇布見郷の年貢勘定書をめぐる諸説について検討しておこう。新史料の発見により、先行研究はほとんどその意義を失ったといえるが、新史料の研究史的意義を明確にするという意味からも、あえてみておくこととしよう。

この問題に関して、まず、北島氏はつぎのようにいわれている(113)。
①中村源左衛門は代官として宇布見・人見・山崎の各郷を支配しており、領家方とはこの源左衛門、地頭方とは安

方・中谷の両給人を指す。山崎又二郎らは在地小給人、五郎左衛門らは「百姓前」であろう。
②宇布見郷は当時、徳川氏の蔵入分と中谷・安方・中村らの地頭・代官や長宝寺の知行地が分散・入組の形を取っていた。
③蔵入分は知行地の年貢から割いて納める形がとられており、給人の徴税請負人的性格がみられ、また、給人への年貢は鐚銭、蔵入分は米・麦の現物であった。
ついで、煎本氏はつぎのように述べられた。(114)
①北島氏は「地頭方」を安方・中村とするが、これは松下氏であり、安方・中谷らは代官中村源左衛門の上位にある勘定方役人であり、宇布見の給人ではなかった。
②宇布見郷の領主は松下氏であったが、天正年間には、中村源左衛門の代官支配となったものとみえる。
③中村源左衛門は、代官として松下氏の知行分の年貢を取立て、貨幣納分は直接松下氏へ、米納分は徳川氏の「御蔵」（「吉美御蔵」）へ運送した。
さらに、和泉氏は、つぎのようにいわれたのである。(115)
①天正十一年分の年貢勘定書について、代官兼奉行の名倉若狭が、地頭方（給人領）や領家方（中村源左衛門領）それに長宝寺領など入組んだ所領の年貢渡方の請取および未進分を書上げたもので、これを直轄領の代官中村源左衛門に与え、かつ未進分の年貢勘定を督促したものである。また、松下・市越らは代官であった。
②天正十五年分の年貢勘定書について、これによれば、吉美御蔵と浜松御蔵の存在が窺え、代官も松下・宗円らの存在が窺え、彼らの上納した年貢米金に対し、中村が請取を与えていたものと思われる。
③安方・中谷には米二七〇俵余りの中から「代官分ニ被下」として一部が与えられているところから、彼らは給人

であり、かつ直轄領分の一部を支配していた代官であった。直轄領分は給人らの知行地の年貢から割いて納める形がとられており、彼ら給人代官は年貢請負人的性格を強くもっていた。

また、最近では谷口央氏が、つぎのように主張されている。[116]

①米は「吉見（美の誤り—筆者）御蔵」・麦は「浜松御蔵」に蔵入れされている蔵入分であり、鐚銭と塩は「松下・孫十・宗円・久左」らに渡されていて給人分であった。

②「宗円・久左」らは、（鐚銭部分）では徴収後の給人としての請取側、（米部分）では代官としての蔵入側となっており、代官兼給人であった。

③鐚銭分も米分も、いずれも五十分一役分は年貢分に含まれている。

年貢勘定書をめぐる諸説は、ほぼ右のように整理して大過ないとおもわれるが、このうち、谷口説の③はすでに筆者も指摘済みではあり、[117]また前項でも触れたので、ここでは省略することとしよう。

つぎに、煎本説の①②については、松下の位置づけが誤っている。すなわち、煎本氏は天正年間の宇布見郷は中村源左衛門の代官支配になったものとみられるとされながら、「地頭方」とは松下氏であるとして、③のような主張をされたのである。たしかに、宇布見郷は一部かもしれないが給人の知行地になったことはあり、永禄十二年（一五六九）には松下筑後入道が家康による安堵を受け、天正二年（一五七四）には飯尾弥四右衛門尉が武田勝頼の安堵を受けるというようなことはあった。[118]しかしながら、先に述べたように、宇布見郷は少なくとも天正十年以後は、全郷蔵入地だったのである。

他方、和泉説②は、事態をまったく逆にとらえた誤りである。いうまでもなく、浜松御蔵や吉美御蔵に年貢を納入したのは中村であり、それに対して松下・宗円らが請取を出しているのである。

さて、以上のことを最初に述べておいて、あらためて問題とすべきは、右の諸説では若干のニュアンスの違いはあるものの、ほぼ共通して誤った理解を示されているということである。誤解を恐れずあえて整理すれば、それはおよそつぎの三点にまとめられるであろう。

第一に、当時の宇布見郷は、徳川氏の蔵入分のほか、領家方（中村領）・地頭方（名倉や安方・中谷らの給人領）・長宝寺領などの入り組んだ形態をとっていたとされる（北島①②、和泉①）。しかし、当時の宇布見郷は全郷徳川氏の蔵入地であり、また、地頭方・領家方は宇布見の両郷を指し、入組ということではなかった。

第二に、鐚銭年貢は給人に納入され、米・麦などの現物納は蔵入分であったとされている（北島③、煎本③、谷口①）。しかし、これも全郷蔵入地である以上、年貢は鐚銭・塩も含めてすべて蔵入分であった。

第三に、安方・中谷らは給人兼代官であり、彼らは年貢請負代官的な性格を持っていた（北島③、和泉③）。宗円・久左らは、代官兼給人であった（谷口②）。これも、宇布見郷が全郷蔵入地である以上、いうまでもなく給人としての側面は否定される。

なお、谷口説では「松下・孫十」について別人のように表記されているが、これはひとりの人物の誤りである。すなわち、年貢勘定書の①②などで「松孫十郎殿」といわれているように、松下孫十郎伊長のことなのである。[119]

この松下孫十郎は、五ヵ国総検地をふまえたあらたな知行宛行において、たとえば天正十七年十一月には、研究上「代官頭」と称された長谷川長綱らとともに一連の連署状を発給しているのである。[120] それゆえ、勘定書の段階でも代官として、蔵入分の年貢について請取を出していたと考えられる。なお、他の人物については、明らかではない。

以上述べたような三点の問題は、主として天正十五年分の勘定書からの判断であったため、これらの誤りはやむをえない面はある。それだけにまた、今回一連の史料が発見されたこと、とりわけ天正十六年分の〔史料14〕が発見されたことの意義が大きいともいえよう。

それでは、右の第二の点に関連して、天正十五年までは鐚銭と塩は給人分であり、天正十六年になって蔵入分に変わったという可能性があるのかというと、それはありえない。天正十二年分の勘定書末尾で、第10表にみられるような鐚銭・米・塩などの未進分について、「右之未進早速有御納所而、可有皆済者也」とあり、「御納所」とあることから、いずれも蔵入分であることがわかる。また、天正十三年分では、「右之未進早束(速)御蔵江可被為納者也」とあり、蔵入分であることが明瞭である。しかも、この十三年分の未進は、第10表から明らかなように、谷口氏が給人分とされた鐚銭しかないので、鐚銭の未進分の蔵入が指示されているのである。これまでの指摘に加えて、天正十年分の塩年貢に「御台所渡」とみえることからも、宇布見郷は少なくとも天正十年からは全郷蔵入地であったことを、あらためて確認しておきたい。

このように、天正十年代の宇布見郷の一連の年貢勘定書によって、徳川氏の蔵入地支配と年貢収取の実態が明らかとなったことの意義は大きい。今回は、年貢勘定書の基本的な側面を明らかにしたにとどまるため、年貢収取などのさらに詳細な検討は今後の課題としたい。

## むすび

本章では、五ヵ国に拡大した徳川氏の領国支配について、はなはだ不十分ではあるが三節にわたり検討してきた。最後に、これまで述べてきたことを簡単にまとめて、むすびにかえることとしたい。

第一に、天正十年（一五八二）に入って以降、第7表にみられるように印判状、それも奉書式印判状が急激に増えたことがわかる。しかも、大量に発給されている時期は、甲斐経略の動向とまさに対応したあり方を示していることである。また、奉者として多数の奉行人が登場しているが、本多正信や井出正次など若干のものを除き、その多くは基本的に武将としての性格をもつものであった。

第二に、甲斐国の支配は、すでに明らかにされているように、郡内領は鳥居元忠、河内領は穴山勝千代にそれぞれ委ねられ、国中地域が徳川氏の直接支配となっていた。そこでは「甲府城代」的立場の平岩親吉を頂点に、成瀬・日下部の両職（両奉行）、相対的にその下で在地支配にあたった武田旧臣の甲斐四奉行（公事奉行）がいて、民政一般を担当していた。他方で、それとは支配系統を別にする大久保長安ら武田時代の蔵前衆の系譜をひく代官衆がいて、五十分一地頭役・代官役、夫丸、鐚銭などの徴収にあたった。

第三に、領国支配全般については、主要な点の指摘にとどめた。すなわち、農村支配の基本にかかわる開発・用水問題をはじめとして、職人の支配・統制、交通路の整備などであるが、いずれの面でも徳川氏が意を用いていたことは明らかである。

第四に、本多重次の奉行人としての役割は、徳川氏の領国支配の拡大とともにまず遠江に、ついで駿河へと広がっていった。第9表によって確認される具体的な支配内容としては、寺社領支配、年貢・兵糧米の徴収、交通問題などがあげられる。

第五に、年貢の徴収などに際しては、たとえば遠江では宇布見・気賀の両中村氏のような在地土豪を代官に取り立て、自らは奉行人として支配にあたっていた。また三河の材木京上問題の場合は、浅井道忠らに運搬の段取りを取るよう命じるなど、重次の指導的な立場がうかがわれる。

第六に、石川数正出奔後の徳川氏の政治中枢は、酒井忠次・石川家成・本多正信の三名によって担われていた。それゆえ、京都屋敷普請の材木問題の際には、岡崎城代本多重次も、これら駿府奉行衆の指示を受けて対応したのであった。

第七に、遠州宇布見郷の年貢勘定書については、新発見の一連の史料の意義が大きい。それを整理した第10表～第12表によって、天正十年から十六年（十四年分は欠）に至る蔵入地の年貢収取の推移を知ることができた。これらの蔵入地年貢は、徳川氏の代官・蔵衆らの指示にもとづき、在地代官中村源左衛門尉から浜松や吉美の御蔵に確実に納入されていた。

第八に、新史料が発見されたことにより、宇布見郷が蔵入地と給人領の入組であるとか、鐚銭と塩年貢は給人に納入されていたとか、安方・中谷、宗円・久左らは給人兼代官であるとか、そのような諸氏の主張はほとんど誤っていることが明らかになった。天正十年以降の宇布見郷は全郷蔵入地であり、年貢は鐚銭・塩も含めてすべて蔵入分であった。また、安方らの給人としての側面が否定されるのはいうまでもないことである。

以上であるが、本章ではなお甲斐や宇布見郷、あるいは本多重次に限った検討にとどまっていて、初期徳川氏の奉行人・代官などの全容を明らかにするには至っていない。そのため、甲斐の支配体制や本多重次の位置づけなどについても、なお明確さを欠く結果となっている。今後の課題としたい。

註

（1）『静岡県史』資料編8（静岡県、一九九六年）、一五一八号。
（2）この抗争の経緯については、平山優「天正壬午の乱――信長死後の旧武田領争奪戦について――」（『能見城跡』韮崎市教育委員会・遺跡調査会、一九九八年）が詳しい。
（3）『寛永諸家系図伝』第九（続群書類従刊行会、一九八六年）、二四四頁。中村孝也『徳川家康文書の研究』上巻（日本学術振興会、一九五八年）、二八五頁。

（4）この時期の岡部正綱の役割については、柴裕之「岡部正綱の政治的位置」（『野田市史研究』一四号、二〇〇三年）による。

（5）中村氏前掲書、二八七頁。

（6）酒入陽子「家康家臣団における大須賀康高の役割」（『日本歴史』六一二号、一九九九年）、七〇頁。

（7）『家忠日記』（『増補　続史料大成』第十九巻、臨川書店、一九七九年）、天正十年七月三日・九日の条。また、七月三日付けで穴山衆らに宛てた家康書状でも、「本多豊後守父子・大久保七郎右衛門・石河長門守相談、新府中へ被移候而、信州表之計策畢竟第一候、我等儀も、今日三日出馬候間、頓而其表へ可打出候」（中村氏前掲書、三一〇頁）とみえる。

（8）『家忠日記』天正十年十二月十一日・十二日の条。

なお、北条氏との抗争については、前掲平山論文参照。ただし、北条氏との和睦を「十一月」とされたのは不注意で（三四頁）、『家忠日記』天正十年十月二十九日の条に「氏直無事相済候てのき候」とある。

（9）煎本増夫『幕藩体制成立史の研究』（雄山閣出版、一九七九年）、第二章第一節の二。小宮山敏和「井伊直政家臣団の形成と徳川家中での位置」（『学習院史学』四〇号、二〇〇二年）など。

なお、小宮山氏は「直政が奉者として徳川家中で一番多く、全体の約二〇％（二二六通中四五通）を占めている」（五二頁）とされている。しかし、これは中村氏の著書に主として拠られたという限界があり、第7表では約二五・五％（二五九通中六六通）となっている。

（10）『寛永諸家系図伝』第七（続群書類従完成会、一九八四年）、二四〇頁。

（11）『寛政重修諸家譜』第十一（続群書類従完成会、一九六五年）、三七九頁。ただし、「武蔵国羽生城をたまひ二万石を領す」とするのは、一万石の誤りである。この点、北島正元『江戸幕府の権力構造』（岩波書店、一九六四年）、一九二頁など参照。

（12）『寛永諸家系図伝』第五（続群書類従完成会、一九八二年）、一七二～三頁。『寛政重修諸家譜』第六（続群書類従完成会、一九八三年）、三〇九～一〇頁。

なお、七ヵ条定書の奉者と発給文書数については、本書第四章の第19・20表参照。

(13)『寛政重修諸家譜』第十一、二九一頁。北島氏前掲書、一五三・四四八頁。
(14)『寛永諸家系図伝』第三（続群書類従完成会、一九八〇年）、一四八頁。『寛政重修諸家譜』第五（続群書類従完成会、一九六四年）、三九九頁。
(15)『寛政重修諸家譜』第十七（続群書類従完成会、一九六五年）、九三〜九四頁。
なお、関根省治『近世初期幕領支配の研究』（雄山閣出版、一九九二年）、第Ⅰ部第一章の一参照。
(16)村上直「武田家臣団の解体と蔵前衆（上）・（下）」（『日本歴史』一四六・一四七号、一九六〇年）など。
(17)北島氏前掲書、第一部第一章第五節。和泉清司『徳川幕府成立過程の基礎的研究』（文献出版、一九九五年）、第一篇第一章第一節。
(18)穴山勝千代の河内領支配については、須藤茂樹「甲斐武田氏の滅亡と穴山氏――穴山勝千代考――」（『甲斐路』六七号、一九八七年）がある。
(19)柴氏前掲論文、四三〜四六頁。
(20)柴裕之「徳川氏の河東二郡支配と松井忠次」（『戦国史研究』四五号、二〇〇三年）、二〇〜二三頁。
なお、天正十一年二月十八日付けで松平周防守（松井忠次）に宛てた徳川家康判物（『静岡県史』資料編8、一六二三号）は、郡代問題の関連で北島・和泉両氏も取りあげられているが、中村氏前掲書に拠られたため、「河東」を「河原東」・「河原」とする誤った前提での論になっている。とくに和泉氏の場合は、松井忠次が「駿河河原東の地二万五〇〇〇貫文の所領と河原二郡の郡代に任ぜられているが、この河原二郡も三枚橋城の城付直轄領であった」とし、「現在の駿東郡東部黄瀬川沿いの地域で、三枚橋城のすぐ近くに位置している」（四〇頁）とまでいわれていて、問題が多い。いうまでもなく、これは「河東二郡之郡代」、つまり富士郡・駿東郡の郡代に任ぜられたものであった。
(21)徳川義宣『新修徳川家康文書の研究』（徳川黎明会、一九八三年）、八八頁の二月八日付け徳川家康書状。
(22)『山梨県史』資料編4（山梨県、一九九九年）、一〇一号。
(23)柴氏前掲註(4)論文、四八〜四九頁。柴氏は正綱を、御岳衆の指南であったとされている。

(24) 斎藤典男「平岩親吉と御嶽衆――金桜神社所蔵『神前文書』を中心として――」(『甲府市史研究』二号、一九八五年)、七三頁では、〔史料2〕を天正十年に年次比定されているが、正綱死後とすると、柴氏前掲註(4)論文表2のように、天正十一年とする方がよいだろう。

(25)『山梨県史』資料編4、七〇三・七一三・八五四号など。

(26) 成瀬・日下部の順で、それぞれ『寛永諸家系図伝』第十・第十四(続群書類従完成会、一九八六・一九九二年)、『寛政重修諸家譜』第十五(続群書類従完成会、一九六五年)・第十一による。

(27) 中村氏前掲書、三三三・三三一頁。

(28) 中村氏前掲書、三三二〜三三三頁。なお、武川衆とその動向については、根岸茂夫「近世初期武川衆の知行と軍役」(『国学院大学紀要』二八巻、一九九〇年。のち同『近世武家社会の形成と構造』吉川弘文館、二〇〇〇年、に第二章第一節として収録)を参照。

(29) 中村氏前掲書、三九七・四一〇頁。

(30) 中村氏前掲書、四一三・四四五頁。

(31) 中村氏前掲書、三五一頁。

(32)『山梨県史』資料編4の一四三一号では、穴山殿に註記して「信君」としているが、この時期では勝千代とすべきであろう。また、「石四石」とあるのは、「石四右」の校正ミスである。

(33) 柴氏前掲註(4)論文の註(43)でも「彼ら四人のみを『甲斐四奉行』として括るのは正確ではないが、便宜上使用する」とされている。「甲斐四奉行」の場合は、職制としてはともかく、明確に支配の実態があるので、筆者も柴氏と同意見である。

(34) 柴氏註(4)前掲論文、四五〜四六頁。

(35) 村上氏前掲論文(上)の三。

(36)『静岡県史』資料編8、一四八六号。

(37) 順に、『静岡県史』資料編8、一四八五・一四八七・一四八九・一四八八号。

(38)『静岡県史』資料編8、一五九九号。
(39) 順に、『静岡県史』資料編8、一八四二・一九〇〇号。
(40)『静岡県史』資料編8、一九八五号。
(41)『静岡県史』資料編8、一八八九号。
(42)『静岡県史』資料編8、一九八八号。
(43) 新宿設立の意味については、池上裕子「伝馬役と新宿」(『戦国史研究』八号、一九八四年。のち同『戦国時代社会構造の研究』校倉書房、一九九九年、に第二部第一章として収録)を参照。
(44) 拙稿「幕藩制成立期の代官と奉行人——彦坂九兵衛光正を中心に——」(『地方史静岡』二五号、一九九七年)、一四〜一五頁。
(45) 笹本正治『戦国大名と職人』(吉川弘文館、一九八八年)、表4および四七頁。
(46) 順に、『静岡県史』資料編8、一五九七・一九八二号。
(47) 順に、『静岡県史』資料編8、一六八一・一八九八号。
(48)『静岡県史』資料編8、一八八六号。
(49)『静岡県史』資料編8、一九四〇号。
(50)『静岡県史』資料編9(静岡県、一九九二年)、九四号。
(51) 北川裕章「近世における鋳物師社会の構造——遠州・駿州を中心に——」(『地方史静岡』二一号、一九九三年)。
(52)『静岡県史料』第四輯(静岡県、一九三八年)、山田文書七号。『静岡県史』資料編8では収録漏れ。
(53) 和泉氏前掲書、六五〜六六頁。
(54)『静岡県史』資料編8、一九七四号。
(55) 中村氏前掲書、三一七頁。
(56) 中村氏前掲書、四五二・四七六頁。

(57)　中村氏前掲書、五一九〜五二二頁。
(58)　『静岡県史』資料編8、一六九九号。
(59)　『静岡県史』資料編8、一五四六号。
(60)　順に、『静岡県史』資料編8、一六七六・一六七八・一六七九号。また、同日付けで「蒲原伝馬人等」宛にも出されており、「蒲原伝馬屋敷三十六間、棟別以下之諸役」を免許している（同、一六七七号）。
(61)　順に、『静岡県史』資料編8、一五二九・一九四二・一九九八号など。
(62)　則竹雄一「戦国期の領国間通行と大名権力」（佐藤和彦先生退官記念論文集刊行委員会編『相克の中世』東京堂出版、二〇〇〇年。のち同『戦国大名領国の権力構造』吉川弘文館、二〇〇五年、に第三部第四章として収録）。
(63)　中村氏前掲書、五三〇〜五三四頁。
(64)　『戦国遺文　後北条氏編』第五巻（東京堂出版、一九九三年）、三七六六号。
(65)　『静岡県史』資料編8、一六八五・一六八六・一六九六・一六九七号など。
(66)　『寛永諸家系図伝』第八（続群書類従完成会、一九八五年）、二四一〜二四四頁。
(67)　『寛政重修諸家譜』第十一、二五九〜二六一頁。
(68)　「先祖書」（東京都、本多裕江氏所蔵）。本史料は弘化三年（一八四六年）四月付けで、本多勝之助によって書き上げられたものである。本多裕江氏のご了承をえて、取手市埋蔵文化財センターで写真撮影されたもののコピーを、同センター学芸員の飯島章氏のご厚意によって送っていただいた。
(69)　『静岡県史』資料編8、一三八号。
(70)　このNo.61・62文書は、『静岡県史』資料編8では五九六・五九七号にあり、元亀四年（一五七三）の武田氏関係文書にかけられている。これを天正十四年以降のものと推測したのは、中村千代松の帰国は武田氏滅亡後のことで、また「自岡崎」とあって、重次が岡崎城代の時とみられることによる。
(71)　『寛永諸家系図伝』第八、二四三頁。ただし、重次が岡崎城代になったとする後にこの記述がなされているのは問題で、

『寛政重修諸家譜』第十一では、「十年駿河国を領したまふのとき、重次仰により江尻・久能の両城を守りて国中の政務を司る」(二六〇頁)とあり、この方が正確である。

(72) 北島氏前掲書、一五五頁。和泉氏前掲書、二二二頁。

(73) 『家忠日記』天正十年三月五日条。

(74) 『静岡県史』資料編8、一七八〇号。

なお、『静岡県史』では「久野城」に註記して(遠江国周智郡)としているが、重次が当時遠江の「久野城」に入った徴証はなく、これは駿河の「久能城」のことであるから、(駿河国有渡郡)とすべきところである。

(75) 中村氏前掲書一〇二頁では、本文書を『寛永諸家系図伝』によって永禄十二年に比定されている(ただし、二八六頁では年未詳ともしている)。これに対して大石泰史「岡部氏に関する基礎的考察――関東入部以前の岡部氏について――」(『野田市史研究』八号、一九九七年)五二頁では、「武田氏滅亡後に徳川氏に仕えたと判断した方がよいのではなかろうか」とされた。また、酒入氏前掲論文七二頁では、「武田氏滅亡直前に家康に従った」とされている。本文書の文言からすると、帰順間もない時期の書状とみられるので、滅亡後と考えた方がよいだろう。

(76) 中村氏前掲書、二八五~二八六頁。

(77) 中村氏前掲書拾遺集二六頁、および徳川氏前掲書七七頁では、『寛政重修諸家譜』などに拠られたせいか、重次は沼津城を守っていたとされている。しかしながら、当時の沼津城とは三枚橋城のことであり、同じ場所に飛脚を出すようなことはありえないだろう。

なお、当時の三枚橋城の守備は松平忠吉・松平康親、興国寺城は牧野康成であった(『大日本史料』第十一編之一、九〇四~九〇七頁)。

(78) 「先祖書」(前掲)には、「駿河国江尻之城ニ罷在候時、伊豆国韮山之城城主北条美濃守押被仰付候、小田原勢と競出候所を追崩し、韮山惣構之木戸迄押込、頭数三十五討取申候右討取候者之姓名相知不申候」とみえる。また、この件に関連する史料として、『大日本史料』第十一編之二、二九九~三〇三頁参照。

もしこの時期一時的に駿河東部にいたとすれば、No.27から、翌年九月には重次は駿東郡戸倉城にいることがわかるので、やや時期が離れていて可能性は低いが、あるいは戸倉城に入っていたのかもしれない。なお、No.27文書は『静岡県史』では天正十七年の文書にかけて、二二四三号にみられる。しかしここでは、「資料編『古代・中世』補遺」（『裾野市史研究』一二号、二〇〇〇年）の補六九号の註記に従って、天正十一年とした。

(79)　三浦俊明「三河三奉行について――本多作左衛門を中心として――」（高柳光寿博士頌寿記念会編『戦乱と人物』吉川弘文館、一九六八年）、四三六～四三七頁。

(80)　阿部浩一「戦国末―近世初頭の宿の開発と展開――遠江国気賀宿を中心として――」（本多隆成編『戦国・織豊期の権力と社会』吉川弘文館、一九九九年。のち同『戦国期の徳政と在地社会』吉川弘文館、二〇〇一年、に第Ⅲ部第三章として収録）、三三三～三三七頁。

(81)　この点、詳しくは次節参照。

(82)　新行紀一『一向一揆の基礎構造』（吉川弘文館、一九七五年）、第六章第六節。
なお、最近発表された安藤弥「天正年間三河本願寺教団の再興過程――平地御坊体制をめぐって――」（『安城市史研究』六号、二〇〇五年）、一の（三）においても、七ヵ寺赦免問題と謀書事件が取りあげられている。

(83)　『新編岡崎市史』6、上宮寺文書二三号、『静岡県史』資料編8、一七八六号。また関係文書として、上宮寺文書一九～三〇号がある。

(84)　『新編岡崎市史』6、上宮寺文書三一・三三号。

(85)　『新編岡崎市史』6、上宮寺文書三四号、本証寺文書三号。

(86)　これに関連して、新行氏前掲書、三二六頁や『新編岡崎市史』6の本証寺文書四号・上宮寺文書三六号、あるいは『徳川家康文書の研究』拾遺集、五〇頁などでは、十一月十一日付けの酒井忠次・本多正信・石川家成連署書状をいずれも天正十三年のものとしているが、一考を要する。
たしかに、内容的にはこの時期のものとみてもおかしくないのではあるが、正信が「佐渡守」という受領名となっていることが問題となる。正信の従五位下佐渡守の叙任は、『寛政重修諸家譜』第十一によれば天正十四年五月のこととされている。発給文書でみても天正十三年十二月や翌年一月にはなお「弥八郎」と称していることが明らかである（『静岡県史』資料編8、一八二九・一八三四号など）。それゆえ、右の連署書状は天正十四年以降のものとみなければならないであろう。ただし、正信の「佐渡守」任官は、『寛政重修諸家譜』にある五月よりも実際には早く、三月にはすでに「佐渡守」とみえる（中村氏前掲書六九〇頁、同拾遺集五三頁）。また、最新の成果である『新編安城市史』5（安城市、二〇〇四年）においても、本文書を六四六号として収録し、やはり天正十三年に年次比定するという同様の誤りを犯している。逆に、天正十六年とされた「極月十五日」付けの六九〇号文書は、「弥八郎」とあるので天正十三年以前とすべきであろう。

(87)『大日本史料』第十一編之十、三二一～三三二頁。

(88)『家忠日記』天正十三年十月二十八日条。

(89)『家忠日記』天正十三年十一月十三日条。

(90)『新編岡崎市史』2、九七三頁。

(91)『新編岡崎市史』2、九八一～九八四頁。また、新行紀一「天正末年の三河本願寺教団と徳川家康——材木京上一件をめぐって——」（和歌森太郎先生還暦記念論文集編集委員会編『近世封建支配と民衆社会』弘文堂、一九七五年）は、この問題を詳述している。

(92)播磨良紀「豊臣政権と豊臣秀長」（三鬼清一郎編『織豊期の政治構造』吉川弘文館、二〇〇〇年）、八三頁。

(93)『新編安城市史』5、六七七頁の解説においても、「家康は、上洛した際の京都屋敷造営の材木の運搬を、三河七か寺に命じた」としている。また、最近発表された水野智之「聚楽第行幸と武家権力——三河本願寺教団への材木京上賦課の検討から——」（『安城市史研究』六号、二〇〇五年）でも、家康の京都屋敷として、この問題を詳述されている。

なお、家康も大仏殿造営のための材木負担を免れていたわけではなかったが、それはこの年ではなく、翌天正十七年のことであった。『家忠日記』によれば、天正十七年七月九日条以降十一月にかけて、富士山からの木挽き関係記事が頻出している。

(94)『新編岡崎市史』6、上宮寺文書五二号。
(95)『新編岡崎市史』6、上宮寺文書七二号。関連文書として、同七三〜七七号、本証寺文書六・七号など。
(96)『新編岡崎市史』6、上宮寺文書七八号。
(97)『家忠日記』天正十六年十月五日条によれば、「駿州天清兵より殿様京都御屋敷之のしふきの竹くき五俵一斗弐升いたし候へ之由申来候」とあり、京都の屋敷普請がなお続いていることがわかる。
なお、水野氏註(93)論文によれば、家康の京都屋敷は臣従化以前の天正十四年七月に、秀吉によって造作が開始されたといわれている（三三頁）。
(98)『新編岡崎市史』6、上宮寺文書八一〜八八号、九一・九三・九四号。また、『新編安城市史』5、七〇七頁の解説参照。
(99)本多重次は岡崎城代として、もっぱら岡崎にいることが多かったとおもわれるが、この時期たまたま駿府にいたことが、『家忠日記』天正十六年五月二日条に「三州岡崎より本多作左衛門被越候」とあることから知られる。
(100)七ヵ寺の還住に触れた四月十二日付けの山本為次書状（上宮寺文書七〇号）によると、「今度駿州にても石日・本佐肝煎不大形候し」とあり、石川・本多の両名が駿府にあって尽力していたことを伝えている。また酒井については、『家忠日記』天正十六年正月五日条より、この時期駿府にいたことがわかる。
(101)『新編岡崎市史』6、上宮寺文書九・一六・二四号。
(102)中村家文書（旧雄踏町宇布見）。
(103)『静岡県史料』第五輯（静岡県、一九四一年）の中村文書、五九二〜六〇三頁。
(104)斎藤新「資料紹介・浜松の中世から近世初期にかかわる文書資料」（『浜松市博物館報』一四号、二〇〇一年）。
なお、筆者は二〇〇一年六月に浜松市博物館において、斎藤氏のご配慮により、これら新発見の年貢勘定書の原本調査を行うことができた。記して謝意を表する。
(105)『静岡県史』資料編7（静岡県、一九九四年）、三三九八号。
(106)『静岡県史』資料編8、一五〇八・一七〇四号。他に、一六八一・一七〇〇号などがある。

(107) 『静岡県史』資料編8、一八四四・一九五五号。

(108) 『静岡県史』資料編8、一八九〇号。また、本章第一節参照。

(109) 字体は偏からみると明らかに「塩」であるが、内容からみて「検」の誤りではないかと考えられる。

(110) 天正十六年分米年貢の五十分一役の部分は、原本によると「五表壱升五合」となっていたところを、「五合」の「五」が「弐」に訂正されている。しかし、計算上は「五」の方が正しく、それだとちょうど二㌫になる。

(111) 天正十五年分の⑤勘定書によると、鐚銭部分の合計は「ひた合七百拾五貫百十八文」となっているが、実際の計算では五五九貫六九六文にすぎず、大幅な違いがあることがわかる。これは⑤勘定書に脱落があるためで、〔史料14〕の⑥勘定書と比較してみると、「三貫十五文」の「同所閏銭」から「五百文」の「高辻同方同分」の前まで、五項目＝二一行に相当する部分が欠けているからである。

(112) 最初の高が永楽銭による表記であることは、②勘定書の銭納部分の合計が、「永楽以上百九拾九貫九百七十文」とされていることから明らかである。

(113) 北島氏前掲書、一三七〜一四四頁。

(114) 煎本氏前掲書、九七〜九八頁、一二九頁註(20)。

(115) 和泉氏前掲書、八八〜九四頁。

(116) 谷口央「家康の上洛と徳川権力——五十分一役の理解を通じて——」(『日本史研究』四七九号、二〇〇二年)、三七〜三九頁。

(117) 拙稿④論文、一五四頁。

(118) 『静岡県史』資料編7、三六二〇号。『同』資料編8、八六二号。

(119) この点は、すでに和泉氏前掲書、九四頁でも、「松下孫十（伊長）」と指摘されている。

(120) 『静岡県史』資料編8、二三二五〜二三二七号。

# 第三章　五十分一役の賦課

## はじめに

徳川氏は、天正十五・十六年（一五八七・八八）に信濃を除く全領国に対して、給人領・寺社領・蔵入地を問わず、いっせいに五十分一役を賦課した。この五十分一役の性格・役割については、早くに村上直氏の指摘があり[(1)]、筆者もまたそれに加えて若干述べるところがあった[(2)]。

しかしながら、研究史的にみて、この問題をあらためて本格的に取りあげ、あらたな位置づけを与えられたのは新行紀一氏であった[(3)]。すなわち、新行氏はこれまでの研究では、五ヵ国検地の総過程の検討が不十分であったとして、とくに五十分一役問題を手がかりとして、検地の準備過程を中心に積極的な提言を行われた。新行氏によれば、五ヵ国総検地の実施決定は天正十五年のことであり、同年の指出徴集と五十分一役徴収とは、まさに総検地の始まり、その準備過程であったといわれたのである。

それまでの研究は、新行氏が指摘されたように、天正十七年の総検地実施以降の問題に集中しており、その準備過程にはほとんど注意を払ってこなかったことはたしかである。その点で、新行氏の研究は筆者も教えられるところが多かったのであるが、他方で、基本的な諸点でいくつかの疑問を感じた。それは第一に、五十分一役の性格と役割とをどう考えるのか、第二に、五十分一役賦課を、五ヵ国総検地の出発点と考えることは妥当かどうかということで、いずれも新行説の核心にかかわる問題での疑問であった。

この新行説に対して、筆者は、第一に、五十分一役の性格・役割をどう考えるかで、五点ほどにわたって批判を行い、第二に、五ヵ国総検地の実施決定時期をいつの時点と考えるかで、五十分一役賦課を五ヵ国総検地の出発点とされた新行説を否定した。(4)

これに対して、その後、谷口央氏がこの五十分一役問題を批判的に検討し、新たな理解を示された。(5)そこでは、五十分一役そのものの検討とともに、表題からも知られるように、五十分一役賦課の政治的意味、徳川権力への影響などについても言及されている。

この五十分一役をめぐる谷口説は、拙稿の理解と共通するところもかなり多いのであるが、他方で、批判を受けた主な点としては、第一に、三河亀山村の「年貢目録」にみえる「亥の五十分一」をめぐる問題と、第二に、甲斐国の五十分一役賦課基準高が、知行高か年貢高かという問題とであった。これらの論点に対して、筆者は、それぞれ史料に即して具体的に検討し、谷口説への反批判を行ったのである。(6)

ここでは、新行説・谷口説を批判した拙稿をもとにしながら、あらためて五十分一役をめぐる問題について、全面的に検討を行うこととしたい。

なお、さらに立ち入った論点や問題点については、それぞれ該当の箇所で具体的に述べることとする。

# 一　新行紀一説の検討

## 1　五十分一役の性格

新行氏は、まず『家忠日記』の関係記事より、「五十分一」は天正十八年の知行配分に深い関係があるにもかかわらず、これまで五ヵ国検地の総過程に十分位置づけられてこなかったとされた。それは後代成立の〔史料1〕に引きずられて、同時代史料の読みとりに不足があったからだとして、関係文書の一覧表を掲げるとともに[7]、村上直氏以来の研究史整理から始められ、ついでいくつかの問題を指摘された。

〔史料1〕『当代記』巻二[8]

天正十七年己丑正月（中略）、此年、三遠駿信甲、自家康公有縄打、去年諸給人之知行成物の内、五十分一を被召上、（五千俵の成物にて、百俵也）、其成物高を以て、被充行本主、其上の出目之儀は被召上、伊奈備前専執行之

さて、五十分一役に関して新行氏が主張された諸点を論文の記述順に整理すると、つぎのようにまとめられるであろう。[9]

①従来の、村上・北島・本多説の最大の問題点は、天正十八年になって五十分一役が「還付」されたとする点である。「還付」とは収取・入手したものを元に戻すことであるが、二年または一年の間に給人等から納入された米銭が返却されたとは、関係史料からはどうしても読みとれない。

②亀山村宛「年貢目録」に「一亥五十分一」とみえるので、給人方から家康への納入の有無はともかく、村方から

給人への納入は十七年分についても指令されていた。ただし、三岳村指出では二ヵ年分の記載であるから、十七年分は免除になった可能性もある。

③三河財賀寺の指出から、二年間の五十分一役納入、および十六年における基準変更の様子が知られる。三岳村指出では二年間で基準変更がなかったから、変更は三河国内だけかもしれない。

④亀山村・三岳村の例から、給人領においては五十分一役は村方＝耕作農民に転嫁されていて、この「地頭役」は大名権力による二㌫の年貢増徴となっている。蔵入地の「代官役」は、蔵入分の五〇分一を五十分一役として計算していた。

⑤五十分一役の米銭高は何を基準に決定されたか。この問題には三つの視点が必要である。

a天正十五年が基準年に選ばれた理由は、前年の秀吉への服属を確定した後でなければならなかったという一言につきる。

b「五十分一」という賦課率については確たる根拠はあげられないが、『甲斐国志』より武田時代の地頭役・代官役の延長線上に位置づけるのは誤りである。双川氏は足利氏の五十分一役を祖型というが、説得的ではない。

c五十分一役の役高は、給人・寺社からの指出、あるいはそれにもとづいて関係奉行衆の手許で作成された帳簿によって決定された。

⑥五十分一役は、天正十五年時点における徳川領国内の全年貢収取関係、および大名蔵入分を含む全収取高を確定する手段として臨時に賦課されたものである。しかし、「検地」後にその請取の提出が要求されたということは、五十分一役が大名財政の一時的増収策などでは決してなかったことを示している。

まず①についてであるが、これは新行氏の誤読である。「還付」という用語が適当でなかったため誤解を生じたようだが、「二年または一年の間に給人等から納入された米銭が返却された」とはもとより考えていない。天正十五・十六年に徴収された五十分一役が、天正十七年には徴収されなくなって、その部分がふたたび給人等に納入されるようになったということをいったのである。

②については、まず亀山村・三岳村の関係史料を示すと、つぎのごとくである。

〔史料2〕亀山村宛年貢目録[10]

一亀山村

一田畠歩合壱万九千七百八歩　　高辻

此内

屋敷弐百九拾四坪　　百姓屋敷分渡

此代壱貫九百六拾文

此取俵（カ）壱俵弐升六合六勺九才

但屋敷ハ中田二歩ニ延、如此渡也

中田百五拾歩　　寺領引

此代五百文

此取八升三合三才

中田三百歩　　神領引

此代壱貫文

此取壱斗六升六合六才

引以上七百四拾四歩
　此代三貫四百六拾文
　　此取壱俵弐斗七升六合三勺六才
一屋敷千三百五拾弐坪　　棟別ニ成
　同上田五拾八歩　　右之棟別足ニ渡
棟別合九百卅壱文　　本銭定納
　此取銭年弐貫九百九文　　但目銭共ニ
引残（屋敷ハ百文に百五十坪の積渡／内上田ハ百文ニ弐百歩積渡）
一田寄合五千七百弐拾壱歩
　此代拾九貫七拾壱文
此取俵拾壱俵壱斗四升六合八勺八才
一畠寄合壱万参千四百七拾九歩
　此代四拾四貫九百卅壱文
此取俵弐拾三俵壱斗八升九合八勺
　右之納所夏成ハ引取、秋納所計御縄之ことく可納
蓮池　壱斗七升一才　　下田当荒引
万徳　四升七合八勺　　下畠当荒引

荒合　弐斗一升七合八勺　　当毛はかり如此引訖
田畠寄合壱万九千弐百歩
　此代合六拾四貫弐文
此取俵合参拾五表（俵）三升六合五勺一才
但畠納所ハ斗米之勘定ニ、ひた銭を以可納也
　一亥の五十分一、合地頭へ可納分
　　拾三俵壱斗、地頭へ可納也　但舛延共ニ如此
　以上
　残而弐拾壱俵弐斗三升六合五勺壱才
　　此内
引残而　廿壱俵壱升八合七勺一才
　御公方へ納分
くちなし原ハ大道切、かねはるかいバくね、石登ハ鷹山之内ハかま入す、鷹山
いらさる時ハ百姓かまを入、公儀へ拾駄、地頭へ拾駄、柴を可上納者也
　但地頭より預り一札を取、可納也
右之ことく何も納所可仕者也、仍如件
　丑極月十二日　　彦坂小刑部印
亀山年老中

〔史料3〕井伊谷内三岳村指出案(11)

井伊谷内三竹之村御指出

鈴木平兵衛方

一高壱貫七百拾文　九郎衛門

此納　亥年壱貫八百五十文　五十分一　比多《ぴた》銭　卅七文
子年同納

一高百文　慶蔵庵領

此納　亥年百五十文　五十分一　比多銭　三文
子年同納

一高九拾文　大明神領

此納　亥年百文　五十分一　比多銭　弐文
子年同納

本高合壱貫九百文

此納合　亥年弐貫百文　五十分一　比多銭　四十弐文
子年同納

右之成物、少も引かくし候ハヽ、そにん次第はりつけニ御かけ可被成候、為其一札、仍如件

天正十八年正月十八日　九郎衛門（略押）

原田佐左衛門尉殿様人々(ママ)　うつし

さて、新行氏は〔史料2〕に「亥の五十分一、合地頭へ可納分」とみえるところから、実際の納入の有無はともかく、天正十七年分についても納入が指令されていたが、〔史料3〕より十七年分は免除になっていた可能性もあるとされた。しかしながら、〔史料3〕をはじめとする関係諸史料からすれば、五十分一役の賦課は天正十五・十六年に限られていた。〔史料2〕で「丑の五十分一」となっているのであればともかく、そうでない以上、この史料から天正十七年分について納入の指令がなされたとすることはできない。

つぎに③であるが、天正十五・十六年分の財賀寺領指出[12]については、新行氏が何をもって基準変更といわれているのかがよくわからない。天正十五年と十六年とで、寺領の銭納分以外は納入すべき年貢額に相違はあるが、豊・凶作や災害などを考慮すれば年貢額に変動があるのはむしろ当然であり、これは基準変更にはあたらない。五十分一役については、いずれもその年に納入すべき年貢額のほぼ二㌫となっており、少なくとも財賀寺領については基準変更はないというべきではなかろうか[13]。

新行説の④によれば、給人領の「地頭役」と蔵入地の「代官役」とでは、同じく五十分一役でありながら、村方＝耕作農民の実際の負担においては差があったということになる。しかし、はたしてそのようなことがありえたのであろうか。遠州宇布見郷の年貢勘定書による「代官役」の理解については、銭納年貢・米納年貢のいずれの場合も、五十分一役はたしかに年貢額の内に含まれているので[14]、とくに異論はない。問題は、〔史料2〕〔史料3〕によって、「地頭役」が村方に転嫁されているといわれた点である。

まず〔史料2〕であるが、天正十七年末にこの「年貢目録」で指示された年貢額は、田畠の取俵合わせて三五俵三升六合五勺一才であった。この内、地頭へは一三俵一斗、また公方へも二一俵一升八合七勺一才納入することとなっており、さらに柴についても、公儀＝公方と地頭へ各一〇駄ずつ上納することになっていた。つまり、この段階の亀山村は、給人領と蔵入地とのいわば相給となっていたのである。

ついで問題になるのは、もしこの天正十七年に五十分一役が賦課されたとすれば、次節でも述べるように、地頭分・公方分からそれぞれ二㌫を徴収したと考えられることである。[15] つまり、五十分一役はそれぞれの年貢額に対する二㌫であり、給人領と蔵入地とで差はなかったということになる。そもそも相給の村にあって、給人領部分のみ五十分一役が村方に転嫁され、二㌫の年貢増徴になるなどというようなことは、村方の抵抗が激しくて実現することはきわめて難しいといえよう。

それでは、〔史料3〕の場合はどうであろうか。三岳村はいわゆる井伊谷三人衆の所領で、すべて給人領ということになるが、この指出はそのうち鈴木平兵衛方にかかわるものである。新行氏が「地頭役」は村方に転嫁されているとされたのは、三岳村鈴木方の「此納合」＝総年貢額二貫一〇〇文に加えて、五十分一役としてさらに四二文が課せられていると考えられたからであろう。

ところで、前章第三節で述べた宇布見郷の「代官役」の場合は、たとえば〔史料14〕の銭納部分についてみると、「ひた合六百八拾弐貫六百卅五文、此内拾三貫六百五十三文、五十分一ニ引」となっている。つまり、五十分一役は鐚銭の総年貢額の内訳となっているのである。三岳村の場合も、「此内」を補って読むべきところで、給人鈴木方への総年貢額二貫一〇〇文の内、五十分一「地頭役」として収公される部分が四二文ということであろう。

このようにみてくると、亀山村・三岳村のいずれの場合も、「地頭役」が村方＝耕作農民に転嫁されているというようなことはありえないということになる。もし転嫁していて給人には実質的に負担がおよばなかったのであれば、

〔史料1〕で給人たちが知行成物の内から、「五十分一を被召上」といわれることはなかったであろう。

それとともに、他方で、この二点の史料の性格とその内容からみて、年貢のいわゆる村請制が進行しているのではないかとみられる点が注目される。すなわち、亀山村では給人領・蔵入地のそれぞれ年貢額の二％が五十分一役とされ、地頭へはそれを差し引いた年貢が納入されたとおもわれる。三岳村の場合も奉行人原田への指出に五十分一役がみられ、またすでに指摘したように、給人が在地の経営から遊離しているとおもわれる状況からすれば、[16]ここでも天正十五・十六年分の地頭への年貢は、五十分一役分が差し引かれて納入されていたのではないかと推測される。いずれの場合も、年貢納入に際しての村方の主体性がうかがわれるのである。

⑤の問題は三点に分かれているが、まずaについていえば、秀吉への服属後というだけでは、なぜその時点でなければならないのか、なお説得力に欠けるといわざるをえない。筆者はのちに述べるように、秀吉に臣従したこと、および藤木久志氏が提唱されたいわゆる「関東惣無事」[17]令執行などとのかかわりで、この問題も考えるべきであろうとおもう。

bについては、『甲斐国志』や双川説を否定されたものの、新行氏も積極的な根拠はあげられていない。私も双川説が説得的でないということでは同意見であるが、「五十分一」という賦課率そのものについては、室町幕府以来の先例に注意すべきであると考える。

すなわち、桑山浩然氏は『細川頼之記』の記事から、諸大名の所領から御公役ということで、何を基準としているかはわからないが、その五〇分一ないし二〇分一を徴収したことになっていることに注目された。[18]ついで岸田裕之氏は桑山説の在地における存在を検証し、出雲国在地領主赤穴氏に関する史料より、将軍および守護に対して負担する役として、段銭などとは別に、赤穴氏が在国している場合にのみ負担することになっている「五十分一」があったことを指摘された。[19]

さらにその後、勝俣鎮夫氏がこの五十分一役問題を積極的に取りあげ、室町幕府は地頭役として五〇分一を徴収しており、この五十分一役銭は守護をとおして幕府に納入されていたとされた。そして、これは東国の戦国大名にも継承され、武田氏・徳川氏などは地頭に対する知行役としてこれを徴収しているといわれたのである。[20]

筆者自身はなお十分な検証は行っていないが、このような研究史からすれば、「五十分一」という賦課率については、これは徳川氏の独創になるものではなく、室町幕府以来の地頭役にまでさかのぼるものとして、今後引き続き検討することとしたい。

cについては、新行氏は五十分一役賦課のため、天正十五年に給人・寺社などから指出が徴されたとし、しかもそれは総検地の第一歩であるとされている。筆者も五十分一役の賦課のためには、何らかの形で給人・寺社の所領高を把握する必要があったことは認めるが、のちに述べるように、天正十五年の指出徴収については、むしろなかったものと考えている。

少なくとも、甲斐国では指出ではなく、武田氏滅亡後に入部した徳川氏の天正十年から翌年にかけて発給された給人領・寺社領の安堵状が根拠になっているとみてもよいのではなかろうか。たとえば、萩原源五左衛門の場合については、つぎの史料を参照されたい。

〔史料4〕徳川家奉行人連署状写[21]

萩原源五左衛門

一弐拾貫文　　萩原内

一籾子五拾俵　　同所内

定納にて可渡由、成吉・日下御使板喜印

合三拾弐貫五百文

右、為新御恩被下置之由御理ニ候間、如此相渡候、但増分出来ニ付而者、可為御蔵入者也

午

十二月九日

玄随斎　印

石四右　印

以清斎　印

成瀬殿

日下部殿

〔史料5〕徳川家代官衆連署状写(22)

面付五拾分壱積六百五拾文、為地頭役三日一場（市）御蔵江可有進納候、来月廿（日脱カ）過候者、可有切銭者也

亥

十月廿五日

大十兵（印影）

大　主（印影）

石　新（印影）

萩原源（五脱）左衛門殿

右、（朱印影）六百五拾文、籾三拾俵五升納相済者也

丁亥

十一月五日（朱印影）

すなわち、萩原源五左衛門が天正十年に安堵された知行高は、二ヵ所合わせて三二貫五〇〇文であったが、天正十五・十六年の五十分一地頭役は、いずれも六五〇文となっている。まさに、知行高のちょうど二㌫となっており、五十分一役は天正十年に安堵された知行高を根拠にして賦課されているとみてよいであろう。また、五味太郎左衛門尉の場合も、天正十年十月十二日付けで知行高一〇貫文を安堵されているが、天正十五・十六年には五十分一地頭役として、これまたちょうど二㌫に相当する二〇〇文を納入しているのである(23)。

寺社領の場合は、たとえば、慈照寺が天正十一年四月二十日付けで安堵された領知高は七貫五〇〇文であったが、天正十五年の五十分一代官役は一三八文となっている(24)。領知高の二㌫とすると一五〇文となり、代官役とは一二文の差はあるものの、やはりほぼ近い数値といってよいであろう。

問題は、三河の亀山村・財賀寺領、遠江の三岳村・宇布見郷では、五十分一役はいずれも年貢高の二㌫となっていたのに対して、甲斐の給人領・寺社領では、いずれも知行高・領知高の二㌫となっていることである。三河・遠江と甲斐とでは、明らかに五十分一役賦課の基準となる高に違いがあることで、先に述べた基準変更問題とのかかわりでいえば、むしろこの国による基準相違をこそ問題とすべきであろう。なぜそのような相違が生じているのかについては、東海道筋と内陸部との当時の社会的・経済的状況の差違に根ざすものと考えられるが、引き続き今後の課題としたい。

最後に⑥であるが、ここで新行氏が強調されていることは、「五十分一役が大名財政の一時的増収策などでは決してなかったこと」、つまり総検地の第一歩であったということである。総検地後の給人領・寺社領の安堵に際して、指出とともに五十分一役の請取の提出を求めているのはたしかであるが、そのことからただちに天正十五年の五十分一役の賦課が、総検地の始まりといえるであろうか。この点は五ヵ国総検地の施行過程そのものをどうとらえるかにかかわるため、項を改めて検討することとしたい。

## 2　五十分一役賦課と指出

さて、五ヵ国総検地の総過程を検討すべきであるとされた新行氏は、それを前段階・準備期・実施期・確定期の四つの時期で押さえるとともに、むすびの部分では、小田原攻めとのかかわりを強く否定された。それらの主張点を整理すると、つぎのようになるだろう。(25)

①前段階―「検地」実施決定と基本原則の確定　天正十五年（一五八七）八月以前の早い時期
②準備期―給人・寺社からの指出徴集・五十分一徴収　天正十五・十六年
③実施期―「検地」の実施　天正十七年から十八年初め
④確定期―農民負担・給人知行の確定　天正十七年十一月ころから十八年三月にかけて
⑤五ヵ国総検地は、小田原攻めとは無関係に計画・実施された。

この内、③実施期と④確定期とについては、すでに筆者自身も詳しく検討してきたところであり、とくに異論はない。問題は①前段階と②準備期とが、はたして成り立ちうるかどうかということである。ここでは新行説に即して、まずこの点の検討を行いたい。

①前段階については、新行氏は「『検地』の実施がいつどのように決定されたかは確定できない」としながらも、「十四年十月の家康上洛による豊臣政権への服属以後であることは間違いない」とし、「十五年八月に秀吉の九州平定祝賀に上洛しているので、それ以前の早い時期に決定されたはずである」とされたのである。さらに、「その決定時に指出徴収と五十分一役賦課、および第一節であげた（1）から（6）の特質をもった『検検地』方式の採用が定めら

れ、担当奉行衆体制が整えられたのである」とまでいわれている。(26)

前段の問題は、当時の政治状況をどう把握するかにもかかわるので、本章第三節の検討をふまえて考えることとしよう。後段については、天正十五年段階で検地の決定のみならず、検地方式の採用や担当奉行衆体制まで、はたして整えられたといえるのであろうか。同時期の諸検地についてみると、毛利氏の惣国検地の場合はかなりの準備期があったようであるが、(27)本格的な太閤検地の始まりともいうべき美濃一国惣検地の場合は、天正十七年十月朔日付けの豊臣秀吉朱印状で検地条目が出されると、検地はただちに着手されている。(28)検地奉行人にしても、二年も前から決められているというようなことはまずなく、比較的間際に体制が整うことが多いのである。

つぎに②の準備期であるが、新行氏が五十分一役徴収の基礎となる給人・寺社からの指出としてまずあげられたのは、ア〜ウまでの信州佐久郡の事例である。そのうちイなどは、すでに所氏も指摘されているように、(29)総検地のための給人知行地の指出とみてよいものであろう。しかしながら、ここであげられている三点の史料は、いずれも天正十六年末から十七年にかけてのものであるから、新行氏が主張される天正十五年に徴収されたという指出の根拠にはなりえない。

ついで郷村ごとに作成された史料としてあげられたのは、エ〜カまでの信州伊那郡の事例である。この伊那郡の天正期の一連の検地については、鈴木（吉田）ゆり子氏の研究があり、これら天正十五年の一連の「本帳」は、「菅沼定利が施行した検地によって、郷村ごとに作成された帳面であり、検地増分である『亥之増』と『天役』を徴収するための台帳である」(30)ことが明らかにされている。

これに対して、新行氏は「五か国検地実施の決定は十五年の早い時期に行われており、それとは別に、徳川武将による独自の『検地』が指出形式であれ実施されたとは考えがたい」と批判し、これら本帳は、「菅沼氏が検地奉行衆

との打ち合わせの上で徴収したイのごとき指出を、郷村ごとの年貢納入責任者別に名寄せしたもの」とされたのである。(31)

しかしながら、これは天正十五年の早い時期に総検地の施行が決定されていたとする新行氏の立場からの批判にすぎないといえよう。やはり、これは前年飯田城に入った新領主菅沼氏の独自検地とみるべきであり、「本帳」の理解も含めて鈴木（吉田）説が正しい。(32)そうなると、新行氏がいわれる「天正十五年に五か国全域で提出させた給人・寺社の指出」なるものは、まったく史料的根拠を欠いた主張となり、②準備期なるものは、論証されていないといわなければならない。

そもそも、五十分一役賦課の基礎となり、総検地の出発点ともなったとされる指出を、もし五ヵ国全域で提出させたとすると、これまで比較的多数の総検地帳が発見されている遠江・三河で、そのような指出がいまだ一点も発見されていないことが問題となる。駿河の場合は、天正十五年四月に「庵原西方坪付」・「三輪郷諸神領指出」などがあるが、(33)いずれも五十分一役賦課のための指出とは考えられない。

このようにみてくると、天正十五年に領国全域の給人・寺社から指出を徴したというような事態は、むしろなかったとみる方が妥当であり、新行氏がいわれる②準備期なるものは、成り立たないといえよう。ただそうなると、五十分一役は何を根拠として賦課したのかということがあらためて問題になるが、ここでは先に甲斐国の事例で述べたように、基本的にそれ以前に徳川氏によって安堵されていた給人知行高・寺社領知高などが基礎になっていたとしておきたい。

さて、新行説を否定した場合、それでは五十分一役賦課の事情やとくに総検地施行の決定時期についてどう考えるかがつぎに問題となる。残念ながらそれを直接明示する史料が管見の限りでは見当たらないため、ここでは当時の政治状況に注意しながら、第三節で検討することとしたい。

## 二　谷口央説の検討

### 1　亀山村「年貢目録」と『家忠日記』

さて、谷口氏は五十分一役に関する従来の研究に対して、新たな理解を示されたのであるが、ここでは拙稿が批判を受けた点を中心に検討することとしよう。

まず、先に〔史料2〕として掲げた三河亀山村の「年貢目録」をめぐる問題であるが、この点に関する谷口説の論点は、つぎのとおりである(34)。

①全年貢量から、地頭分・公方分を差し引いた差額分は、本多説でいうような五十分一役相当分ではなく、当荒引分である。そうなると、本多説のごとく、地頭に五十分一役分を返却したということはあり得ず、また総年貢量を対象として五十分一役を賦課したとする根拠もなくなる。

②「亥の五十分一」とは、天正十五年（一五八七）の五十分一役が、天正十七年の年貢収納時に賦課されたものである。『家忠日記』や三河の事例からすると、西三河を中心とする地域だけは天正十六・十七年と賦課が一年遅れ、しかも十七年分は結果的に免除された。その理由は、家康と三河旧来からの給人との関係、および緊急に後北条攻め対策を立てなければならなくなったことにある。

このうち、①前半の差額分についてであるが、これは筆者の史料解釈の誤りであり、当荒引分とする谷口説に従いたい。ただし、後半の総年貢量を対象として五十分一役を賦課したという点については、もしこの年五十分一役が賦課されたとすれば、地頭分・公方分からそれぞれ二㌫を徴収したと考えられるので、ここではあらためて、五十分一役は当荒分を差し引いた総年貢額に対して賦課されているとしておきたい。(35)

以上のことを最初に指摘して、ここではとくに②の「亥の五十分一」の理解に関する谷口説を問題としたい。

そもそも、西三河の給人領や寺社領にのみ、先祖以来の本貫地であるからといって、天正十五年には五十分一役を徴収しなかったというようなことがありえたのであろうか。そのような理解では、谷口氏自身が五十分一役の賦課を「御公役」として高く評価された結論とも矛盾することになりはしないだろうか。すなわち、谷口氏は五十分一役は「御公役」として、蔵入地や給人本貫地をも含む徳川氏の全領国に対して統一的に賦課されたものであり、地域支配体制の転換を本来的目的にしていたとまでいわれているのである。(36)

筆者は、天正十五年分の「亥の五十分一」が天正十七年に賦課されているとする谷口氏の理解は誤っていると考えるが、以下、谷口氏が自らの主張の根拠とされた亀山村「年貢目録」と『家忠日記』の記述とについて、具体的に検討していくこととしよう。

まず、亀山村「年貢目録」についていえば、かりに西三河では賦課が一年遅れたとする谷口説を認めたとしても、亀山村は渥美半島、つまり東三河にあるため、西三河で述べられたような理由は当てはまらないということになる。他方で、同じ東三河の財賀寺領では、まさに天正十五・十六年に五十分一役が賦課されているのである。(37)

それはさておき、「年貢目録」で地頭に納入される一三俵一斗＝四〇斗は、天正十七年分の年貢である。もし天正十五・十六年分のように五十分一役がかけられるのであれば、その二㌫、つまり八升は村方で差し引いて地頭に納入されることになる。これは、すでに亀山村・遠州三岳村について筆者が指摘し、谷口氏も宇布見郷において主張され

ているように、事実上村請制となっており、年貢・諸役の仕訳・納入は村方の責任で行われていたからである。(38)
ところが、天正十七年には五十分一役が賦課されなくなったため、二年間にわたり差し引かれていた五十分一役分=二ヵ年分も合わせて地頭へ納入されることになり、それが「合地頭へ可納分」とされたのであろう。それゆえ、「亥の五十分一」とは、谷口氏がいわれるような文字どおりの天正十五年分の五十分一ということではなく、亥年は基準年であり、はじめて賦課された年ということで、五十分一役をいわば象徴的にいっているものと考えるべきではなかろうか。

それでは、公方分の方になぜそのような記載がないのかといえば、それは宇布見郷で明確にみられるように、蔵入分でも五十分一役は別途徴収されているとはいえ、結局は蔵入になるということでは変わらないからである。ところが、地頭分については、二年間にわたり蔵入された二ヵ年分が徴収されなくなり、その分が地頭に戻されることになったため、あえて注記されたものであろう。

つぎに、『家忠日記』の場合はどう考えるべきであろうか。松平家忠は、天正十六年十月に「岡崎へ知行方五十分一の米銭つかハし候」(39)とあるように五十分一役を納入したのであるが、十一月になって岡崎城代本多重次より「五十分一之儀当成ケにて出候へ之由」(40)との指示を受けた。

これについて谷口氏は、①十月に納めたのはおそらく「亥年の五十分一」であろう、②これに対して、本多重次は天正十五年分は後回しにして、まず十六年分から徴収しようとした、③そして未納となった十五年分に関しては、翌十七年に徴収しようとした、といわれたのである。(41)

しかしながら、十一月の本多重次の指示は、「当成ケから」ではなく「当成ケにて」とあるので、これは今年の年貢高をもとにして出すようにと指示されたものと解釈すべきであり、②の主張は成り立たない。そうなると、家忠が十月に納入したものは、谷口氏が①でいわれるような「亥年の五十分一」ではなく、やはり十六年分の五十分一役であり、それを前年に準じて納入したため、あらためて今年の年貢高によるように指示されたものということになる。[42]このように考えると、『家忠日記』には記載はないが、家忠も亥年分は天正十五年に納入していたということになる。

また、『家忠日記』によれば、天正十八年一月に家康が遠州中泉で総検地をふまえたあらたな知行割を行った際、「皆知行方亥年之五十分一高辻越候へ之由申来候」[43]という指示を出している。さらに、正月十八日付けで伊奈忠次・本多正信らが松平家乗に対して、つぎのような指示を出している。

〔史料6〕伊奈忠次・本多正信連署書状[44]

尚々来廿二三日比ニ、必々中泉迄指出御越可被成候、以上

急度以（脱カ）申入候、仍御知行御仕分被成候、可有御渡候之旨候ハヽ、中泉へ今月廿二三日時分ニ、御指出之写・五十分一之請取、可然仁ニ御持せ候て早々可給候、恐々謹言

正月十八日　　本佐（花押）

伊熊（花押）

松平源二郎殿

御宿所

すなわち、今月二十二、三日頃に、しかるべき人物に指出の写と五十分一役の請取を持たせて、必ず中泉に来るようにといっているのである。これらはいうまでもなく、亥年＝天正十五年に五十分一役が賦課・納入されたことが前提となった指示であり、その「五十分一之請取」の提出が求められているのである。家忠や家乗は、この指示に従った対応をとって知行の安堵を受けたものとおもわれ、いずれも伊奈忠次による知行書立が残されている。[45]両者の知行

地が西三河にあったことからすれば、西三河だけは亥年には五十分一役の賦課・納入がなされなかったなどとはいえないであろう。

こうして、亀山村「年貢目録」と『家忠日記』の記述のいずれの場合も、谷口氏の史料解釈に問題があることが明らかとなった。それゆえ、最初に論点として掲げた谷口氏の②の主張は、全面的に否定されるべきものと考える。

## 2　甲斐国の五十分一役賦課と基準高

それではつぎに、甲斐国の五十分一役賦課基準高が知行高か年貢高かという第二の問題について検討したい。筆者は先に、五十分一役賦課の前提として、天正十五年（一五八七）に給人・寺社などからいっせいに指出が徴されたとする新行説を否定したため、別にその根拠を求めることが必要になり、「少なくとも甲斐国では指出ではなく、武田氏滅亡後に入部した徳川氏の天正十年から翌年にかけて発給された給人領・寺社領の安堵状が根拠になっているとみてもよいのではなかろうか(46)」として、安堵状の知行高や領知高と天正十五・十六年の地頭役・代官役の比較を行ったのである。その結果、五十分一役賦課基準高が、三河・遠江では年貢高であるのに対して、甲斐では知行高となっていると主張したのであった。

この問題に関する谷口説の論点を整理すると、つぎのごとくである(47)。

①本多説では知行高の五十分一が徴収されたとするが、一例も完全一致しないのであるから、他の基準があったと考える方が自然である。村上説も根拠とする史料に問題があり、知行高と考えることはできない。

②五十分一役賦課額は、旧知行高の代わりではなく、検地帳が作成されていない地域に限り、その代用として用いられた。またこのことから、五十分一役は知行高を基準としていたとは考えることができない。

③総検地の前後を問わず、知行高は年貢高にもとづいて設定されている。総検地後に永昌院に宛行われた知行高は年貢高の総計であり、他方、総検地以前の知行貫高をそのまま俵高に換算しただけのものがかなりみられる。

以上より、甲斐国も他国と同様に、五十分一役賦課額は年貢高を基準としていたと考えられる。

まず①についてであるが、拙稿④論文の段階では、たしかに知行高の二㌫ということで、完全に一致する五十分一役の事例をあげることはできなかった。しかし、前節で述べたように、その後完全に一致するものが荻原源五左衛門と五味太郎左衛門尉の二例もみつかったため、谷口氏のこの主張は成り立たなくなった。

つぎに②では、前半の検地帳が作成されていない地域に限り、その代用として用いられたとされる点は、「任五十分一員数」とある寺社領証文が、いずれも天正十八年と発給が遅れていることからも、谷口説は妥当であるとおもわれる。しかし後半は問題で、賦課額が検地帳の代用とされたからといって、賦課額の根拠が知行高でないとはいえない。根拠と利用とは別問題であり、賦課額の根拠については別途検討が必要である。

最後に③の谷口説によれば、甲斐国では知行高＝年貢高であったといわれているので、そもそも知行高か年貢高かというように問題を立てること自体が意味がないということになる。たしかに、永昌院領の場合はそのようにもいえそうであるが、他方、以前拙著で紹介した天正十七年十月十五日付けの一蓮寺領書立の場合はどう考えられるのであろうか[48]。あらためて、史料を掲げておこう。

〔史料7〕一蓮寺領書立写[49]

一連(蓮)寺領相渡分覚書

上田七万二千六百四拾歩

此取八百七拾四表(俵、以下同じ)五勺五才

中田三千百八拾壱歩
　此取廿九表壱斗三升六合壱勺壱才
中畠六百五十四歩
　此取四表弐斗五升三合三勺五才
下畠三千二百廿二歩
　此取拾七表弐斗六升九合九勺九才
表合九百廿六俵六升
歩合七万九千六百六十七歩
　已上
　天正十七己丑年十月十五日　　大橋半三郎
　　　　　　　　　　　　　　　中田喜太夫
又勘定違申候ハヽ、明日ニも頓而もたせ可給候、為其ニ書立遣候
　　一条御納所

この一蓮寺領書立は、総検地をふまえたものであり、一蓮寺領の俵高は合わせて九二六俵六升となっている。その反別斗代をみると上田で一石三斗などとなっており、ここにみられる俵高はけっして単純に年貢高とはいえず、いわば年貢賦課基準高[50]というべきものである。

しかも、天正十七年十一月二十三日付けで伊奈忠次によって安堵された寺領は、一〇一〇俵八升となっていて[51]、右の寺領書立を上回っているのである。さらに、天正十年六月二十六日付けで大須賀康高によって安堵された一蓮寺領

は二五二貫二五〇文となっている。[52]これを一貫＝四俵で換算すると一〇〇九俵となり、伊奈忠次寺領証文の一〇一〇俵八升とほぼ近い数値となるので、天正十年の寺領高（給人の場合の知行高）も単純に年貢高とはいえないのである。

以上のような検討結果からすれば、谷口説のように甲斐国の知行高は年貢高にもとづいて設定されているとはいいきれず、それゆえ、五十分一役賦課基準高も年貢高であったとはいいきれないのである。あえていえば、それは年貢賦課基準高ということになり、三河・遠江が明確に年貢高であったこととの違いについては、引き続き検討課題として残されたことになる。

## 三　五十分一役賦課と総検地施行の背景

### 1　秀吉への臣従と経費の増大

これまで、五十分一役をめぐる新行説と谷口説とについて、論点をしぼって具体的に検討してきた。最後に、五十分一役の賦課や五ヵ国総検地の施行に至った背景について、当時の政治状況をふまえて考えておきたい。

まず、谷口氏は五十分一役について、その賦課時期・賦課過程・使用方法などから、「御公役」であったとし、その賦課の本来的目的は、「地域支配体制の転換」にあり、それが継続されなかった本来的理由は、「この目的が総検地に政策発展して継承された」からであるといわれたのである。[53]筆者は、この「御公役」であるとされた部分の位置づけについては参考になったが、後半部分の評価については従えないと考えている。

すなわち、拙稿④論文では、五十分一役の賦課を総検地の出発点とされた新行説を批判し、「徳川氏は、当初財政基盤を強化するために天正十五年から五十分一役を賦課したのであるが、同十六年になるとより徹底した領国の実態把握と収奪強化のため総検地の準備を始め、同十七年初頭から総検地の実施に至ったものである」[54]とした。この見解を、大枠では現在も変える必要性を認めないが、ただ、拙稿④論文では「関東惣無事」令執行をめぐる当時の政治状況を指摘したのみで[55]、財政基盤を強化せざるをえなかった当時の徳川氏の実情、つまり、五十分一役賦課の内的必然性を明らかにしなかったという問題があったと考えている。

まず、秀吉への臣従にともなって経費が増大したことがあげられるが、これには主として二つの要因があった。第一に、谷口氏が「御公役」といわれているように、天正十四年（一五八六）の秀吉との和議にともなって、上洛の経費をはじめとして、出費が増大したことがあげられる。すなわち、第13表に主要な点をあげておいたが、五月にまず秀吉妹旭姫との婚礼があり、十月には上洛し、大坂城で秀吉に謁して臣下の礼をとった。翌十五年八月にも、秀吉の九州からの凱旋を賀するため上洛している。

天正十六年になると、前章第二節で述べた京都屋敷普請の材木問題などが起こったりしているが、三月には上洛して、四月の後陽成天皇の聚楽第行幸に臨んだ。その後いったん帰国するが、六月には大政所の病気見舞いで再度上洛している。さらに、天正十七年の豊臣政権に対する奉仕としては、天正十四年から始まった方広寺大仏殿建立のための用材として、富士山からの材木切り出しが行われたことである。『家忠日記』によれば、松平家忠は酒井家次から七月九日に命令を受け、八月はじめから三ヵ月にわたり木引普請に携わっている[56]。このように、秀吉への臣従にともなう出費は、多額にのぼったであろう。

第二に、より徳川氏自身の問題として、城普請の負担があげられる。『家忠日記』にみられる城普請の状況は、第14表のごとくである[57]。天正十三年八月からは駿府城の普請が始まるが、これはまもなく中断し、十一月からは石川数

第13表　豊臣政権とのかかわり

| 年　月　日 | 内　　　　　　容 | 出　　典 |
|---|---|---|
| 天正14. 正. 27 (1586) | 織田信雄，秀吉と家康の和議のため，岡崎城で家康と対面する． | 『当代記』51頁 |
| 5. 14 | 秀吉の妹旭姫，家康との婚礼のため，浜松に着く． | 『家忠日記』246頁 |
| 10. 18 | 秀吉の母大政所，岡崎城に入る． | 『家忠日記』258頁 |
| 10. 27 | 家康，大坂城で秀吉に謁する．〈第1回上洛〉 | 『家忠日記』259頁 |
| 11. 11 | 家康，岡崎に戻り，翌日大政所を送り返す． | 『家忠日記』261頁 |
| 11. 15 | 家康，北条氏政に「関東惣無事」を報知する． | 『家康文書』上728頁 |
| 12. 4 | 家康，浜松城から駿府城に移る． | 『家忠日記』263頁 |
| 12. 19 | 関白羽柴秀吉を太政大臣に任じ，豊臣の姓を賜う． | 『公卿補任』493頁 |
| 天正15. 7. 14 (1587) | 秀吉，九州から凱旋する． | 『多門院日記』83頁 |
| 7. 29 | 家康，上洛のため岡崎城に至る． | 『家忠日記』280頁 |
| 8. 5 | 家康入京し，秀吉の凱旋を賀す．〈第2回上洛〉 | 『兼見卿記』8月4日 |
| 8. 8 | 家康・羽柴秀長，従二位権大納言に叙任される． | 『公卿補任』495頁 |
| 8. 14 | 家康，岡崎まで帰着する． | 『家忠日記』281頁 |
| 天正16. 2. 15 (1588) | 家康の京都屋敷普請で三河門徒材木問題が起こる． | 『新編岡崎市史』6 |
| 3. 5 | 旭姫，上洛の途につく． | 『家忠日記』297頁 |
| 3. 14 | 家康，上洛のため岡崎城を発つ．〈第3回上洛〉 | 『家忠日記』298頁 |
| 3. 29 | 秀吉・家康同道にて，鷹狩を行う． | 『家忠日記』300頁 |
| 4. 14 | 後陽成天皇，聚楽第に行幸する．翌日，家康ら秀吉に対し，その命に違背しない旨の起請文を出す． | 『御湯殿上日記』同日 |
| 4. 27 | 家康，駿府城に帰着する． | 『家忠日記』303頁 |
| 5. 21 | 家康，北条氏政らに起請文を送り，上洛を促す． | 『家康文書』上721頁 |
| 6. 22 | 家康・旭姫，大政所の病気見舞いで上洛することになり，翌日家康は岡崎に至る．〈第4回上洛〉 | 『家忠日記』309頁 |
| 9. 4 | 家康，帰国のため京都を発ち，田原大津に着く． | 『家忠日記』315頁 |
| 天正17. 2. 28 (1589) | 家康，上洛のため駿府城を発ち，この日田中に至る．〈第5回上洛〉3月7日入京 | 『家忠日記』330頁 |
| 5. 22 | 家康・織田信雄ら，参内して太刀・馬等を献ずる． | 『御湯殿上日記』同日 |
| 6. 4 | 家康，帰国のため京都を発ち，7日に田原大津着． | 『家忠日記』338頁 |
| 7. 9 | 酒井家次より，大仏殿材木引普請の命令が来る． | 『家忠日記』340頁 |
| 8. 5 | 富士山材木引普請始まる． | 『家忠日記』343頁 |
| 8. 28 | 家康，大宮から甲府に向かう． | 『家忠日記』344頁 |
| 11. 7 | 材木引の作業が終わり，駿府に戻る．10日深溝着． | 『家忠日記』350頁 |
| 12. 2 | 家康，上洛の途につき，この日岡崎に至る．〈第6回上洛〉12月10日秀吉と北条氏討伐のことを議する．17日岡崎，18日吉田まで帰る． | 『家忠日記』352頁<br>『家忠日記』353頁 |

第14表　『家忠日記』にみる城普請

| | | |
|---|---|---|
| ① | 天正13(1585). 2. 5 | 三河吉良城の普請始まる. |
| ② | . 8. 18 | 家忠, 駿河府中普請のため, この日駿府に参着. |
| | . 8. 20 | 石川の普請を行う. |
| | . ⑧. 23 | 駿府御屋敷普請が終わり, 駿府を発つ. 25日深溝着. |
| ③ | . 11. 18 | 家忠, 岡崎城普請に出掛ける. |
| | . 11. 27 | 23日深溝に戻り, この日再び岡崎城普請に出掛ける. |
| | . 12. 2 | 家忠, 岡崎城普請が終わり, 深溝に帰る. |
| ④ | . 12. 2 | 三河東部城普請の命令が伝えられる. |
| | . 12. 7 | 東部城の普請始まる. |
| | . 12. 25 | 年内の普請が終わり, 深溝に帰る. |
| | 天正14(1586). 正. 3 | 1日の家中の礼を自粛し, この日普請を再開する. |
| | . 正. 6 | 浜松より鵜殿・中野, 普請人足改めに来る. |
| | . 2. 晦 | 東部奉行衆, 在所へ帰る. (4～5月, 長沢城普請) |
| | . 6. 17 | 酒井忠次より, 東部城の塀をおろすように申し来たる. |
| | . 7. 20 | 東部城を人足によって壊した. |
| ⑤ | 天正15(1587). 正. 21 | 酒井忠次より, 来月2日駿府城普請との命令を受ける. |
| | . 正. 29 | 家忠, 駿府城普請のため, この日駿府に参着. |
| | . 2. 5 | 二の丸の堀普請を行う. |
| | . 3. 3 | 石垣の根石を据える. |
| | . 4. 25 | 石垣の普請が終わり, 駿府を発つ. 27日深溝着. |
| ⑥ | . 9. 17 | 酒井忠次より, 駿府城普請再開との命令を受ける. |
| | . 9. 晦 | 家忠, 駿府城普請のため, この日駿府に参着. |
| | . 10. 7 | 「こま」の段の石垣普請. |
| | . 10. 12 | 本丸の堀普請を行う. |
| | . 11. 3 | 牧永より御城材木が届く. 「こま」段の石垣できる. |
| | . 11. 4 | 二の丸の石垣普請を行う. |
| | . 11. 晦 | 当面の普請が終わり, 駿府を発つ. 12月2日深溝着. |
| ⑦ | 天正16(1588). 正. 5 | 酒井忠次より, 駿府城普請の命令, 7日延期とのこと. |
| | . 2. 1 | 家忠, 駿府城普請のため, この日駿府に参着. |
| | . 2. 4 | 本丸の堀さらへ普請を行う. |
| | . 5. 12 | 天守閣の材木手伝普請を行う. 家康使者より賞詞あり. |
| | . 5. 14 | 家忠担当の普請が終わり, 駿府を発つ. 16日深溝着. |
| ⑧ | 天正17(1589). 正. 晦 | 家忠, 駿府城普請のため, この日駿府に参着. |
| | . 2. 2 | 石垣普請を行う. |
| | . 2. 11 | 小天守の手伝普請を行う. |
| | . 2. 19 | 石蔵の根石を据える. |
| | . 4. 10 | 石垣の普請が終わり, 駿府を発つ. 13日深溝着. |
| ⑨ | . 4. 29 | 駿河普請奉行衆より, 本丸の石垣が崩れたため, 早々に来るようにとの連絡を受ける. |
| | . 5. 10 | 駿府城石垣普請のため, 人数だけを送る. |
| | . 5. 23 | 家忠, 西郷局死去の弔いのため, この日駿府に参着. |
| | . 5. 25 | 石垣の普請が終わり, この日普請衆帰る. 28日深溝着. |

正の出奔をうけて、急遽岡崎城の普請が行われた。ついで年末からは、上方に備えて三河東部城の普請が始まり、翌年四月からは長沢城の普請も始まった。しかし、東部城は秀吉との和議が成立したため、同十四年七月に取り壊しとなった[58]。

ところが、同十四年末には、秀吉に臣従した家康は居城を浜松から駿府に移し、それにともないあらためて、駿府城の大規模な修築・整備が始まったのである。『家忠日記』によれば、たとえば天正十五年だけでみても、家忠は二月五日に二の丸堀普請、三月三日に石垣根石据え、十月十二日に本丸堀普請、十一月四日には二の丸石垣普請などに従事している[59]。そして、すでに盛本氏も指摘されていることではあるが[60]、これらの役割からも知られるように、家忠は堀や石垣普請など、城郭の基礎的部分の土木が専門であったとみられる。いずれにしても、この駿府城普請は天正十七年まで延々と続いており、これまた多額の経費を必要としたであろう。

## 2　「関東惣無事」令の執行

つぎに、いわゆる「関東惣無事」令の執行責任を負わされたことがあげられる。この「関東惣無事」令の問題は、豊臣政権による「平和」令という観点から、藤木久志氏によって提唱されたものである[61]。その後幾多の研究が行われてきているが、重要な文書の年次比定が定まらないため、諸説が錯綜しているというのが現状である。そのため、この問題について自らの立場を明確にしない限り先へ進めないので、〔付論〕においてまことに不十分ながら私見を述べた[62]。ここではそれを前提として、「関東惣無事」の過程を概括的に押さえることとしたい。

さて、秀吉は天正十三年（一五八五）六月二十五日付けで、関東の佐竹義重や宇都宮国綱らに宛てて書状を送り、紀伊・四国などを平定したことを報じた。そしてさらに、近く北国の佐々成政を討つことを伝えるとともに、「連年富士山一見之望候間、其砌可遂初面候」(63)として関東への出馬を示唆し、反北条方の諸大名らを励ました。

しかし、その後二年間近くは島津攻めにみられるように、東国よりも西国への出馬が優先されたのであるが、その間にも関東への布石は着々とうたれていた。いわゆる「惣無事」令の基調は、同年七月に関白に任ぜられた後に発せられた十月二日付けの島津氏宛秀吉直書(64)に明らかであるが、「関東惣無事」令ということでいえば、翌天正十四年五月二十五日付けの一連の文書が注目される。(65)

すなわち、そこでは第一に、佐野氏の家督を定めたことに対する承認を求め、第二に、五月十五日の旭姫の輿入れをふまえて家康を赦免したことを伝え、第三に、関東の儀については、近日使者を遣わして領土の確定を行うので、その間抗争を行ってはならないと命じ、第四に、委細は山上道牛が伝える、としているのである。いうまでもなく、この第三の点に「関東惣無事」への意図が明瞭にあらわれているといえよう。

粟野氏はこれら一連の文書を関東停戦令とされているが、(66)妥当な見解であろう。また藤田達生氏も、同じくこれらを関東諸大名に対する停戦令であるとするとともに、同年十二月三日付けで発給された一連の秀吉直書などからは、「藤木氏のような独自の法令、すなわち関東奥両国惣無事令の令書であるとするような見方は成立しえない」といわれている。(67)

その後、六月に上杉景勝が臣従すると、秀吉は景勝に関東から奥羽までを豊臣政権に結びつける「申次」「御取次」の任を果たさせようとするが、やがて十月末に家康が大坂城に上り臣従したことにより、この「関東惣無事」政策の執行は、家康を中心に進める態勢へと大きく転換したのである。(68)家康は帰国を待たず、この間の事情をただちに北条氏に報じた。十一月になるといよいよ秀吉から「関東惣無事」令が発せられたようで、十一日に岡崎城に帰着した家康を追いかけるようにその令書が伝達され、家康はただちにその旨を北条氏に報じた。

〔史料8〕徳川家康書状写(69)

関東惣無事之儀ニ付而、従羽柴方如此申来候、其趣先書申入候之間、只今朝比奈弥太郎為持、為御披見進之候、好々被遂御勘弁、御報可示預候、此通氏直江も可申達候処、御在陣之儀ニ候条、不能其儀候之条、様子御陣江被下届、可然之様専用候、委細弥太郎口上ニ申含候、恐々謹言

十一月十五日　家康（花押）

北条左京太夫殿

すなわち、家康は縁戚関係にある北条氏に対して、朝比奈泰勝を急派して、あらためて「関東惣無事」に関する秀吉の意向を伝えるとともに、よくよく考えわきまえて返答するよう求めたのであった。かかる対応は、すでに別途〔付論〕において述べるように、「関東惣無事」令の主たる執行対象が北条氏であったことをも示しており、家康が秀吉の方針を相当深刻に受けとめていたことを意味しているのである。

他方、このような天正十四年五月以来の事態に対する北条氏側の危機感も強く、同年十一月になると「猶以当方之興亡此時候間」「国家之是非、此時ニ相極間(70)」などとして、急速に秀吉方からの侵攻を想定した臨戦態勢をとるようになっていった。市村高男氏によれば、天正十四年半ば以降から天正十六年にかけての北条氏の「国家」防衛政策として、第一に、人質の徴収、第二に、人改め令と緊急動員、第三に、武器の増産と城普請の進展、第四に、籠城体制堅めの本格化などをあげられている(71)。

翌天正十五年五月には、島津氏の降伏によって九州が平定され、「関東惣無事」令の執行がいよいよ本格化する情勢となったため、家康は北条氏政・氏直父子に宛てて五月二十一日付けで起請文を送った(72)。そこでは、第一に、北条父子については秀吉の前で悪し様にいわず、また北条領国を望むようなことは決してしないことを誓い、第二に、五

月中に氏政の兄弟衆を上洛させるように求め、さらに第三に、「出仕之儀、於無納得者、家康娘可返給事」とまでいっているのである。しかしながら、北条氏の内部においては、家康の勧告を容れて上洛を主張する氏直や氏規と、「惣無事」令を無視して上洛を拒否する氏政・氏照兄弟との対立があったようで[73]、兄弟衆の上洛は容易には実現しないばかりでなく、ますます臨戦態勢を固めていったのであった。他方、家康は〔付論〕で述べるように、この年末にはさらに「奥両国惣無事」令の執行責任をも、あらたに負うことになったのである。

翌天正十六年になると、四月に後陽成天皇の聚楽第行幸があり、東海以西の諸大名が関白秀吉への服従を強めるなかで、豊臣政権内部では北条氏に対する強硬意見が次第に強まっていった。閏五月ころになると、さすがに北条氏も妥協に傾いたようであるが[74]、なおはかばかしくはなかったため、家康は七月十四日付けの書状で、家臣の朝比奈泰勝に対して、「濃州上洛依遅延、重而其方差越候、一刻も早く被上候様可申事、肝要候[75]」と、氏規の上洛を催促するよう命じている。そして、氏規がやっと上洛して秀吉の謁見をうけたのは、同年八月二十二日のことであった。

豊臣政権側では、この氏規の上洛をもって北条氏が「関東惣無事」令を受け入れたものとみなし、引き続き領国境目の画定に着手した。領土裁定の焦点は真田氏が押さえていた上野国沼田領にあったが、この沼田領に関する豊臣裁定は、その三分二を沼田城領として北条方に割譲し、残る三分一は真田方に安堵し、割譲分の替地については家康が真田方に補償するというものであった。北条氏はこの三分二裁定に不服であったが、翌天正十七年六月に至り裁定に従うこととし、また半年後には隠居氏政が出仕することを約した。こうして豊臣政権による沼田領裁定は執行される運びとなったが、同年十月に北条方が沼田領真田方にある名胡桃城を奪取したため、豊臣裁定の侵害と出仕誓約違反を責められて、ついに北条氏は滅亡するに至ったのである[76]。

## 3　五十分一役と総検地の意義

さて、豊臣政権への臣従にともなう経費の増大と「関東惣無事」令の執行責任という当時の政治状況を以上のようにとらえるとすると、徳川氏の五十分一役賦課と総検地の施行とは、どのように位置づけられるであろうか。

まず五十分一役賦課についていえば、新行氏は天正十五年（一五八七）が基準年に選ばれた理由は、「前年に家康が上洛して関白秀吉への服属を確定した後でなければならなかったという一言に尽きる」(77)といわれたのであるが、これではあまりにも一般的な指摘にとどまり、なぜ服属後に五十分一役を賦課する必要が生じたのかが明らかでない。

この点は先に述べたように、家康が秀吉に臣従したのを契機に、内外ともに出費が増大したこと、および「関東惣無事」令、ついで「奥両国惣無事」令の執行責任を負わされたことを重視しなければならない。「関東惣無事」令のねらいは縁戚関係にある北条氏であり、しかも当の北条氏は急速に臨戦態勢を固めつつあったのである。家康は豊臣政権との間に立って、北条氏の説得に努めるが、他方で自らの財政基盤を強化し、軍事力を整備する必要に迫られていたと考えられる。

まさにそのような政治的状況の下で、いわば財政支出の増大という緊急事態に対処するため、家康は天正十五年秋に、給人領・寺社領・蔵入地を問わず、全所領に五十分一役を賦課したのである(78)。それゆえ、これは谷口説のごとく「地域支配体制の転換」を本来的目的としたというように積極的に評価されるようなものではなく、支出増に直面した緊急の増収策としてとらえられるべきであろう。

なお、豊臣政権への臣従と上洛により出費が増大し、何らかの対応を迫られたのは徳川氏に限らなかった。たとえば、上杉氏の場合は、天正十四年六月の景勝の上洛・臣従以後、相次いで軍役・普請役負担を命ぜられ、税制改革を余儀なくされたという。[79] また、佐竹氏の場合は、「十分一役」を家中に賦課することで上洛経費を補っていることが、谷口氏自身によって指摘されている。[80]

ついで総検地施行の問題であるが、先にみたように、家康は天正十五年五月二十一日付けの起請文で、もし出仕しなければ「家康娘可返給」とまでいって氏政兄弟衆の上洛を迫ったのであるが、北条方の対応ははかばかしいものではなかった。むしろ北条氏は上洛に応ずるどころか、同年七月晦日付けで相模・武蔵両国内にいっせいに緊急動員令を発したことに代表されるように、[81] ますます臨戦態勢を強化していったのである。

そのような状況のもとでも、家康は引き続き北条氏の説得にあたったのであるが、他方で、小田原攻めを回避できないような事態が生ずるかもしれないとの危機感をもたざるをえなかったと考えられる。そのために、おそらく天正十六年に入ったころから、五十分一役賦課という財政面での強化にとどまらず、総検地を施行することでより積極的に領国内の土地と人とを把握しようとしたのではなかろうか。それはまた五ヵ国領有以後、いずれは取り組まなければならない課題でもあった。そして、天正十六年にも五十分一役を賦課しながら、他方で総検地の準備を進め、翌十七年に入ると、まず遠江・駿河両国からいっせいに検地を開始[82]したのである。

天正十七年に総検地が施行され、それをふまえた七ヵ条定書と「年貢目録」の交付、および郷村からの請文提出とによって、[83] 徳川領国における在地支配は新たな段階を迎えることになり、五十分一役はその役割を終えたのである。五十分一役の徴収は行われなくなり、その部分はふたたびそれぞれ給人や寺社が収取するところとなった。他方で、総検地の結果相当の「出目」＝打ち出しが生じたこととおもわれるが、これについては原則として収公され、徳川氏の権力基盤は格段に強化されたのである。五ヵ国総検地に関する〔史料1〕の『当代記』の記事は、まさにこのような点を指摘しているのであろう。

以上のように考えると、あらためて新行氏が主張されたような、天正十五年における五ヵ国総検地の①前段階、②準備期なるものは、成立しえないこととなる。総検地の準備期をいうとすれば、それは天正十六年に入ってからのことであった。おそらく春ころには総検地施行の決定をみ、ついで検地施行原則や担当奉行衆体制の検討が行われたであろう。さらに、天正十八年に総検地をふまえた新たな知行宛行に際して、〔史料6〕にみられるように、当知行の証拠となる「五十分一之請取」とともに「指出之写」の提出を求めていることからすれば、検地に先立って指出が徴された可能性がある。ただし、これはなお史料的には確認されていない。すなわち、総検地の施行過程は、①天正十六年春以降の準備期、②天正十七年初頭からの実施期、③同年秋以降の確定期ということになるであろう。

なお、先にみた新行氏の⑥の指摘にかかわっていえば、五十分一役の賦課を総検地の出発点に位置づけることはできなくなり、五十分一役の役割を、「大名財政の一時的増収策では決してなかった」とされたことも誤りとなる。家康は、当初財政基盤を強化するために天正十五年から五十分一役を賦課したのであるが、より徹底した領国の実態把握と収奪強化のため、天正十七年から総検地を実施したのである。

## むすび

以上のように、五十分一役の賦課をめぐる諸問題について、あらたな提言を行われた新行説・谷口説を中心に検討してきたのであるが、それぞれその核心部分についてほぼ全面的に批判することとなった。もとより、「五十分一」という賦課率の根拠や甲斐国での賦課基準高など、筆者自身もなお詰め切れていない問題がある。とりわけ総検地の決定時期を天正十六年（一五八八）春ころとしたのは、当時の政治状況からする推測にとどまっている。

それ以外の問題も含めて、今後も引き続き検討していくつもりであるが、最後にこれまで述べてきたことをまとめて、むすびにかえることとしたい。

第一に、五十分一役は、豊臣政権への臣従化や城普請などによる出費の増大に直面した徳川氏が、自らの財政基盤を強化するために、天正十五・十六両年に限って、給人領・寺社領・蔵入地を問わず、信濃を除く領国内にいっせいに賦課したものであった。

第二に、五十分一役の賦課は、新行氏がいわれたような給人領についていては村方に転嫁されるというようなことはなく、三河・遠江では給人領・蔵入地を問わず、年貢高の二パーセントであった。ただし、甲斐の場合は年貢高ではなく、給人領では知行高、寺社領では領知高となっており、その内実はいわば年貢賦課基準高というべきものであった。

第三に、「五十分一」という賦課率そのものは、室町幕府の時代までさかのぼる可能性がある。

第四に、五十分一役賦課の根拠となった知行高などは、新行氏がいわれたような「天正十五年に五か国全域で提出させた給人・寺社の指出」などはなかったため、たとえば甲斐の給人領・寺社領の場合は、それ以前の徳川氏による宛行状・安堵状の高であったと考えられる。

第五に、新行氏の総検地実施過程に関する①前段階・②準備期の主張は成り立たず、五十分一役賦課を五ヵ国総検地の出発点として位置づけることはできない。

第六に、徳川氏は、当初財政基盤を強化するために天正十五年から五十分一役を賦課したのであるが、同十六年になるとより徹底した領国の実態把握と収奪強化のため総検地の準備を始め、同十七年初頭から総検地の実施に至ったものである。

第七に、五ヵ国総検地は「小田原攻めとは無関係に計画・実施された」のではなく、五十分一役の賦課と五ヵ国総検地の施行とは、いずれも「関東惣無事」令の執行という当時の政治状況と密接にかかわる側面を有していた。

第八に、亀山村「年貢目録」と『家忠日記』の記述から、西三河の場合は天正十五年には五十分一役の賦課・納入がなされなかったとした谷口説は、史料解釈を誤った主張であり、五十分一役は、西三河も含めて天正十五・十六の両年に賦課されたものであった。

第九に、甲斐国の五十分一役賦課の基準高は、谷口説のごとく年貢高であったとはいいきれず、いわば年貢賦課基準高というべきものであり、明確に年貢高であった三河・遠江との違いについては、引き続き検討が必要である。

註

(1) 村上直「天正十七・十八年における徳川氏の新政策の一側面について」(『日本歴史』一七四号、一九六二年)。また、北島正元『江戸幕府の権力構造』(岩波書店、一九六四年)、八一～八二頁、一一三頁などでも、ほぼ同様の理解を示されている。
(2) 拙著『近世初期社会の基礎構造』(吉川弘文館、一九八九年)、第二章第二節第3項。
(3) 新行紀一「徳川五か国検地研究ノート――五十分一役を中心に――」(『愛知県史研究』創刊号、一九九七年)。
(4) 拙稿④論文。
(5) 谷口央「家康の上洛と徳川権力――五十分一役の理解を通じて――」(『日本史研究』四七九号、二〇〇二年)。
(6) 拙稿⑥論文。また、この論文では、天正十五年分の宇布見郷年貢勘定書をめぐる谷口氏の誤った主張への批判も行っているが、すでに前章第三節で取りあげているため、ここでは触れない。
(7) 新行氏前掲論文、表1。五十分一役関係史料の一覧としては、谷口氏前掲論文、表3がより詳しい。
なお、これらの表から明らかなように、駿河・信濃ではいまだ五十分一役賦課に関する史料が発見されていないことが問題となる。駿河ではまず間違いなく賦課されたと考えられるが、信濃については、支配のあり方や七ヵ条定書が交付されなかったとみられることなどから、賦課されなかった可能性が強い。

(8)『史籍雑纂』第二（続群書類従完成会、一九七四年）、五五～五六頁。
(9)新行氏前掲論文、九〇～九六頁。
(10)亀山村宛の「年貢目録」については、年貢賦課方式の問題として拙稿①論文で検討を行った。ただし、その時は戦前の「写」によったため、若干の誤読があった。その後、愛知県史の調査で原本が発見され、県史編纂室および新行氏のご厚意によって、写真を閲覧することができた。記して謝意を表する。
なお、新行氏は原本をみられているにもかかわらず、どういうわけか引用にあたってかなり大きな誤りを犯されている。すなわち、「寺領付」は「寺領引」であり、「神領引」の部分を落としていること、（従来この一行脱落）と注記された部分は、拙稿①論文では記載していること、またその同じ行を、誤って二行後に重複して記載していること、などである。さらに、文字や数字の脱落・誤読が散見される。
(11)旧引佐町安間家旧蔵文書。
(12)天正十七年十月五日、財賀寺領指出（『豊川市史中世・近世史料編』愛知県豊川市役所、一九七五年）。
なお、原本調査を行ったところ、「端裏書」が落とされていたが、数字については誤りはなかった。調査に際しては、西本昭道住職のご高配に預かった。
(13)この③の問題にかかわって、拙稿④論文では『家忠日記』にも触れたのであるが、不正確な記述であったため、本書では削除した。
(14)前章第三節第1項参照。
(15)本章第二節第1項参照。
(16)前掲拙著、第二章第三節第3項。
(17)藤木久志『豊臣平和令と戦国社会』（東京大学出版会、一九八五年）、第一章第三節。
(18)桑山浩然「室町幕府経済の構造」（永原慶二編『日本経済史大系2 中世』東京大学出版会、一九六五年）、二一五頁。
(19)岸田裕之『大名領国の構成的展開』（吉川弘文館、一九八三年）、第一編第二章の〔付論〕。

(20) 勝俣鎮夫「一五—一六世紀の日本——戦国の争乱」（『岩波講座日本通史』中世4、岩波書店、一九九四年。のち同『戦国時代論』岩波書店、一九九六年、に第Ⅰ部第一章として収録）、三四〜三五頁。ただし、勝俣氏が引用された「面付の事云々」の史料は、『新編甲州古文書』第一巻（角川書店、一九六六年）に類似のものが二点収録されているが（九号・八七八号）、いずれも三㌫の地頭役であり、五十分一役そのものではない。

(21) 『山梨県史』資料編4（山梨県、一九九九年）、四五六号。

(22) 『山梨県史』資料編4、四三三号。なお、十六年分は四三四号。

この萩原源五左衛門については、すでに村上氏前掲論文でも取りあげられているが、谷口氏は前掲論文五一頁註(2)において、村上説は後世の編纂物『甲斐国志』によっているとして、知行高が基準になっていることを否定された。しかしながら、『山梨県史』は保坂家文書の写によっており、ここでも萩原の知行高は「三拾弐貫五百文」となっているので、この数値は信じてよいと考える。また、〔史料4〕では萩原の知行地は二〇貫文と五〇俵と二ヵ所に分かれているが、一貫＝四俵で換算すると五〇俵は一二貫五〇〇文となり、合わせてちょうど三二貫五〇〇文となる。

(23) 「乙骨由緒書」（『諏訪史料叢書』巻三十、信濃教育会諏訪部会、一九三九年）。

(24) 『新編甲州古文書』第二巻（角川書店、一九六八年）、一四四〇・一四四二号。

なお、寺社領は蔵入地ではないが、ここでは「代官役」となっている。

(25) 新行氏前掲論文、九七・一一〇頁。

(26) 新行氏前掲論文、九七頁。

(27) 加藤益幹「毛利氏天正末惣国検地について」（『歴史学研究』四九六号、一九八一年）、五〇頁。

(28) 高牧実『幕藩制確立期の村落』（吉川弘文館、一九七三年）、第二章第二節。

(29) 所理喜夫「関東転封前後における徳川氏の権力構造について」（『地方史研究』四四号、一九六〇年。のちに修正して、同『徳川将軍権力の構造』吉川弘文館、一九八四年、に序篇第七章として収録）、二〇六〜二一〇頁。

(30) 鈴木（吉田）ゆり子「天正検地と『知行』——信州下伊那郡虎岩郷を素材として——」（『日本史研究』三三四号、一九九〇年。のち吉田ゆり子『兵農分離と地域社会』校倉書房、二〇〇〇年、に第三編第六章として収録)、三三八頁。

(31) 新行氏前掲論文、九八~九九頁。

(32) この虎岩郷の「本帳」に関して、最近、鈴木将典「信濃国下伊那郡虎岩郷における天正期『本帳』と『知行』の再検討」(『駒澤大学史学論集』三四号、二〇〇四年)が出され、天正十五年「本帳」の「知行」は菅沼氏から宛行われた給地(知行地)であり、「知行」人もすべて菅沼氏の給人(軍役衆)であるとして、鈴木(吉田)説批判が行われている。ここではその当否を論ずる準備はないので、さしあたり、新行説を裏付ける論旨ではないことを確認して、拙稿④論文のままとしておきたい。

(33) 『静岡県史』資料編8(静岡県、一九九六年)、一八九八号・一九〇三号。

(34) 谷口氏前掲論文、三四~三六頁。

(35) この点にかかわって、谷口氏も「地頭分『拾三俵壱斗』の中に『亥の五十分一』が含まれている」(三六頁)といわれている。

(36) 谷口氏前掲論文、五三~五四頁。

(37) 註(12)に同じ。

(38) 拙稿④論文、一五六頁。谷口氏前掲論文、三九頁。
ただし、谷口氏がそこで「亀山村では五十分一役が『地頭分』つまり給人年貢分内にまとめられていた」とか、「蔵入分は五十分一役分を引いた上で村から別納されるが、給人年貢及びその五十分一役と蔵入分の五十分一役は宇布見郷同様亀山村の給主兼代官が徴収した上で、五十分一役だけ徳川氏に納入している」などと主張されている点は、前章第三節で述べたように、宇布見郷の年貢納入に関する誤った理解を前提とした解釈であり、成り立たない。

(39) 『家忠日記』天正十六年十月二十九日条(『増補 続史料大成』第十九巻、臨川書店、一九七九年)。また、東京大学史料編纂所の写真帳を参照した。

(40) 『家忠日記』天正十六年十一月十三日条。

(41)　谷口氏前掲論文、四四頁。
(42)　盛本昌広氏は、『松平家忠日記』(角川書店、一九九九年)七六頁において、「本多重次は『当成ケ』(今年の年貢高)で納めるように命じてきた」とし、さらに、この重次の命令の意味を問い、「知行高は固定的なもので、実際には年貢高の方が大きいため」「重次は年貢高に基づき、五〇分の一の米銭の納入を命じた」といわれている。
　この点、前半の解釈については同意見であるが、後半の主張には従えない。もし盛本説のごとくであれば、「成ケにて」(年貢高で)と指示すればすむことであり、あえて「当」(今年の)という必要はないはずである。また、この時期の知行高と年貢高との関係についても、幕藩制下の朱印高(表高)と検地高(内高)と同じような関係とみなしうるかどうか疑問である。
(43)　『家忠日記』天正十八年一月十九日条。
(44)　『新編岡崎市史』6(新編岡崎市史編さん委員会、一九八三年)、松平乗承家蔵古文書三七号。『静岡県史』は収録漏れ。
(45)　『新編岡崎市史』6、本光寺文書七号。松平乗承家蔵古文書三八号。
(46)　拙稿④論文、一五七頁。
(47)　谷口氏前掲論文、四七〜五一頁。
(48)　前掲拙著、二五七〜二五八頁。
(49)　『山梨県史』資料編4、三三号。
(50)　「年貢賦課基準高」という考え方については、池上裕子「織豊期検地論」(永原慶二・佐々木潤之介編『日本中世史研究の軌跡』東京大学出版会、一九八八年。のち同『戦国時代社会構造の研究』校倉書房、一九九九年、に第四部第一章として収録)、四九一頁の指摘を参考にした。
(51)　『山梨県史』資料編4、三四号。
(52)　『山梨県史』資料編4、二七号。
(53)　谷口氏前掲論文、五四頁。

(54) 拙稿④論文、一六七頁。

(55) この「関東惣無事」令について、拙稿⑥論文の註(44)において、「拙稿④論文の段階では、鴨川達夫「『惣無事』令関係史料についての一考察」(『遥かなる中世』一四号、一九九五年)を見落としていた。そこでは、史料C群とされた十二月三日付けの豊臣秀吉直書三点を天正十六年のものと比定し、秀吉が家康に関東(奥両国)「惣無事」の執行を委任したのも天正十六年であったとされるなど、注目すべき指摘がなされている。拙稿への影響は少なかったとはいえ、あらためて、別途検討することとしたい」と述べた。ただし、その後鴨川論文にとどまらず、新たな研究が相次いで出されているため、章末の〔付論〕においてそれらをも含めて検討することとする。

(56) 『家忠日記』天正十七年七月九日条によれば、「酒井宮内大輔所より、来十六日ニ富士山大佛之材木引ニこし候由申来候」とある。そして、八月から十一月にかけて、連日のように「木引候」とみえる。

(57) なお、『家忠日記』の城郭関係記事全般については、白峰旬「『家忠日記』における城郭関係記事について――関ヶ原の戦い以前における徳川家の城と戦争――」(『城郭研究室年報』一二号、二〇〇三年)がある。

(58) 『家忠日記』天正十三年十二月七日・同十四年七月廿日条。

なお、白峰氏前掲論文表Aの天正十四年七月部分では、東部城について「塀や門をつくったほか、二階を建てる。また、人足を割り当てて破却しているが、これは改造のための一部破却か?」と、解釈に苦慮されている。しかしながら、東部城はこの時点で塀や門を造ったりしたのではなく、破却されたとみるべきであろう。

すなわち、『家忠日記』によれば、六月十七日条で「吉田より当部之儀、塀をもおろさせられ候ハん由申来候」と、塀などの破却の指示があり、十九日条ではそのために「吉田より本田十助」がやって来ている。翌七月廿日条では、改めて本田十助が奉行としてやって来て、「当部之城、塀・門とりつかせ候」ということになった。刊本では「とりつくらせ候」と翻刻しているが、写真帳ではそうは読めない。そして、廿日条では「たうへ之城、人足あて候てこほし候」とあって、破却されたことが明確である。廿七日条では「たうへのにかいたて候」と翻刻されているが、これも「たうへの□□ひにて候」とはっきりしないが、少なくとも二階を建てたということではなさそうである。

いずれにしても、このような事態が生じたのは、すでに盛本氏も指摘されているように、秀吉方との和平が成ったため、境目の城の破却が行われたということであろう（盛本氏前掲書、六五頁）。ただし、盛本氏が廿七日条を、「東部城の二階門を深溝城に移築したらしい」とされたのは、深読みに過ぎるのではなかろうか。

(59)『家忠日記』の各月日条。

(60)盛本氏前掲書、七四頁。

(61)藤木氏前掲書、第一章第三節・第四節。

(62)本章末尾の〔付論〕を参照されたい。

(63)『大日本史料』十一―十六、一一六～一二二頁。
なお、この「富士山一見」を、藤木氏（前掲書、四四頁）と粟野俊之氏（『織豊政権と東国大名』吉川弘文館、二〇〇一年、七三～七七頁）は「家康成敗」を想定したものとされたが、立花京子氏は「天正十三年の北関東・南奥情勢の把握」（『地方史研究』二五七号、一九九五年、四二頁）において、これを対北条だとして批判された。筆者は、これら一連の史料が北条氏と対立している北関東の領主宛であること、および、これに関連した（天正十三年）八月朔日付け三楽斎宛秀吉直書（『大日本史料』十一―十八、一頁）に、「来春三月比、富士為一見、可相越候間、其節諸事東八州出入儀、可申付候条、是又可心易候」とあり、「東八州出入儀」が問題とされていることから、立花説と同じく対北条であると考える。

(64)『大日本古文書』島津家文書之一、三四四号。

(65)白川七郎宛の羽柴秀吉朱印状・石田三成等連署副状・小嶋若狭守書状（『白河市史』第五巻、福島県白河市、一九九一年）九七一号・九六九号・九七〇号、塩谷弥六宛の羽柴秀吉朱印状・石田三成等連署副状（『栃木県史』史料編中世二、栃木県、一九七八年）小田部庄右衛門所蔵文書の六七号・六八号など。

(66)粟野氏前掲書、七五頁。

(67)藤田達生「秀吉書札礼にみる豊臣政権像――小林清治氏の近業に学んで――」（『日本史研究』四三七号、一九九九年。のち同『日本近世国家成立史の研究』校倉書房、二〇〇一年、に第一部第四章として収録）、一四三頁。

(68) 藤木氏前掲書、四四～四六頁。
なお、矢部健太郎氏は「東国『惣無事』政策の展開と家康・景勝――『私戦』の禁止と『公戦』の遂行――」(『日本史研究』五〇九号、二〇〇五年)において、景勝が家康の「背景」「脇役」に退いたとする理解を批判されているが、家康の臣従化にともなって「関東惣無事」の執行態勢が大きく転換したことは、やはり否定できないであろう。
(69) 『秀吉襲来――近世関東の幕明け――』(横浜市歴史博物館、一九九九年)、図版17。杉山博・下山治久編『戦国遺文 後北条氏編』第五巻(東京堂出版、一九九三年)、四五三一号。
(70) 『戦国遺文 後北条氏編』第四巻(東京堂出版、一九九二年)、三〇一八号・三〇二一号など。
(71) 市村高男『戦国期東国の都市と権力』(思文閣出版、一九九四年)、第二編第一章。
(72) 『戦国遺文 後北条氏編』第五巻、四五三四号。
(73) 市村氏前掲書、二二七頁。
(74) 『神奈川県史』資料編3、古代・中世3下(神奈川県、一九七九年)、九三六六号。
(75) 『神奈川県史』資料編3、九三七六号。
(76) 藤木氏前掲書、第一章第四節の二・三。
(77) 新行氏前掲論文、九四頁。
(78) この点に関連して、蔵入地に対する五十分一役賦課をどう考えるかという問題がある。増徴にはならないとはいえ、前章の宇布見郷にみられるように、五十分一役分が別途明記され、請取も別に出されている。さしあたり、これまで述べてきたような上洛や城普請の経費など、用途を限定して蔵入地からも徴収することで、給人・寺社の抵抗感を和らげたものとしておきたい。
(79) 『新潟県史』通史編2中世(新潟県、一九八七年)、七一六頁。
(80) 谷口氏前掲論文、五四頁註(2)。
(81) 『戦国遺文 後北条氏編』第四巻、三一三三～三一四八号。

(82)　新行氏は駿河の検地は八月からとされているが（前掲論文、九〇頁）、駿河ではその後、天正十七年三月二十日「駿州志駄郡八幡之郷御縄打帳」（藤枝市青山八幡宮所蔵、『静岡県史』資料編8、二〇一六号）が発見されているので、遅くとも三月からということになる。

(83)　この点、くわしくは第四章を参照されたい。

# 〔付論〕「惣無事」令関係史料の年次比定

## 1

まず、年次比定問題に直接かかわる主要な研究をあげると、藤木久志(1)・立花京子(2)・粟野俊之(3)・鴨川達夫(4)・小林清治(5)の諸氏の成果がある。なお、戸谷穂高(6)・佐々木倫朗(7)両氏の説はいまだ活字化されてはいないが、年次比定問題で重要な指摘が行われているので、あえて取りあげることとする。

つぎに、鴨川氏にならって、関係史料を列記する。

A十一月十五日、北条氏政宛徳川家康書状写（横浜市歴史博物館『秀吉襲来』、図版17、本論〔史料8〕）

B群

①極月三日、相馬義胤宛富田一白書状（史料纂集『相馬文書』、一三五号）

②極月廿日、本庄繁長宛富田一白書状（『新潟県史』資料編4、二二〇八号）

③卯月六日、白川義親宛富田一白書状（『白河市史』第五巻、九九〇号）

C群

①十二月三日、多賀谷重経宛豊臣秀吉直書（『茨城県史料』中世編Ⅳ、家蔵文書一三の一号）

②十二月三日、白土隆良宛羽柴秀吉直書（『福島県史』7、白土文書九号）

③十二月三日、片倉景綱宛羽柴秀吉直書（『大日本古文書』伊達家文書之三、九八六号）

D十月廿六日、伊達政宗宛羽柴秀吉直書（『大日本古文書』伊達家文書之一、三九二号）

これら諸史料のうち、B群③とDとは、天正十六年（一五八八）ということで一致しており、Aもこれまでは天正十四年ということで疑われることはなかった。諸氏の間で見解がわかれたのは、B群①②とC群とであった。論争の経緯や内容については煩雑になるので省略し、年次比定の結論だけについて述べると、藤木・小林の両氏はこれらを天正十五年とし、立花・粟野両氏は天正十四年とされている。鴨川氏は独自に、B群①②は天正十五年であるが、C群は天正十六年とされた。さらに最近になって、戸谷・佐々木の両氏は、これら一連の史料は天正十五年としながらも、あらたにAは天正十一年であると主張されるに至ったのである。

## 2

さて、「惣無事」令にかかわる重要な諸史料が、このように年次比定が定まらない研究状況にあるために、本論で家康の「関東惣無事」令へのかかわりを述べるためには、この問題に関する筆者の見解を明らかにする必要がある。まず、本論で〔史料8〕として引用する史料Aが、戸谷・佐々木両氏がいわれるように天正十一年のものとすれば、これまでの論争の基本的な前提が崩れることになってしまうため、この点の検討から始めることとしたい。

戸谷氏が史料Aを天正十四年ではなく十一年であるとする根拠は、①秀吉を「羽柴方」と呼ぶような態度は、上洛直後の情勢にそぐわないこと、②北条氏直が遠征中であった積極的な史料的根拠を見いだせるのは、天正十一年のみであること、の二点である。しかしながら、筆者は以下に述べるように、この戸谷説には従えないと考えている。

第一に、①についてであるが、たしかに秀吉に臣従した後であるとはいえ、なおその直後のことであり、また北条氏とは縁戚関係でいわば身内であり、「羽柴方」と呼ぶことがまったくなかったとはいえないであろう。ただし、十二月に秀吉が豊臣姓を賜っていること、翌年五月の北条氏政・氏直宛の家康起請文では「殿下」と呼んでいることなどから、それは最後の事例ということにはなろう。(8)

第二の②については、天正十四年に比定されている十一月十五日付けの北条氏邦宛北条氏政書状(9)をどう考えられるのであろうか。そこでは、十一日付けの氏邦の書状を今日十五日に氏政が披見したとしており、氏直には氏政が案書を認め、それを飛脚で届けさせたといっている。そのことは、氏直は天正十四年十一月にも、小田原本城には不在であったことを示しているのである。

第三に、家康は史料Aで、「好々被遂御勘弁、御報可示預候」と、よくよく考えわきまえて返事をするように求めている。これはこの後で述べるように、北条氏を主たる対象とした「関東惣無事」令が現実のものになってきたことを背景とした要請であった。もしこの史料が天正十一年のものであったとすると、もとよりそのような切迫感はなかったであろう。

第四に、同じく史料Aに「其趣先書申入候之間」とあり、「関東惣無事」に関する第一報が、すでに家康から北条方に伝えられていたことを示している。もし史料Aが天正十一年のものであるとすると、戸谷氏が氏直が遠征中であることを示すとしてあげられた霜月七日付けの家康宛氏直書状(10)が、「先書」に対する氏直の返書ということになるだろう。

しかしながら、この氏直書状が天正十一年のものとみて間違いないとすると（筆者も十一年とみてよいと考えている）、逆に史料Aは天正十一年のものとみなすことはできないことになる。なぜなら、「先書」は「関東惣無事」に関する第一報とみられるにもかかわらず、この氏直書状にはまったくそれに触れたところがみられないからである。おそらく、八月に督姫が氏直に嫁したばかりで、その氏直の上州在陣中の労をねぎらって家康が革羽織を送り、それに対する礼状がこの氏直書状なのであろう。それゆえ、この天正十一年十一月という時点では、なお北条氏を対象とする「関東惣無事」令が発せられるというような事態は生じていなかったということになるのである。

なお、粟野氏はこの霜月七日付けの氏直書状を「この報の返書とみられる」とされているが[11]、すでに述べたようにこの氏直書状は天正十一年のものであるとみられることから、史料Aと結びつけるのは誤りである。

以上のような検討の結果、筆者はあらためて、史料Aは天正十四年に比定されるものと考える。以下、この年次比定を前提に諸説を検討し、諸史料の年次について私見を述べることとする。

## 3

さて、先に述べたように諸氏の間で見解がわかれているB群①②とC群とであるが、藤木氏は当初これら一連の史料を、天正十五年に年次比定された。これに対して、立花・粟野両氏が天正十四年説を主張された根拠の一つは、史料Aにより天正十四年十一月に「関東惣無事」令が発令されていることが明らかであるにもかかわらず、それが翌年十二月に伝達されたというのでは遅すぎて、一年間の空白が生じるということであった。これはたしかにそのとおりであり、筆者も家康への「関東惣無事」執行命令は、すみやかに伝達されたであろうと考える。

ところが、そう考えた場合問題になるのは、天正十六年と年次が確定されているB群③と史料Dとの関係である。とりわけ、家康から伊達政宗に宛てられた史料Dが重要で、天正十六年十月の時点で、家康は「其表（奥両国のこと）惣無事之儀、家康可申噯旨、従殿下被仰下候間、御請申」といっており、それにもとづき使者を派遣して和与の斡旋に乗り出そうとしたところ、「早速御無事之由、尤可然儀候」という事態となったのである。

この問題に関する時間的な関係については、すでに小林氏が明快に述べられているとおりである。(12) すなわち、「早速御無事之由」とは、同年七月の伊達・最上の和睦をさしている。したがって、和与に乗り出した時点は同年前期となり、秀吉の命令が出たのは、「御請申」の手続きなどを合わせて考えれば、天正十五年末とするのが無理のないところであろうとされたのである。

この小林説は、C群の秀吉直書を天正十六年に比定した鴨川説を批判して主張されたものであるが、筆者は、これを天正十四年とする立花・粟野説批判としても有効であると考える。なぜなら、家康が「惣無事」の件を秀吉に命ぜられたのが天正十四年末であるとすると、それから二年近くも後の史料Dで「家康可申噯旨、従殿下被仰下候間」というのでは、まさに今更ながらということになり、不自然である。つまり、立花・粟野説では、一年間の空白とは逆の意味で、一年余りの間延びを生じることになってしまうからである。

これに関連して、B群③に関する粟野氏の解釈の問題がある。粟野氏はこの史料とC群などの天正十四年比定との矛盾に気付かれていたようで、そのため、天正十四年の「惣無事」令は白川義親ではなく嗣子の義広に伝達され、その後義広が蘆名氏の継嗣となり会津へ移ったため、あらためてこの史料で富田がその趣旨を義親に伝達したものとされたのである。(13) そして、天正十四年の「惣無事」令がなぜ義親ではなく義広に伝達されたのかというと、義広への家督継承があったからであるといわれたのであった。(14)

しかしながら、この粟野説は成り立たない。すでに小林氏は、天正六年義広の白川入嗣から天正十五年三月の蘆名入嗣までの間、一貫して義親が義広の後見として白川の外交権を保持していたとして、粟野説は成立が困難であると批判されている。(15)「後見」ということは、小林氏も家督継承があったことを認められているようにみえるが、筆者は粟野氏がいわれる家督継承の時期と「惣無事」令伝達の時期との関係でも、問題があると考える。

すなわち、粟野氏は天正十四年十一月二十七日付けの文書が義親・義広の連署であったのに対し、(天正十五年)正月二日付けの文書が義広単独になっているということを根拠に、(16)この間に義親から義広への家督継承がなされたとみなされたのである。かりにこの粟野説を認めたとしても、家督継承は十一月二十八日以降のこととなる。十二月三日付けの秀吉直書がもし白川氏宛にも出されたとすると、たといその時点までに家督継承が行われていたとしても、そのことは秀吉側ではなお知る由もないことであるから、当然、当主とみなされている義親宛に出されたはずである。それゆえ、秀吉の「惣無事」令が義広に伝達されたとする粟野氏の推定は成り立たず、B群③をあらためて義親に伝達されたものとすることも、根拠を失うことになる。

## 4

以上のようにみてくると、一連のB群①②とC群とを、天正十五年に比定すると史料Aとの関係で一年間の空白という問題が生じ、逆に天正十四年に比定すると史料DやB群③と一年余り間延びがするという問題を生じることになる。この両方の矛盾を解決するためには、「関東惣無事」と「奥両国惣無事」とを厳密に区別して、秀吉の家康に対する「惣無事」令の執行命令は二度出されたとすべきではないか、というのが筆者の意見である。すなわち、天正十四年十一月の「関東惣無事」令と、同十五年末の「奥両国惣無事」令とである。

まず、天正十四年十一月の「関東惣無事」令であるが、この問題を考える場合は、上杉景勝宛の二点の秀吉直書、(天正十四年)十一月四日付けと(天正十五年)二月二十四日付けとが重要である。[17]

すなわち、その前者では、家康が上洛・臣従し、「何様にも関白殿次第」と申したので、隔意なく話し合い、「関東之儀、家康と令談合、諸事相任之由被仰出候間、被得其意、可心易候」といい、ついで後者でも、「八州儀、最前家康上洛刻、具被仰聞候間、定而御請可申候」といっている。これによって、秀吉は上洛・臣従した家康と談合し、家康に「関東之儀」・「八州儀」、つまり「関東惣無事」の執行責任を負わせたことが明らかである。そしてその時点では、「奥両国」のことはまったく問題となっていないのである。

しかも後者によれば、「自然、北条相背御下知、佐竹・宇都宮・結城へ於相動者、従此方可被仰聞間、後詰可有之用意可被申付候」とあって、この「関東惣無事」の主たる執行対象が、まさに小田原北条氏であったことを伝えている。家康は縁戚関係にある北条氏に対して、帰国を待たず、ただちに事態の重大性について第一報を送ったものとおもわれ、[18]それが最初に述べた史料Aでいう「先書」であったと考えられる。そして、帰国とほぼ同時に「関東惣無事」令が家康のもとにもたらされたため、家康は朝比奈泰勝にこれを持たせて氏政のもとへと急派するとともに、よくよく考えわきまえて返答するよう求めたのであった。

他方で、秀吉は「関東惣無事」の執行を家康に委ねたことを、いち早く諸大名にも伝達した。C群②③で、「関東惣無事之儀、今度家康ニ被仰付之条、其段可相違候」とあるのはまさにそのことを示している。それゆえ、このC群②③は、いずれも天正十四年に年次比定されることになる。

ところが、翌天正十五年に九州平定が完了すると、B群③で「誠唐国迄も平均眼前候」というような認識が示されるとともに、「関東惣無事」のみならず、「奥両国惣無事」も現実のものとなってきた。そして、年末にはこの「奥両国惣無事」の執行責任もまた、史料Dで「其表惣無事之儀、家康可申曖旨、従　殿下被仰下候間」とあるように、主として家康に負わされたのであった。そのことを、あらためて諸大名に伝達したのがC群①で、「関東・奥両国迄惣無事之儀、今度家康ニ被仰付条、不可有異議候」というように、そこでは「関東」のみならず、「奥両国迄」が対象となっていたのである。

この「関東・奥両国惣無事」の執行にあたっては、上方にあった富田一白もまた関与していた。B群③によれば、「然者、関・奥諸大名、若至被成言上者、我等御取次之儀、馳走可申之段、被　仰付候間、以使者申定候」とあり、富田は秀吉から関東・奥羽の諸大名との取次を命ぜられていたのである。その立場から、富田はB群①②のごとく、金山宗洗の派遣を行ったのであった。

富田一白は伊達氏との関係においては、政宗の父輝宗のころから昵懇だったようで、史料Dで家康が政宗に書状を送った同じ十月に、五日付けで政宗および片倉景綱宛に書状を送っている[19]。そこでは、「最上御間之儀、御和談之由目出度候」といい、さらに「殊御親父輝宗之従御時、別而御懇蒙仰儀候つる間」と、輝宗の代からの好誼ゆえ秀吉の御前で疎略な扱いはしないと述べて、来春の出京・出仕を促しているのである。

家康が「奥両国惣無事」令を執行するにあたっては、このような京都の取次役富田一白と連携を取りながら進めたことはいうまでもない。そのことは、天正十六年前半の最上・伊達らの抗争に際して、最上義光に宛てた一連の家康書状からも明らかである[20]。

これまで、「惣無事」令関係史料の年次比定に関する錯綜した研究史に対して、必要最小限の検討を行ってきた。最後に、これまで述べてきたことを前提に、関係史料の年次について、あらためて筆者の見解をまとめると、つぎのようになる。すなわち、史料AとC群②③は天正十四年、B群①②とC群①は天正十五年、B群③と史料Dは天正十六年、以上である。

註

（1）藤木久志『豊臣平和令と戦国社会』（東京大学出版会、一九八五年）、第一章第三節・第四節。
（2）立花京子「片倉小十郎充て秀吉直書の年次比定」（『戦国史研究』二二号、一九九一年）、同「秀吉の天下静謐令――全国制覇正当化の原理――」（『戦国史研究』二五号、一九九三年）、同「小林清治著『奥羽仕置と豊臣政権』」（『織豊期研究』六号、二〇〇四年）。
（3）粟野俊之「東国『惣無事』令の基礎過程――関連史料の再検討を中心として――」（永原慶二編『大名領国を歩く』吉川弘文館、一九九三年。のち『織豊政権と東国大名』吉川弘文館、二〇〇一年、に第二章第一節として収録）。
（4）鴨川達夫「『惣無事』令関係史料についての一考察」（『遥かなる中世』一四号、一九九五年）。
（5）小林清治『奥羽仕置と豊臣政権』（吉川弘文館、二〇〇三年）、第一章二の2。
（6）戸谷穂高「戦国期東国の『惣無事』」（二〇〇四年五月、戦国史研究会例会レジュメ）。
（7）佐々木倫朗「戦国期南奥における『惣無事』・『惣和』」（二〇〇四年九月、戦国史研究会例会レジュメ）。
（8）『戦国遺文　後北条氏編』第五巻、四五三四号。
（9）『戦国遺文　後北条氏編』第四巻、三〇二七号。
（10）『戦国遺文　後北条氏編』第三巻、二五八七号。
（11）粟野氏前掲書、九二頁の註(40)。
（12）小林氏前掲書、四七頁。
（13）粟野氏前掲書、八七頁。
（14）粟野氏前掲書、九四頁の註(61)。
（15）小林氏前掲書、四六頁。
（16）『白河市史』第五巻、九七九・九八〇号。

(17)『新潟県史』資料編3、三三六・三三五号。
なお、米沢市上杉博物館における原本調査では、阿部哲人氏にお世話になった。
(18) 家康が岡崎城に帰着するのは、『家忠日記』によれば十一月十一日のことであり、帰国後に通報したとするのでは遅すぎるだろう。
(19)『大日本古文書』伊達家文書之一、三九一・三八八号。
(20) 中村孝也『徳川家康文書の研究』上巻、七一六〜七二〇頁。

# 第四章　五ヵ国総検地と七ヵ条定書

## はじめに

初期徳川氏のいわゆる五ヵ国総検地に関する研究は、所理喜夫氏(1)や北島正元氏(2)らに始まり、両氏の説を批判的に検討した拙稿(3)や宮本勉氏(4)の研究などを経て、拙著(5)がその時点での水準を示したといってよいであろう。そこでは、なお検討が不十分なところもあるとはいえ、およそつぎのような諸点を明らかにした。

第一に、この総検地は期間が短かったため、山間部など検地が行われなかった地域もあるが、ともかくも五ヵ国一円の領国検地であったことが評価される。しかも、それは一部は給人に委ねられることはあったが、原則として徳川氏の直属奉行衆によって、郷村単位で実施されたものであった。

第二に、検地では、郷村単位で一筆ごとに品位・地積・田畠の別・名請人が確定されるのであるから、給人知行地・寺社領をはじめ、領国内の全所領・諸得分の把握が格段に進むことになった。また、知行制の統一基準として俵高制が採用され、それにもとづいて、あらためて知行地や寺社領の安堵・宛行・寄進が行われた。さらに、各郷村に対しては「年貢目録」が下付され、総検地をふまえた年貢高が確定された。

第三に、検地帳名請人の性格についていえば、基本的にこれを直接耕作農民としてとらえることが可能である。また、分付関係については、検地帳では分付記載が広範にみられるとはいえ、被官関係を内容とする本来的な分付関係は少ないことである。他方、給人についてみると、経営の実態に乏しく、名請人との関係も散りがかり的である。それゆえ、村落内の有力農民も、給人に被官化して家臣団の末端に連なるということはなく、総じて兵農分離の確実な進行がみられるのである。

このような拙著刊行後もいくつかの研究があり(6)、筆者自身も引き続き検討を行ってきたところである(7)。そこでは、「年貢目録」を検討することにより、総検地をふまえた年貢賦課方式を具体的に明らかにし、また、七ヵ条定書についていえば、総検地をふまえた各郷村への年貢・夫役の賦課に関する基本原則を示したものであると、その性格を明確にしたのであった。

ところが、その後比較的最近になって、五ヵ国総検地をめぐる研究は、あらたな段階を迎えたといっていいような状況になってきたといえよう。そのきっかけとなったのは、五十分一役を検討することで五ヵ国総検地の実施過程を明らかにしようとされた新行紀一氏の研究である(8)。また、谷口央氏が精力的に研究を進められ(9)、ごく最近では鈴木将典氏の研究も出された(10)。

これらのうち、五十分一役に関する新行説と谷口説とについては、すでに批判的に検討を行い(11)、前章においてあらためてその問題点を指摘したのであった。本章においては、とくに谷口氏の所説を中心に、あわせて鈴木説についても検討を行い、これまでの拙稿をもとにして、五ヵ国総検地をめぐる諸問題についてまとめることとしたい。

なお、研究史上のさらに立ち入った論点や問題点などについては、それぞれ該当の箇所で具体的に述べることとする。

# 一　五ヵ国総検地の施行

## 1　検地施行の実態

初期徳川氏の五ヵ国総検地は、現在残されている検地帳でみる限りでは、第15表に明らかなように、[12]天正十七年(一五八九)二月から翌年正月にかけて施行された。その基本的な特色については、すでに拙著で述べているとおりである。[13]

その後に発見された検地帳のなかでは、まずNo.26「駿州志駄郡八幡之郷御縄打水帳」が三月のものであり、次節で述べる七ヵ条定書の交付時期との関係で意義が大きい。なぜなら、筆者は七ヵ条定書は原則として検地が終了した郷村に対して交付されたものと考えるが、駿河には七月七日付けの七ヵ条定書がかなり交付されているにもかかわらず、これまでそれ以前の検地帳が発見されていなかったからである。

ついで検地の内容にかかわっていえば、No.21三岳村検地帳の「菅沼次郎右方」分の発見が重要である。なぜなら、それによって三岳村については、総検地の全容が完全に把握できることになったからである。[14]最初に、その一部を掲げると、つぎのごとくである（説明の便宜上、一筆ごとに通し番号をつけた）。

〔史料1〕　三岳村検地帳（菅沼方）[15]

（表紙）

天正十八年庚寅正月十四日
遠州伊奈佐郡井伊谷内ミたけ之村
御縄打水帳
菅沼次郎衛□方

1 上　とうさか　七拾八歩　畠　金七分　左衛門五郎作　⊙
2 上　同所　八拾七歩　畠　同分　左衛門六作　⊙
3 上　同所　拾三歩　畠　同分　左衛門五郎作　⊙
4 中　同所　小五拾八歩　畠屋しき分　㊞　同分　左衛門六作　⊙
5 下々　同所　五拾歩　畠　同分　同　作　⊙
6 中　同所　七拾弐歩　畠屋しき分　㊞　同分　左衛門五郎作　⊙

（中　略）

17 下　とうさか　卅壱歩　此内卅歩屋しき分入　畠　㊞　金七分　左衛門五郎作　⊙

（中　略）

25 下々　さハはた　弐拾五歩年不畠　金七分　左衛門五郎抱
26 下々　右田　半卅歩　田　同分　同　作　⊙
27 下　同所　小卅三歩　田棟別　㊞　同分　左衛門六作　⊙

| 検　地　役　人　名 | 所蔵者・出　典 |
| --- | --- |
| | 新城市富安家文書 |
| 米蔵主計，大木彦左衛門，三ノ浦久作<br>佐藤三蔵，神谷新九郎，丹羽助十郎 | 新城市富安家文書 |
| | 正宗寺文書，『豊橋市史』第5巻 |
| | 随念寺文書，『新編岡崎市史』6 |
| 大治右（大久保次右衛門尉忠左） | 大社神社文書,『豊川市史』中世・近世史料編 |
| （彦坂小刑部殿），浅井伝右衛門<br>岡部平右衛門，河井源内，筆鵜野蔦助 | 東観音寺文書，『豊橋市史』第5巻 |
| 石橋彦八郎，菊河三郎左衛門，岩田清左衛門<br>筆小柳津六郎右衛門，鳥居甚二郎 | 天恩寺文書，『新編岡崎市史』6 |
| | 随念寺文書，『新編岡崎市史』6 |
| 鈴木源右衛門，岩崎六郎右衛門，寺尾甚助<br>筆牟呂□□，外13名 | 新貝家文書，『静岡県史』資料編8 |
| | 浅岡家文書，『静岡県史』資料編8 |
| （芝田七九郎殿奉行），三井七左，中澤主膳<br>河西善九郎，外2名，筆三左衛門・織部・楠織 | 明治大学刑事博物館蔵，『静岡県史』資料編8 |
| | 長興寺文書，『静岡県史』資料編8 |
| 渡辺二郎左衛門，村井十右衛門，早河五右衛門<br>酒井才蔵，筆沢新蔵 | 静岡大学人文学部日本史学研究室蔵<br>石雲院文書，『静岡県史』資料編8 |
| （村松三右衛門尉国吉） | 中条区有文書，『静岡県史』資料編8 |
| 釣田孫右衛門，佐野喜兵衛，筆浅岡助十，外4名 | 静岡県立中央図書館蔵,『静岡県史』資料編8 |
| | 応賀寺文書，『静岡県史』資料編8 |
| 山内孫左衛門尉，浅井吉平，筆取山内藤左衛門尉<br>広瀬与一郎，菊川源助，岩本弥三郎 | 二宮神社文書，『静岡県史』資料編8 |
| （原田佐左衛門・嶋田次兵衛見之） | 竜潭寺文書，『静岡県史』資料編8 |
| （大心） | 旧天竜市蔵，旧田代家文書 |
| | 随念寺文書，『静岡県史』資料編8 |
| 内藤清右衛門尉，袴田弥八郎，筆村木八郎三郎<br>上記3名，安間甚太郎<br>同<br>同 | 旧引佐町蔵，『静岡県史』資料編8<br>旧安間家文書，『静岡県史』資料編8<br>同<br>同 |
| 内藤庄衛門尉，袴田七右衛門，松嶋孫四郎<br>（後欠ヵ）<br>松嶋，袴田七右衛門尉，鈴木孫三，筆長田与十郎 | 仲井家文書，『静岡県史』資料編8<br>同<br>清水家文書，『静岡県史』資料編8 |

第15表　五ヵ国総検地帳

| | 年　月　日 | 検　地　帳　名 | 品　位 | 分付 |
|---|---|---|---|---|
| 1 | 天正17. 8. 18 | (三州)吉祥山今水寺領御縄打水帳(写) | 上・中・下 | (○) |
| 2 | 天正17. 8. 18 | 三州八名井郡八名井之郷御縄打水帳(写) | 上・中・下 | ○ |
| 3 | 天正17. 9. 3 | (三州嵩山正宗寺領御縄打水帳)(写) | 上・中・下 | × |
| 4 | 天正17. 9. 15 | 三州渥美之郡田原之郷御縄打之水帳,幸徳寺領 | 上・中・下 | × |
| 5 | 天正17. 10. 9 | 三州宝飯郡府中之郷御縄打水帳 | 上・中・下 | △ |
| 6 | 天正17. 10. 20 | 三州渥美之郡細谷之郷御縄打水帳 | 上・中・下 | (○) |
| 7 | 天正17. 10. 28<br>天正17. 10. 29<br>同 | 三州額田郡片寄天恩寺領御縄打水帳<br>同<br>同　屋敷御縄(打水帳) | 上・中・下<br>上・中・下<br>— | ×<br>×<br>— |
| 8 | (天正17ヵ) | 三州幡豆郡羽角之郷御縄打水帳，西明寺領 | 上・中・下 | (○) |
| 9 | 天正17. 2. 5 | 遠州周智郡一宮庄草ヶ谷村御縄打帳(写) | 上・中・下 | ○ |
| 10 | 天正17. 2. 8 | 水帳，(遠州豊田郡)大平村(写) | — | (△) |
| 11 | 天正17. 2. 28 | (遠州榛原郡)飯淵本田 | 上・中・下 | ○ |
| 12 | 天正17. 2. 吉 | 遠州榛原郡勝間田中村長興寺領御縄打水帳写 | 上・中・下 | × |
| 13 | 天正17. 3. 5 | 遠州榛原郡坂口谷高尾□御縄打水帳<br>(石雲院領古見図帳) | 上・中・下 | ○ |
| 14 | 天正17. 3. 6 | (遠州長上郡中条村御縄打水帳,村松国吉分書上) | 上・中・下 | ○ |
| 15 | 天正17. 3. 21 | 遠州城東郡友田之村田畠之野帳(写) | 上・中・下 | ○ |
| 16 | 天正17. 4. 12 | 遠州淵郡吉美庄応賀寺領御縄打水帳 | 上・中・下 | × |
| 17 | 天正17. 4. 18 | 遠州淵郡吉美庄中之郷御縄打屋敷帳 | — | △ |
| 18 | 天正17. 4. | 遠州井伊谷竜潭寺(領)御縄打水帳 | 上・中・下 | × |
| 19 | 天正17. 11. 28 | (遠州豊田郡北鹿島村御縄打水帳,筏乗免分書上) | 上・中・下 | × |
| 20 | (天正17ヵ) | (遠州井賀谷寺領御縄打水帳写) | 上・中・下 | △ |
| 21 | 天正18. 正. 14<br>同<br>同<br>同 | 遠州伊奈佐郡井伊谷内ミたけ之村御縄打水帳<br>遠州(伊奈佐郡)井伊谷内三竹村御縄打水帳<br>遠州伊奈佐郡井伊谷之内ミたけ之村御縄打野帳<br>遠州井伊谷内ミたけ之村屋敷帳 | 上・中・下・下々<br>同<br>同<br>— | (○)<br>(○)<br>(○)<br>— |
| 22 | 天正18. 正. 16<br>同<br>同 | 遠州伊那佐郡井伊谷之内久留米木村御縄打野帳田方<br>遠州伊那佐郡井谷之内久留米木村御縄打野帳畠方<br>遠州伊(那)佐郡井伊谷内久留米木村屋敷御縄打野帳 | 上・中・下・下々<br>同<br>— | (○)<br>(○)<br>(○) |

| 検　地　役　人　名 | 所蔵者・出　典 |
|---|---|
| 内藤清右衛門尉，袴田弥八郎，安間甚太郎，筆村木 | 小出家文書，『静岡県史』資料編 8 |
| 八郎三郎．同 4 名 | 同 |
| 堀内太郎左衛門，松嶋孫三，鈴木甚太郎，筆者村岡 | 同 |
| 善右衛門．内藤・袴田・安間・村木 | 同 |
| | 同 |
| 堀内太郎左衛門，松嶋孫三，鈴木甚太郎，ふてとり村岡 | 長山家文書，『静岡県史』資料編 8 |
| | 別所区有文書，『静岡県史』資料編 8 |
| | 国立史料館蔵，『静岡県史』資料編 8 |
| | 青山八幡宮文書，『静岡県史』資料編 8 |
| （坂井与九郎殿・戸田七助殿），寺島三右衛門<br>前島善右衛門，野品開右衛門，筆松井善十 | 豊積神社文書，『静岡県史』資料編 8 |
| 若森勘右衛門尉，大角藤二郎，杉本弥吉，鈴木孫三 | 福光園寺文書，『山梨県史』資料編 4 |
| （中和，窪善，同小兵，荘左，諸勘） | 平沢家文書，『信濃史料』第 17 巻 |

(写) であることが明白な場合は，その旨を記した．
ものを×印とし，本来的な分付関係とみなしにくいものにはカッコをつけた．

（以下略）

この三岳村検地帳については、かつて所氏や北島氏が取りあげられ、その後、筆者に続いて宮本氏も検討され、五ヵ国総検地の性格を考えるうえで、まさに研究史的にみて基本となる史料であった[16]。その意義については、さしあたり拙著によっていただくこととして、ここではくりかえさないが、その後に発見された「萱沼方」の検地帳をも含めて、あらためて検地帳別・名請人別の内訳を示すと、第16表のごとくである[17]。

「萱沼方」検地帳の発見により、かつて筆者が主張した諸点は、ほぼ裏付けられたといってよいであろう。すなわち、まず、三岳村検地帳は「鈴木方」「近藤方」の二冊だけではなく、屋敷帳を基本に考えると、もう一冊「萱沼方」の検地帳があったと推測したのが出発点で、そこから、三岳村は萱沼氏を含めた三給人の給地であること、また、三岳村の全農地が分付主上衛門・左衛門太郎両人によって二分されていたなどとはいえず、五郎左衛門（ここでは左衛門五郎）の存在も無視しえないこと[18]、などを指摘したことである。

| | 年　月　日 | 検　地　帳　名 | 品　位 | 分付 |
|---|---|---|---|---|
| 23 | (天正 18. 正) | (表紙欠)(異筆)「渋川村」 | 上・中・下・下々 | ○ |
| | 天正18. 正. 18 | 遠州伊名佐郡井伊谷之内渋河之村御縄打水帳 | 中・下・下々 | ○ |
| | 天正18. 正. 19 | 遠州伊名佐郡井伊谷之内しふ河村野帳 | 上・中・下・下々 | ○ |
| | 同 | 遠州伊名佐郡井伊谷之内しふ川村御縄打水帳 | 中・下・下々 | ○ |
| | 天正18. 正. 20 | 遠州伊名佐郡井伊谷之内しふ川之村野帳(後欠) | 同 | ○ |
| | 天正18. 正. 20 | 地見帳筆書 | 同 | ○ |
| 24 | (天正 18. 正) | (遠州伊名佐郡井伊谷之内別所村御縄打水帳) | 上・中・下・下々 | ○ |
| 25 | (天正 18 ヵ) | (遠州)気賀上村郷御縄打帳写, 田方・畑方・屋敷 | 上・中・下 | × |
| 26 | 天正17. 3. 20 | 駿州志駄郡八幡之郷御縄打水帳 | 上・中・下 | × |
| 27 | 天正17. 8. 7 | 駿州庵原郡由比之郷御縄打水帳・屋敷帳(写) | 上・中・下 | ○ |
| 28 | 天正17. 12. 7 | (甲州)小石和筋大野寺大坊領水帳(写) | 上・中・下・下々 | ○ |
| 29 | 天正17. 9. 吉 | (信州伊那郡虎岩村)大固朱引御検地帳 | 上・中・下 | ○ |

註1. 検地帳名は原則として表題をとり, 筆者の註記になるものはカッコをつけた. また,
　2. 分付では, 過半数の筆におよぶものは印, 数筆にとどまるものは△印, まったくない

つぎに、当時の農民と村落結合にかかわる問題であるが、上衛門・左衛門太郎両名は分付主としてあらわれているとはいえ、いずれも被官関係を内容とする本来的な分付関係とはみなしがたいとしたことである。「菅沼方」検地帳においても、分付主金七・井平両名はいずれも経営の実態に乏しく、その分付関係は同じく形骸化したものと考えられる。

さらに、慶蔵庵や出羽らは「三方」とされており、両名の名請地は三等分され、三給人に属していたと推測したことである。この点、第16表にみられるごとく、出羽の場合はいずれも一二歩となっており、慶蔵庵の場合は「菅沼方」がやや多いとはいえ、寺領についてみると、一一八歩ずつに三等分されているのである。

このような諸点とは逆に、訂正すべき問題も生じた。すなわち、「鈴木・近藤両給人の給地は九反余とほぼ均等であり、先の竜潭寺領の場合を念頭におけば、三岳村は三給人のいわば均等給地であろうと推測される(19)」としたのは、第16表にみられるように、明らかに誤りであった。菅沼の給地は一町九反余と、鈴木・近藤両給人のほぼ倍になっているのである。

第16表　三岳村検地帳別・名請人別内訳

| 帳 | 名請人 | 田 | | 畠 | | 計 | | 屋敷 | 分付主 |
|---|---|---|---|---|---|---|---|---|---|
| | | | | | | 筆数 | 反 歩 | 坪 | |
| 鈴木平兵衛方 | 九郎衛門 | (15) | 5.276 | (13) | 1.105 | (28) | 7.021 | 16 | 上衛門 |
| | 右近七 | (2) | 1.085 | (10) | 328 | (12) | 2.053 | 24 | 同 |
| | 慶蔵庵 | (1) | 118 | (2) | 115 | (3) | 233 | (68) | (一部同) |
| | 出羽 | | —— | (1) | 12 | (1) | 12 | — | 上衛門 |
| | 計 | (18) | 7.119 | (26) | 2.200 | (44) | 9.319 | | |
| 近藤平衛門方 | 左衛門太郎 | (16) | 5.312 | (12) | 2.100 | (28) | 8.052 | 32 | 左衛門太郎 |
| | 慶蔵庵 | (1) | 118 | (2) | 115 | (3) | 233 | (68) | (一部同) |
| | ちやうてい | | —— | (1) | 181 | (1) | 181 | — | 左衛門太郎 |
| | 出羽 | | —— | (1) | 12 | (1) | 12 | — | 同 |
| | 計 | (17) | 6.070 | (16) | 3.048 | (33) | 9.118 | | |
| 菅沼二郎右衛門方 | 左衛門五郎 | (9) | 4.266 | (14) | 1.261 | (23) | 6.167 | 27 | 金七 |
| | 多宝 | (7) | 3.204 | (4) | 1.246 | (11) | 5.090 | — | 井平 |
| | 左衛門六 | (11) | 3.328 | (7) | 1.089 | (18) | 5.057 | 20 | 金七 |
| | 左衛門太郎 | (1) | 1.070 | | —— | (1) | 1.070 | — | 井平 |
| | 慶蔵庵 | (2) | 250 | (3) | 177 | (5) | 1.067 | (68) | (一部金七) |
| | ひこさく | (1) | 140 | | —— | (1) | 140 | — | 金七 |
| | 金七 | | —— | (1) | 20 | (1) | 20 | — | 同 |
| | 出羽 | | —— | (1) | 12 | (1) | 12 | — | 同 |
| | 六郎左近 | | —— | (1) | 12 | (1) | 12 | — | 同 |
| | 計 | (31) | 14.178 | (31) | 5.097 | (62) | 19.275 | | |
| 総計 | | (66) | 28.007 | (73) | 10.345 | (139) | 38.352 | 187 | |

註1　田畠総計3町8反352歩には，検地帳末尾の集計からは除かれている「年不作分」8筆1反141歩を含めてある．

2　菅沼方の「左衛門五郎」には，五郎左衛門の分も含めて集計した．

しかしながら、このことは三給人に対して、給地の均等配分が行われたのではないかとする推測までも否定するものとは考えない。すでに渋川村や久留米木村のように、一村がすべて特定給人に配分される場合があったことを指摘したが、「菅沼方」検地帳によって、一村が三給人に配分される場合でも、そこに差がある事例としてうけとめておきたい。

この三岳村がある遠州引佐地方には、第15表からも明らかなように、No.18やNo.21〜25など、良質の総検地帳が比較的よく残されている。これらの概要を全面的に検討されたのが巨島氏である。そこでは、三岳村検地についてはほぼ筆者の見解を容認され、また、引佐地域には検地帳は残されていないが、狩宿村・伊目村には総検地が実施されたことを示す記録があることを明らかにされた。

さらに、三岳村・久留米木村・渋川村三村の検地実施日程について検討され、三班に分かれた検地役人が、順次各村を廻って実施したことを明らかにされた[20]。三岳村から始まり、渋川村は一〇の枝村に分かれているが、枝村も一村一日のペースで実施された。久留米木村のみは四日かかっているが、これは「事前の信頼のおける耕地把握が出来ていなかった[21]」ためだとされている。ただしこの点は、久留米木村のみ事前調査が不十分であったとは考えにくく、これは氏も指摘されているように、久留米木村は急な坂の多い村落で、耕地も段状をなして全村に分布しているという地理的な状況によるものとした方がよいのではなかろうか。

つぎに、谷口氏が精力的に検討されている三河についてみてみることにしよう。谷口氏はとくにA論文・D論文において、第15表No.7の片寄天恩寺領検地帳、天正十八年の片寄村検地帳、および慶長三年（一五九八）の片寄両毛帳について、名請人の性格の問題を中心に詳細な検討を行われた。そこで主張された主要な点をまとめると、ほぼつぎのようになるであろう。

①徳川検地では、一筆ごとに在地の耕作地に従い詳細に名請人を把握していった。それに対して太閤検地では、同族はまとめられ、一族の代表者だけが年貢納入者として把握された。

②その結果、むしろ徳川氏の方が同族については詳細に把握していたことになる。これには夫役徴収の問題がかかわっており、徳川氏は夫役賦課のため屋敷非所持者を含む血縁的従属層を名請人として把握した。

③間竿については、天正十八年には宮部継潤が奉行人となって、六尺五寸四方＝一歩の検地が行われた。これに対して、天正十七年の五ヵ国総検地では、両検地帳の総耕作地面積の比率より、六尺四方＝一歩であることが確認できる。

天恩寺領（片寄村）では天正十七年の五ヵ国総検地の方が、翌年の太閤検地よりも名請人把握においてより徹底していたとされたことは、注目すべき指摘である。しかしながら、やや立ち入って検討してみると、必ずしも谷口説では説明しきれない問題点が出てくる。

その点を検討するために、天正十七年・同十八年の検地帳について、前者は地積高順に、後者は分米高順に名請人構成を示すと、第17表・第18表のごとくになる。第17表と谷口氏のA論文表1とでは数値に若干の違いはあるが、大勢に影響はない。

まず①において、太閤検地では同族がまとめて把握されているといわれるのであるが、この点は彦大夫・彦七郎・彦太郎らの名前が翌年にはなくなり、すべて彦右衛門の名請地になっていることを根拠とされている[22]。これら「彦」系の同族については、たしかに妥当な見解であるといえるだろう。

他方で、孫太郎・孫四郎・孫七・孫一郎ら「孫」系のものも、谷口氏によれば集中した耕地をもっており、同族とみなされている[23]。ところが彼ら四名は同族として誰かにまとめられることなく、第18表から明らかなように、翌年の

第17表　天正17年片寄天恩寺領検地名請人構成　（単位歩）

| 名請人 | | 田方 | | 畠方 | | 屋敷 | 合計 | |
|---|---|---|---|---|---|---|---|---|
| | | 筆数 | 地積 | 筆数 | 地積 | | 筆数 | 地積 |
| 1 | 九郎左衛門 | 3 | 716 | 17 | 1103 | 130 | 21 | 1949 |
| 2 | 孫太郎 | 2 | 128 | 24 | 1598 | — | 26 | 1726 |
| 3 | 彦左衛門 | 1 | 327 | 9 | 1253 | 74 | 11 | 1654 |
| 4 | 孫四郎 | — | — | 17 | 1285 | 35 | 18 | 1320 |
| 5 | 与五郎 | — | — | 6 | 1095 | 74 | 7 | 1169 |
| 6 | 彦右衛門 | — | — | 8 | 1061 | 66 | 9 | 1127 |
| 7 | 与左近 | 2 | 86 | 8 | 870 | 157 | 11 | 1113 |
| 8 | 納所 | — | — | 3 | 1102 | — | 3 | 1102 |
| 9 | 左衛門六 | 1 | 52 | 14 | 1037 | — | 15 | 1089 |
| 10 | 小右衛門 | — | — | 9 | 941 | 115 | 10 | 1056 |
| 11 | 助一郎 | — | — | 5 | 840 | 75 | 6 | 915 |
| 12 | 彦一郎 | — | — | 7 | 783 | 65 | 8 | 848 |
| 13 | 五郎二郎 | — | — | 8 | 713 | 130 | 9 | 843 |
| 14 | 新左衛門 | 1 | 90 | 10 | 707 | 40 | 12 | 837 |
| 15 | 孫七 | — | — | 10 | 753 | 81 | 11 | 834 |
| 16 | 左衛門二郎 | 1 | 75 | 8 | 671 | 55 | 10 | 801 |
| 17 | 馬四郎 | — | — | 8 | 469 | 175 | 9 | 644 |
| 18 | 彦大夫 | — | — | 5 | 524 | 99 | 6 | 623 |
| 19 | 孫一郎 | — | — | 7 | 541 | — | 7 | 541 |
| 20 | 助二郎 | — | — | 4 | 512 | — | 4 | 512 |
| 21 | 五郎太郎 | — | — | 4 | 508 | — | 4 | 508 |
| 22 | 彦助 | — | — | 3 | 429 | — | 3 | 429 |
| 23 | 左衛門太郎 | 2 | 261 | — | — | — | 2 | 261 |
| 24 | 寅若 | — | — | 2 | 259 | — | 2 | 259 |
| 25 | 法春庵 | — | — | 2 | 54 | 150 | 3 | 204 |
| 26 | 彦七郎 | — | — | 1 | 180 | — | 1 | 180 |
| 27 | 松宮 | 1 | 45 | 1 | 104 | — | 2 | 149 |
| 28 | 小四郎 | — | — | — | — | 135 | 1 | 135 |
| 29 | 彦太郎 | — | — | 1 | 82 | — | 1 | 82 |
| 30 | 助四郎 | — | — | 1 | 66 | — | 1 | 66 |
| 31 | 定使 | — | — | — | — | 54 | 1 | 54 |
| 32 | 道善 | — | — | — | — | 27 | 1 | 27 |
| 33 | 与左衛門 | 1 | 20 | — | — | — | 1 | 20 |
| | 当不作 | 11 | 1894 | 10 | 761 | | 21 | 2655 |
| | 永不作 | 1 | 10 | 1 | 15 | | 2 | 25 |
| | 不明 | 1 | 15 | 3 | 110 | | 6 | 1301 |
| 合計 | | 28 | 3719 | 216 | 20426 | 1737 | 265 | 27058 |

註　孫四郎の1筆と不明分の2筆は，田畠の別が不明である．

第18表　天正18年片寄村検地名請人構成　(単位畝・石)

| 名請人 | | 田方 | | 畠方 | | 合計 | | |
|---|---|---|---|---|---|---|---|---|
| | | 筆数 | 地積 | 筆数 | 地積 | 筆数 | 地積 | 分米 |
| 1 | 九郎左衛門 | 9 | 39.25 | 16 | 58.15 | 25 | 98.10 | 10.389 |
| 2 | 孫太郎 | 6 | 26.20 | 23 | 50.15 | 29 | 77.05 | 8.508 |
| 3 | 与五郎 | 2 | 7.15 | 8 | 53.20 | 10 | 61.05 | 6.244 |
| 4 | 五郎二郎 | — | — | 8 | 45.15 | 8 | 45.15 | 4.949 |
| 5 | 彦右衛門 | 1 | 5.00 | 6 | 21.00 | 7 | 26.00 | 4.690 |
| 6 | 小右衛門 | 1 | 4.15 | 7 | 35.00 | 8 | 39.15 | 4.360 |
| 7 | 彦左衛門 | 2 | 6.15 | 7 | 39.10 | 9 | 45.25 | 4.134 |
| 8 | 左衛門二郎 | 2 | 4.20 | 10 | 33.05 | 12 | 37.25 | 4.056 |
| 9 | 助市郎 | 2 | 1.05 | 4 | 30.10 | 6 | 31.15 | 3.748 |
| 10 | 孫四郎 | 2 | 11.15 | 13 | 24.10 | 15 | 35.25 | 3.555 |
| 11 | 与作 | 3 | 11.00 | 8 | 28.00 | 11 | 39.00 | 3.500 |
| 12 | 孫七 | — | — | 8 | 27.00 | 8 | 27.00 | 3.085 |
| 13 | 馬四郎 | — | — | 14 | 27.05 | 14 | 27.05 | 3.078 |
| 14 | 左衛門六 | 3 | 7.20 | 5 | 22.10 | 8 | 30.00 | 2.920 |
| 15 | 天恩寺 | — | — | 2 | 32.00 | 2 | 32.00 | 2.880 |
| 16 | 新左衛門 | 2 | 4.15 | 10 | 21.15 | 12 | 26.00 | 2.709 |
| 17 | 彦市郎 | — | — | 10 | 23.05 | 10 | 23.05 | 2.505 |
| 18 | 介二郎 | — | — | 2 | 11.00 | 2 | 11.00 | 0.990 |
| 19 | 六郎衛門 | — | — | 1 | 8.00 | 1 | 8.00 | 0.880 |
| 20 | 松宮 | 1 | 2.00 | 2 | 4.15 | 3 | 6.15 | 0.755 |
| 21 | しゅんほ | — | — | 2 | 7.00 | 2 | 7.00 | 0.630 |
| 22 | 孫市郎 | 1 | 1.00 | 1 | 2.00 | 2 | 3.00 | 0.320 |
| 23 | 助四郎 | — | — | 2 | 2.10 | 2 | 2.10 | 0.147 |
| 24 | 小大夫 | — | — | 1 | 2.00 | 1 | 2.00 | 0.000 |
| 合計 | | 37 | 133.15 | 170 | 609.10 | 207 | 742.25 | 79.032 |

太閤検地においても全員名請人として把握されているのである。つまり、谷口説は「孫」系同族にはあてはまらず、「彦」系同族の事例のみによって立論されており、はたしてどこまで一般化できるのかが問題になるのである。

また、②にかかわって、徳川検地では独立の芽を植え付けることを避けるため、非血縁的従属層までの把握は目的としていなかったとされるが、[24]「彦」系・「孫」系は同族だったとしたとしても、その他は血縁関係を特定できず、やはり非血縁の名請人もかなりいたとみなければならない。とくに零細で無屋敷の名請人が他村よりの入作者である場合が多いことを考慮すれば、非血縁者の可能性はさらに大きくなるであろう。

③の間竿についていえば、谷口氏はつぎのように主張された。すなわち、両検地帳の総耕作地面積を比較すると、天正十七年は二万七一七三歩、翌十八年は二万二九二〇歩であり、両者の比率は八四・三㌫になる。これらの検地帳は同一地域を表しているから、この比率をもとに一歩の大きさを計算すると、六・五尺四方の八四・三㌫は約六尺四方一歩になる、というものであった。[25]

五ヵ国総検地の検地基準が一反＝三六〇歩制、小割も大・半・小制と旧制であったことは周知のところであるが、はたして間竿のみが一間＝六尺の新制というようなことがありえたのであろうか。この谷口氏の新説は、つぎの二つの理由によって否定されなければならない。

第一に、天正十八年の宮部継潤による三河の太閤検地が、六尺五寸竿によっていたことは、谷口氏自身が認められているとおりである。[26]太閤検地の場合でも、六尺三寸竿に統一されたのは、文禄三年（一五九四）の検地条目あたりからとみられる。[27]

第二に、徳川検地についていえば、関東転封直後の伊奈忠次による天正十八年の伊豆検地では、同じく六尺五寸竿であった。彦坂元正による文禄三年検地によって、はじめて六尺二分竿が採用されたのである。[28]

このように、天正十八年の三河の太閤検地および同年の伊豆の徳川検地のいずれもが、旧制の六尺五寸竿だったことからすれば、それ以前の五ヵ国総検地もまた六尺五寸竿であったことは疑う余地がないことといわなければならない。それゆえ、天恩寺領の両検地で太閤検地帳の方が面積が減っているのは、間竿の違いによるものとすることはできない。谷口氏が両検地の相違点としてあげられたように、小字名がほとんど一致しないとか、筆数も太閤検地の方が少ないとか、あるいは前年に把握されていない名請人はわずか二名で、一一名もの名請人が減少している、などということからすれば、何らかの事情で天恩寺領が再編・縮小された結果とみるべきではなかろうか。

さて、五ヵ国総検地の性格にかかわる別の問題であるが、筆者はかつて井伊谷竜潭寺領検地帳の検討より、名請人は自らの屋敷地の周辺にその名請地をほぼ集中して保有しており、これを直接耕作農民として把握することが可能であるとしたことがあった。(29) これに対して、谷口氏からA論文の「問題の所在」で批判を受けた。(30) 本論部分の指摘ではないとはいえ、五ヵ国総検地の評価にかかわる問題であるので、反論しておきたい。

すなわち、谷口氏は第一に、「すでに天文期から直接耕作農民が把握されていた上賀茂神社の周りに存在する荘園の例をその根拠としており、徳川氏のように初めて検地を行うことによって把握した名請人の例とは地域的にも在地との関係においても単純比較することは問題があろう」とし、さらに第二に、「名請人の所有屋敷地面積も五〇〇坪以上の者が多く」「むしろこれらの屋敷に同居している徳川氏からは名請人として認められていない者の存在が感じられる」といわれたのである。

まず第一については、上賀茂社領の詳細な検討を行われた須磨千頴氏は、作人の所持する田地が、「作人の居住地を中心とする半径約一・四キロの円内に、ほぼ完全に包摂されてしまうこと」から、「これは通常耕作可能範囲でありかつ限界であると考えてよい」とし、「これらは彼ら作人層の大部分が直接耕作農民であることを意味するものと見てよい」といわれている。[31]そこでは作人の居住地とその所持する耕地との距離的な関係から、これを直接耕作農民とみてよいとされており、その方法論に学んだのである。そのような場合は、地域や在地との関係は直接的には問題にならないのではなかろうか。

第二の点については、たしかに屋敷地が五〇〇坪以上とはやや大きいが、保有耕地自体はそれほど多くはなく、かりに同族のものや下人・名子的なものが若干あったとしても、その名請人が直接耕作者であることを否定することにはならないであろう。それゆえ、竜潭寺領検地帳の検討にもとづく筆者の見解は、あらためる必要はないと考える。

最後に、同じく竜潭寺領検地にかかわって、白川部達夫氏からも、五ヵ国総検地によって徳川氏が近世的権力に転換したとはいえないのではないかとする批判を受けているので検討しておきたい。白川部氏による批判は、第一に、「竜潭寺と徳川氏の三人の給人が百姓から得分を徴収する関係を想定」しているが、それは「荘園制的な職の重層性を示すと考えられる」、第二に、「各給人が百姓と散りがかり的関係にあり、在地支配から遊離し兵農分離が進んでいることを主張された」点も、「石高制下では例外的にしか認められず、かえって戦国期の小領主（給人）が百姓にたいし人格的支配を確立できていなかったことを示していると見られる」というものであった。[32]しかしながら、これらの批判には従うわけにはいかない。

まず第一の点であるが、筆者はたしかに、竜潭寺領である以上年貢は竜潭寺に入るものとすれば、三給人への得分は夫役徴収ではなかったかとしたのであるが、[33]この関係を白川部氏が「荘園制的な職の重層性を示す」とされるのはまったく理解できない。東海地域においては、荘園制的な規定性は少なくとも十六世紀初頭にはその有効性を失っていたことはすでに筆者が論証したところである。[34]ましてや、徳川氏の五ヵ国領有下の時点において、荘園制的な職による得分などということはありえないことである。竜潭寺の年貢収取は荘園領主としての権限によるものではなく、まさに徳川権力による寺領安堵にもとづくものであって、荘園制的な得分とは無縁である。三給人の夫役・陣夫役などの徴収も、徳川権力を背景としたものであることはいうまでもない。

第二の点では、まず「小領主（給人）」とされているところが問題である。一般的には、地頭・給人と小領主とでは、階層が違うと理解されている。小領主とは、地頭・給人などのようなれっきとした領主＝武士ではなく、いわゆる土豪・地侍・地主などとよばれる半農・半武士の村落内の有力農民を指している。それゆえ、彼らは領主化の方向をめざして大名家臣団の末端に組み込まれることもあるが、他方で惣村の代表として領主権力と対決する先頭に立つという存在でもあり、彼らに百姓に対する「人格的支配」の確立を求めることは無理である。

それでは、地頭・給人の場合はどうかというと、そもそも「人格的支配を確立」することが近世的であることの指標になりうるのかどうかが問題となる。筆者は白川部氏とは逆に、近世的権力とは、地頭・給人ら個別領主の百姓に対する「人格的支配」を否定する権力であると考えている。そのことは、次節で取りあげる七ヵ条定書において、地頭・給人らの恣意的な百姓使役をきびしく制限しようとしていることからも明らかである。そうなると、「百姓にたいし人格的支配を確立できていなかった」から近世的でないとする白川部氏の批判は、はなはだ的はずれなものとなるのである。

なお蛇足ながら、五ヵ国総検地の性格・評価は、なにも竜潭寺領検地だけで行っているわけではないことである。たとえば、先に述べた三岳村検地にみられるように、それらは給人の給地ごとの検地ではなく、徳川氏の直属奉行人が配下の検地役人を指揮して、郷村ごとにいっせいに施行していることなどをはじめ、年貢賦課・知行安堵・村請制なども含めて、総合的な観点から評価しているのである。

太閤検地には原則としてみられず、徳川検地に特有の名請人把握として、いわゆる分付関係がある。[35] 五ヵ国総検地を中心に精力的に研究を行われている谷口氏も、この検地帳の分付記載問題を取りあげ、その実態を四点にまとめられるとともに、「それ以前の徳川氏の年貢収納体制であった百姓前直納から村（郷）請制への移行を滞りなく行うため、特に相給区分などを明白にするために分付記載を採用した」と結論づけられたのである。[36]

## 2 村請制と分付関係

そこでは、五ヵ国総検地によって徳川氏の年貢収納体制が「百姓前直納から村（郷）請制へ」と改変されたという理解が大前提となっている。はたしてこのような理解にもとづく分付記載の位置づけは正しいのであろうか。ここではまず、分付関係そのものに関する谷口説の検討を行う前に、村請制[37]の問題ともかかわらせて、右のような年貢収納体制の改変という理解の是非の検討から始めることとしよう。

谷口氏は、五ヵ国総検地以前の徳川氏による在地支配は、今川氏以来の「百姓前」体制を踏襲したものであったとして、北島氏が提唱された「百姓前」直納体制説[38]を積極的に援用された。しかしながら、「百姓前」を戦国大名が年貢負担者（谷口氏は年貢納入責任者とする）として把握した特定の農民層とするような理解が成立しえないことは、すでに村田修三氏が明確に指摘されたところであり[39]、筆者もこの村田説と同意見である。

そうなると、五ヵ国総検地以前の徳川氏の年貢収納体制を、「百姓前直納」制とすることはできなくなり、「百姓前直納から村（郷）請制へ」という理解の前者がまず否定されることになる。しかも、この「百姓前」にかかわる谷口説は、その後谷口氏自身が「百姓前」概念は存在しないとして撤回されたので[40]、そこで述べられたことはほとんど意味をもたなくなったといえよう。

つぎに、後者の村請制の理解についてであるが、谷口氏は五ヵ国総検地によってはじめて村請制が成立したと位置づけられている。その点は「総検地後に創設された村（郷）請制」[41]という表現に端的にあらわれているが、はたして妥当な見解といえるであろうか。

戦国期の村請制については、すでに勝俣鎮夫氏がその意義について積極的に評価されて以来[42]、多様な観点からの研究が進んでいる[43]。それらの多くは畿内・近国の村落を対象としたものであるが、他方で、武田領国の「郷請制」に関する平山優氏の研究[44]なども ある。

このような近年の研究動向からすると、天正十七年（一五八九）の五ヵ国総検地によってはじめて村請制が成立したとはいいにくいことになるが、事実、徳川領国下においてもそれ以前に村請制は成立していたと考えられる。

たとえば、第一章第三節で〔史料12〕・〔史料13〕として取りあげた遠州吉美郷の場合がある。〔史料12〕の定書は「吉美之郷年貢定之事」とあり、前年の検地高辻の五割が年貢高とされているのである。しかもそのうちの前半三箇条は、のちの七ヵ条定書につながっていく内容のものでもあった。家康の朱印状で出された〔史料13〕も、「吉美之郷」宛に棟別銭の納入が指示されているのである。このように、年貢の納入や棟別銭の賦課がいずれも「吉美之郷」宛であることは、郷村がそれらの納入主体として確立していたことを示しており、村請制の存在を十分予想させるのである。

このような、年貢納入に対する郷村の主体性ということでいえば、さらに今川領国下にまでさかのぼる可能性がある。たとえば、つぎのような文書である。

〔史料2〕今川氏真朱印状[45]

定　(朱印、印文「如律令」)

一当郷年貢納所以前、借米銭不可催促之事
一年貢納所以前、俵物他所へ不可出事
一百姓・小作年貢引負、或篠お懸、或闕落之上、号山林不入地、雖令徘徊、一返相断、以公方人令譴責、年貢可
　請取之事
右条々、毎年堅可申付、若於違背之輩者、重可加下知、幷雖有狼藉之族、他所より一切手を入へからさる者也、
仍如件

永禄六年
　九月九日

この文書は宛先を欠いているが、所蔵者や関連文書からみて、宇布見郷ないし中村源左衛門尉宛のものとみてまず間違いないだろう。ここではまず、年貢納入以前に借米銭の催促をしたり、俵物を出すことが禁じられている。ついで、百姓や小作人たちが年貢を滞納し、自分の家に篠を懸け、闕落ちをし、山林は不入地＝アジールだと号して徘徊することがあっても、年貢未進の催促や諸役の徴収を行う今川氏の公方人が百姓たちを譴責し、必ず年貢を取り立てるよう命じているのである。

「篠を懸ける」という行為が、和泉国日根野荘や播磨国鵤荘の「篠を引く」「柴を引く」などと同様の逃散の作法であることは、勝俣氏によって詳細に明らかにされている[46]。また勝俣氏は、とくに「号山林不入地」を中心に、この〔史料2〕にも触れられている[47]。いずれにしても、これによると宇布見郷では畿内・近国の荘園村落と同様の作法で

逃散が行われていたことを示しており、惣結合の存在を推測させるのである。

宇布見郷には、翌永禄七年（一五六四）に引間城主飯尾連龍の、また同八年には一族の飯尾乗連の判物が二点下されている。その宛先をみると、永禄七年十月十九日付けが「宇布見領家」、永禄八年十月二十九日付けが「領家源左衛門かたへ」、同十月晦日付けが「うふミ領家年寄之百姓等」となっている。(48) いずれも宇布見郷領家方に宛てたものであるが、宇布見郷では「年寄」百姓らが主導しており、永禄七年の文書によると、飯尾氏より「引物」として神田分などとともに、一貫文の「年寄免」が認められていたこともわかる。

これら年寄衆の頂点にあったのが、息神社（米大明神）の禰宜でもある土豪の中村源左衛門尉であった。そしてこの中村氏が、天正十年代に徳川氏によって在地代官に登用され、宇布見郷の年貢納入を命ぜられていたことは、第二章第三節で述べたとおりである。

このようにみてくると、遠江における村請制の成立は、天正初年の徳川領国下ではまず確実に、さらに永禄年間の今川領国下までさかのぼることが可能であろう。それゆえ、五ヵ国総検地によって「村（郷）請制」が創設されたとする谷口説には従うことができないのである。こうして、五ヵ国総検地によって徳川氏の年貢収納体制が「百姓前直納から村（郷）請制へ」と改変されたとする谷口氏の主張は、前者も後者も否定されることによって、まったく成り立たないことが明らかになった。

ただし、以上のような村請制に関する筆者の指摘は、いうまでもなく五ヵ国総検地の以前と以後とで、村請制の内実がまったく変わらなかったと主張しているわけではない。戦国期までの村請制と比べると、五ヵ国総検地以降は各郷村の土地と人との把握が格段に進み、あらたに七ヵ条定書にもとづく「年貢目録」の交付と郷村からの請文提出が行われるというように、まさに近世的な村請制へと転換がなされたといえよう。その意味では、五ヵ国総検地を経ることによって、「戦国期的（中世的）村請制から近世的村請制へ」と転化したみることは可能であろう。[49]

さて、以上のことを指摘したうえで分付関係についてであるが、谷口氏自身のまとめによると、そこで述べられたことはつぎの四点である。[50]

①分付主は総検地時の在郷者と被在郷者の両者が含まれる。

②分付記載は領主側がとくに必要とした記載方式であった。

③郷村側では年貢納入時のみ機能していたと考えられる。

④五ヵ国総検地に伴い年貢収納単位である百姓前は村（郷）請へ変質した。

まず①であるが、これは三岳村の上衛門や九郎衛門に関する検討結果にもとづくもので、すでに筆者も述べているところであり、[51]異論はない。

②は渋川村の二つの検地帳の比較・検討による主張であるが、はたしてそのようにいえるのかどうか疑問である。後者の「地見帳筆書」は谷口氏自身も「何時作成されたものか不明なため、なぜ分付主が記載されなかったのか特定できない」[52]といわれているように、検討するには限界が大きい史料である。検地帳では全筆分付主は「四郎衛門」となっていることからすれば、分付主の記載がない部分は「四郎衛門」であることが自明だったため、あえて記さなかっただけのことかもしれないのである。

③の主張は、五ヵ国総検地ではなく、翌年三河で実施された太閤検地の片寄村名寄帳を根拠とされている。そのため谷口氏も、「もちろんこの見解をそのまま五ヵ国総検地に適応《（用ヵ）》することはできない」[53]とはいわれているのではあるが、こと分付関係についていえば、徳川検地と太閤検地との顕著な違いからすれば、やはり条件付きでも適用すべきではないだろう。

ついで谷口氏は、年貢徴収と分付主との関係を確認するとして、三給人の相給地であった三岳村について検討された。すでに筆者が指摘したことと同様の点も多いが(54)、問題点としては、第一に、「総検地後も分付主ごとに三岳村の給地が分けられていることが確認できる」とされた点、第二に、「年貢は村で全てを集め、その上で三給人に分割して納入していた」とされたのはいいが、このことは「三岳村の代表者九郎衛門が三岳村全体としての五十分一役指出を提出していることからも裏付けられる」とされたことである(55)。

第一の点は、五ヵ国総検地では基本的に、分付主と分付百姓＝名請人のいずれを把握しようとしたと考えるのかにかかわる問題である。筆者は、分付主ごとに給地が分かれているようにみえる三岳村の場合も、やはり名請人の把握が基本であったと考えている。それは屋敷帳をみると明らかであり(56)、そこではいずれも名請人＝分付百姓が把握されているのである。

第二の点は、前章で〔史料3〕として引用した三岳村指出案を、谷口氏は「三岳村全体」のものとされたのであるが、これは明らかに誤りである。これは「鈴木平兵衛方」とあるように、鈴木方のみの指出と考えるべきである。そうなると、三岳村は第16表にみられるように、鈴木：近藤：菅沼方でほぼ一：一：二となっているので、本高は一貫九〇〇文の約四倍で七貫六〇〇文の村となる(57)。

この推測が正しいことは、近世初頭の村高との比較によって明らかとなる。すなわち、巨島氏によると、元和元年(一六一五)の三岳村の村高は四八・八四八石であった(58)。五ヵ国総検地段階の三岳村の本高が七貫六〇〇文とすると、鐚銭では四倍の三〇貫四〇〇文となる(59)。これを一貫＝一石で換算すると三〇・四石となり、それ以後の生産力の発展を考慮してもやや差はあるものの、元和の村高となんとか比較できる数値になるのである。

最後の④が成り立たないことは、すでに明らかにしたところである。谷口氏は以上の四点を前提にして、最初に引用したように、「村（郷）請制」への移行を滞りなく行うため、またとくに相給区分などを明白にするために分付記載を採用した、と結論づけられたのであった。しかしながら、そのような分付記載の理解では、幕藩制成立期の分付関係などはまったく説明できないであろう。それどころか、同じ引佐地域の五ヵ国総検地でみても、たとえば渋川村検地帳の分付関係は、菅沼氏の単独給地で相給ではなかったため、谷口説では説得性を欠くことになる。

すなわち、谷口氏は他方で、相給地がなかった場合や寺領の場合は、「年貢収納方法は改変されることになったが、その単位は全く変化しておらず分付記載は不要であった」ともいわれている。[60] しかし、渋川村は相給地ではなかったが分付記載があり、第15表№27・28は寺社領であるが分付記載があり、たちまち齟齬をきたす結果となっている。

谷口氏の場合は、分付関係の理解において、被官関係をともなうような本来的な分付関係、谷口氏によれば重層的な村落内の関係を、いっさい認められないところに一つの特徴がある。たとえば、「分付記載に村落内の関係や、もしくは分付主を軸とする年貢収納などは全く意図されていないのである」[61]といわれているごとくである。

そのような観点から、筆者の研究についても、「従来の分付記載に関する見解は大きく転換されることになった」と評価されながら、他方で、「逆に重層的であろうとされた検地帳も指摘されている」とか、「本多氏自身も従来の分付記載概念に引きずられた結果、分付記載に関する見解を全く新たに考え直すには至らなかった」との批判を行われることになったのである。[62]

しかしながら、この批判に従うわけにはいかない。筆者は分付関係を理解するためには、その実態について多様性を認める必要があると考えており、その一つに重層的な関係があることは、否定できないとも考えている。[63]

たとえば、筆者が明らかにした五ヵ国総検地の渋川村、あるいは慶長九年（一六〇四）の遠州総検地における山名郡久津部村のような事例を、谷口氏はどのように考えられるのであろうか。[64] いずれの場合も、分付関係に注意しながら、耕地の所持内容・権利関係を基準に、農民（名請人）をA～Fの六類型に区分した。そして、渋川村では最大の有力農民である七郎右衛門の分付関係について、七郎右衛門一人を分付主とする名請人のなかには、隷属関係にあるものも存在したのではないかとしたのである。

また、久津部村の場合では、有力農民相互間の請作関係が、分付記載の形を取っている事例があることを明らかにした。そして、渋川村と同様の問題としては、やや否定的ない方ではあったが、たとえば、最有力農民である五郎右衛門とのみかかわっている零細かつ無屋敷の分付百姓のなかには、従属性の強いものもいたことを示唆したのであった。(65)

さらにまた、山名郡梅田村の遠州総検地帳とその後の正保の写との比較・検討から、分付記載の別な側面をも明らかにした。(66)すなわち、正保の写にみられる分付関係はまったく形骸化したものであり、それは基本的に、慶長検地当時の名請人を分付主として残し、正保の現実の耕作者を分付百姓という形で把握し、新たな名請人として確認しなおしたのではないかとしたのである。(67)しかし他方で、F類などでは、分付主との間に請作関係を媒介とした一定の隷属関係を推測するとともに、慶長検地段階の孫六や源二郎などのように、五町歩や四町歩もの主作地を保有している場合は、むしろその部分にこそ、人身的隷属関係をともなった隷属農民の存在をみる必要があるのではないかとしたのであった。

このように、分付関係には多様な側面があり、何か一つの原理で割り切れるものではないとしなければならない。そして、比重は大きいとはいえないにしても、谷口氏が否定される重層的な分付関係を、やはり想定しておく必要があると考えるのである。

# 二　七ヵ条定書の交付

## 1　七ヵ条定書の交付状況と奉者

徳川家康が天正十七年（一五八九）七月七日から翌年二月十五日にかけて、三河・遠江・駿河・甲斐の四ヵ国に発給したいわゆる七ヵ条定書については、これまでもしばしば取りあげられ[68]、筆者も基本的な諸点についてはすでに検討してきたところである[69]。しかしながら、筆者のこれまでの研究は、奉者による交付状況[70]を中心に、拙稿③論文ではそれまでの国別から一歩進めたとはいえ、遠江・駿河についての郡別の状況把握にとどまり、また、内容の理解についても、概括的な検討にとどまっていたといえよう。

そのために、谷口氏からは、「基本的にその定書奉者とその発給地域の関係に限定[71]」されているとか、鈴木氏からは、甲斐国では「交付地域を郡単位で見ると、山梨郡・八代郡・中巨摩郡などの『国中』地方のみに限定され、他の南巨摩郡（河内地方）、都留郡（郡内地方）などの地域では一点も見られない[72]」として、甲斐でも郡別でみることの必要性を指摘されたのであった。

そこで今回は、拙稿③論文以降に新たに確認できた定書の事例をも含めて、二一二点の定書について[73]、第19表では四ヵ国の国別・郡別の交付状況を明らかにし、第20表では、奉者および国ごとの月日別発給状況を示し、さらに宛先の類型分けを行った。以下、この二つの表によりながら、これまで述べてきたことも含めて、あらためて現在残されている限りではあるが、七ヵ条定書の交付状況にどのような特色があるかをみてみることとしたい。

まず最初に、七ヵ条定書の全文を掲げることとするが、ここでは第三部の「年貢目録」の検討とのかかわりもあるので、「大森・ふから」宛のものを掲げておこう。

〔史料3〕徳川家七ヵ条定書(74)

(定)（朱印、印文「福徳」）

一御年貢納所事、請納証文明鏡之上者、少も於無沙汰者可為曲事、然者、地頭遠路ニ令居住者、五里中年貢可相届、但、地頭其知行ニ在之者、於其所可納事

一陣夫者、弐百俵ニ壱疋壱人可出之、荷積者下方升可為五斗目、扶持米六合・馬大豆壱升、地頭可出之、於無馬者、歩夫弐人可出也、夫免者、以請負一札之内、壱反ニ壱斗引之、可相勤之事

一百姓屋敷分者、百貫文ニ参貫文、以中田被下事

一地頭百姓等雇、年中ニ十日、并代官雇三日、為家別可出之、扶持米右同前事

一四分壱者、百貫文ニ弐人可出之事

一請負御納所、若大風・大水・大旱年者、上中下共、以春法可相定、但、可為生籾之勘定事

一竹藪有之者、年中ニ公方江五十本・地頭へ五十本、可出之事

右、七箇条所被定置也、若地頭

| 志太 | 益津 | 安倍 | 有渡 | 庵原 | 富士 | 駿東 | 巨摩 | 八代 | 山梨 |
|---|---|---|---|---|---|---|---|---|---|
| 駿河 | | | | | | | 甲斐 | | |
| 7 | 1 | | | | 1 | | | 6 | 6 |
| | | | | | | | 2 | | |
| 1 | | | | | 3 | 6 | | | |
| | | | | 1 | | | | | |
| | | | 3 | | | 3 | | | |
| 1 | 1 | | | 1 | | | | | |
| | | | 2 | | | | | | |
| | | | | | | | | | |
| | | | | | | | | | |
| 1 | | 1 | | | | | | | |
| | | | | | | | | | |
| | | | | | | | | | |
| | 1 | | | 1 | | | | | 1 |
| | | | | | 1 | | | 4 | |
| | | | 1 | | | | | | |
| 1 | 1 | | | | | | | | |
| | | 1 | | | | | | | |
| | | | 1 | | | 1 | | | |
| 1 | 1 | | | | | | | | |
| | | | | | | | | | |
| 12 | 5 | 2 | 7 | 3 | 5 | 10 | 2 | 10 | 7 |

きなかったためである.

有難渋之儀者、以目安可致言上
者也、仍如件
天正十七年十二月廿四日
渡辺弥之助光（花押）
大森
ふから

これまで二一二点発見されているこの七ヵ条定書は、多少の文言の出入りはあるものの[75]、数字については違いはみられず、ほぼ同内容であるといってよい。以下では、これらを分類・整理した第19表・第20表によりながら、すでに明らかになっていることも含めて、まずは基本的な諸点を指摘するとつぎのごとくである。

第一に、発給月日は七月七日から翌年二月十五日までであり、これまでと

第19表　七ヵ条定書国別・郡別内訳

| 奉者 | | 文書数 | 国別 | | | | 三河 | | | | | | 遠江 | | | | | | | | | |
|---|---|---|---|---|---|---|---|---|---|---|---|---|---|---|---|---|---|---|---|---|---|---|
| | | | 三河 | 遠江 | 駿河 | 甲斐 | 碧海 | 額田 | 幡豆 | 宝飯 | 八名 | 渥美 | 敷智 | 引佐 | 浜名 | 長上 | 豊田 | 山名 | 周知 | 佐野 | 城東 | 榛原 |
| 1 | 伊奈忠次 | 44 | | 23 | 9 | 12 | | | | | | | 2 | | | 4 | 11 | 5 | | 1 | | |
| 2 | 原田種雄 | 15 | | 13 | | 2 | | | | | | | | 5 | | | 1 | 7 | | | | |
| 3 | 天野景能 | 14 | | 4 | 10 | | | | | | | | | | | | 1 | 1 | | 2 | | |
| 4 | 小栗吉忠 | 13 | 7 | 5 | 1 | | 4 | 2 | | | | | | | | | | | 1 | 4 | | |
| 5 | 渡辺　光 | 13 | | 7 | 6 | | | | | | | | | | | | | 1 | 2 | | 4 | |
| 6 | 阿部正次 | 12 | 4 | 5 | 3 | | 4 | | | | | | | | | | | | 3 | 2 | | |
| 7 | 神屋重勝 | 11 | 3 | 6 | 2 | | | | | 2 | 1 | | | | | | | 1 | 1 | | 4 | |
| 8 | 彦坂元正 | 11 | 4 | 7 | | | | | | | | 4 | 2 | | | | | | 2 | | 3 | |
| 9 | 水野秀忠 | 11 | 4 | 7 | | | 2 | 1 | 1 | | | | | | | | 2 | | | | | 5 |
| 10 | 丹羽氏久 | 10 | | 7 | 3 | | | | | | | | | | | | | | 2 | 2 | 3 | |
| 11 | 嶋田重次 | 9 | 1 | 8 | | | | 1 | | | | | 5 | | | | 1 | 1 | | | 1 | |
| 12 | 倉橋昌次 | 8 | | 8 | | | | | | | | | 1 | | | | | 4 | 2 | 1 | | |
| 13 | 酒井重勝 | 8 | | 5 | 2 | 1 | | | | | | | | | | | | | 1 | | | 4 |
| 14 | 寺田泰吉 | 8 | | 2 | 1 | 5 | | | | | | | 1 | | 1 | | | | | | | |
| 15 | 大久保忠左 | 6 | | 5 | 1 | | | | | | | | | | | | | | 2 | | 3 | |
| 16 | 加藤正次 | 5 | 2 | 1 | 2 | | 2 | | | | | | | | | | | | | | 1 | |
| 17 | 森河秀勝 | 5 | 1 | 3 | 1 | | | | 1 | | | | | | | | | 1 | 1 | 1 | | |
| 18 | 大久保忠利 | 4 | | 2 | 2 | | | | | | | | | | | | | | | | 2 | |
| 19 | 渡辺守綱 | 3 | | 1 | 2 | | | | | | | | | | | | | | | | | 1 |
| 20 | 芝田康忠 | 2 | | 2 | | | | | | | | | | | | | 1 | | | | | 1 |
| 総計 | | 212 | 26 | 121 | 45 | 20 | 12 | 4 | 2 | 2 | 1 | 4 | 11 | 5 | 1 | 4 | 17 | 21 | 17 | 13 | 21 | 11 |

註　小栗・丹羽・寺田で，国別と郡別とで数字が一致しないものがあるのは，郡を特定で

変わりはない。七月七日付けが圧倒的に多いが、いずれも遠江・駿河宛であり、またこの両国では交付されていない郡はない。駿河の場合は十一月・十二月にもかなりみられるが、このうち十一月二十七日以降の一四点についていえば、駿東郡一〇点・富士郡四点となっている。すなわち、これらは富士川以東のいわゆる「河東」とよばれる地域であり、駿河でもこの東部地域は総検地の施行が遅れたことを示している。

第二に、これに対して、三河では九月十三日、甲斐では九月十七日がそれぞれ初出となっている[76]。三河では、水野の四点と嶋田の一点は九月であるが、阿部の四点と加藤の二点は十月、小栗の七点、彦坂の四点、神屋の三点は、いずれも十一月である。甲斐でも、原田の二点は九月であるが、伊奈の一二点のうちの七点は十月、残る五点と寺田の四点、酒井の一点は、いずれも十一月であった。

| 一一月二四日 | 一一月二七日 | 一二月一日 | 一二月四日 | 一二月一三日 | 一二月一四日 | 一二月二四日 | 一二月二七日 | 一二月二八日 | 二月一五日 | 郷村名 | 郷村百姓等 | 郷村百姓名 | 百姓名 |
|---|---|---|---|---|---|---|---|---|---|---|---|---|---|
| | | | | | | | | | 1 | 3 | | 33 | 1 |
| | | | | | | | | | | 1 | 11 | 2 | |
| | 6 | | 1 | | | | | 2 | | 13 | 1 | | |
| | 1 | | | | | | | | | 4 | 6 | | |
| | | | | | 1 | 1 | 1 | | | 9 | | 2 | |
| | | | | | | | | | | 11 | | | |
| 5 | | | | | | | | | | 9 | | | |
| | | | | | | | | | | 9 | | | |
| | | | | | | | | | | 4 | 7 | | |
| | | | | | | | | | | 3 | 4 | | |
| | | | | | | | | | | 5 | 2 | 2 | |
| | | | | | | | | | | 3 | | 1 | |
| | | | | | | | | | | 1 | 6 | | 1 |
| | | | | 1 | | | | | | | 2 | 4 | 1 |
| | | | | | | | | | | | 6 | | |
| | | | | | | | | | | 3 | | | |
| | | | | | | | | | | 5 | | | |
| | | 1 | | | | | | | | 1 | 3 | | |
| | | | | | | | | | | | 2 | | |
| | | | | | | | | | | 2 | | | |
| 5 | 7 | 1 | 1 | 1 | 1 | 1 | 1 | 2 | 1 | 86 | 50 | 44 | 3 |
| 3 | 1 | | | | | | | | | 22 | | | |
| 2 | | | | | | | | | 1 | 37 | 43 | 26 | |
| | 6 | 1 | 1 | 1 | 1 | 1 | 1 | 2 | | 26 | 7 | 4 | |
| | | | | | | | | | | 1 | | 14 | 3 |

る.

第20表　七ヵ条定書月日別・宛先別内訳

| | 奉者 | 文書数 | 七月七日 | 七月九日 | 七月一七日 | 八月四日 | 八月二三日 | 八月二四日 | 九月三日 | 九月四日 | 九月五日 | 九月一三日 | 九月一七日 | 九月二三日 | 九月二五日 | 一〇月二一日 | 一〇月二七日 | 一〇月二八日 | 一一月三日 | 一一月一五日 | 一一月一七日 | 一一月二一日 | 一一月二三日 |
|---|---|---|---|---|---|---|---|---|---|---|---|---|---|---|---|---|---|---|---|---|---|---|---|
| 1 | 伊奈忠次 | 44 | 17 | | 2 | | | | 2 | | | 3 | 4 | | 1 | 1 | | 6 | | | 5 | | 2 |
| 2 | 原田種雄 | 15 | 13 | | | | | | | | | | 2 | | | | | | | | | | |
| 3 | 天野景能 | 14 | 5 | | | | | | | | | | | | | | | | | | | | |
| 4 | 小栗吉忠 | 13 | 6 | | | | | | | | | | | | | | | | | | 1 | 5 | |
| 5 | 渡辺　光 | 13 | 10 | | | | | | | | | | | | | | | | | | | | |
| 6 | 阿部正次 | 12 | 8 | | | | | | | | | | | | | | 4 | | | | | | |
| 7 | 神屋重勝 | 11 | 6 | | | | | | | | | | | | | | | | | | | | |
| 8 | 彦坂元正 | 11 | 5 | | | | | | | | | | | | | | | | 6 | | | | |
| 9 | 水野秀忠 | 11 | 6 | | | | | | | | | 3 | | 1 | | | | | | | | | |
| 10 | 丹羽氏久 | 10 | 6 | | | | | | | | | | | | | | | | | | | | |
| 11 | 嶋田重次 | 9 | 7 | | | | | | | | | 1 | | | | | | | | | | | |
| 12 | 倉橋昌次 | 8 | | | | 1 | 1 | 1 | 2 | 1 | 1 | | | | | | | | | | | | |
| 13 | 酒井重勝 | 8 | 5 | 1 | | | | | | | | | | | | | | | | 2 | | | |
| 14 | 寺田泰吉 | 8 | 2 | | | | | | | | | | | | | | | | | | | 5 | |
| 15 | 大久保忠左 | 6 | 6 | | | | | | | | | | | | | | | | | | | | |
| 16 | 加藤正次 | 5 | 3 | | | | | | | | | | | | | | 2 | | | | | | |
| 17 | 森河秀勝 | 5 | 4 | | | | | | | | | | | | | | | | | | | | |
| 18 | 大久保忠利 | 4 | 3 | | | | | | | | | | | | | | | | | | | | |
| 19 | 渡辺守綱 | 3 | 3 | | | | | | | | | | | | | | | | | | | | |
| 20 | 芝田康忠 | 2 | 2 | | | | | | | | | | | | | | | | | | | | |
| 合計 | | 212 | 117 | 1 | 2 | 1 | 1 | 1 | 4 | 1 | 1 | 7 | 6 | 1 | 1 | 1 | 6 | 6 | 6 | 2 | 6 | 10 | 2 |
| 三河 | | 26 | | | | | | | | | | 4 | | 1 | | | 6 | | 4 | | 1 | 5 | |
| 遠江 | | 121 | 91 | 1 | | 1 | 1 | 1 | 4 | 1 | 1 | 3 | 4 | | 1 | | | | 2 | | | | |
| 駿河 | | 45 | 26 | | 2 | | | | | | | | | | | | | | | 1 | | | 2 |
| 甲斐 | | 20 | | | | | | | | | | | 2 | | | 1 | | 6 | | 1 | 5 | 5 | |

註　月日や，とりわけ宛先で，数字の合計が一致しないのは，不明なものがあるためであ

第三に、直接の交付者である奉者についてみると、伊奈忠次をはじめ二〇名であることはこれまでと変わらない。国別の宛先では、伊奈以下八名が三国にかかわっており、[77]二国にかかわるものは一〇名にもおよんでいる。遠江の郷村に対しては、全奉者が交付者となっており、駿河でも一四名が関与している。また、三河の宝飯・八名・渥美の三郡、遠江の引佐・浜名・長上の三郡、甲斐の巨摩郡以外は複数の奉者が関与しており、郡別の宛先もかなり錯綜している。

なお、郡別でみると、三河では加茂郡・設楽郡、甲斐では都留郡（郡内地方）・南巨摩郡（河内地方）には、これまでのところ七ヵ条定書がみられない。この点について、鈴木氏は「いずれも有力国衆の本領や『郡代』の支配領域であり、徳川領国内の領域支配の問題に繋がるもの」[78]として注目されている。たしかに、領域支配のあり方とかかわらせて考えることは有力な観点であるとおもうが、[79]この点は領域支配の実態および総検地施行の有無の問題なども含めて、今後の課題としたい。

第四に、右の第三の前半の点からすると、奉者による国別・郡別のまとまりは乏しいのであるが、なかには彦坂元正の三州渥美郡、原田種雄の遠州引佐郡、伊奈忠次の同長上郡などのように、郡内に一人で数通残されているような事例もある。さらに、たとい複数の奉者が関与していても、郡別宛先の内容を点検すると、やはりそれなりに地域的なまとまりがみられるのである。

たとえば、遠江の敷智郡では、嶋田の五点はすべて旧三ヶ日町域である。榛原郡では、水野の五点のうち四点は旧榛原町、残る一点も隣の旧相良町である。駿河の駿東郡では、天野の場合は四点が沼津市、二点が清水町、渡辺の三点はいずれも裾野市域である。つまり、天野は駿東郡の南部、渡辺は郡の中部にほぼまとまっているのである。

これらの傾向をさらに確認するため、郡別の文書点数が二一点ともっとも多く、八名もの奉者がかかわっている山名郡・城東郡のうち、山名郡について奉者の交付対象の郷村を地図上に落としてみたのが第1図である。これによると、若干の例外はあるものの、原田はほぼ旧磐田市中部、伊奈は同南部、倉橋は八月から九月にかけて、旧浅羽町域など海岸沿いの地域となっている。その他一点のみのものは、天野の「沓部」、渡辺の「彦島」、森河の「堀越」が旧袋井市域、神屋の「長溝」、嶋田の「平民」が旧浅羽町域であるが、これらはなぜ特定の奉者にまとめられなかったのかとの疑問は残る。

このように、七ヵ条定書の交付対象地域は、奉者によって国別・郡別に錯綜しているのであるが、各郡内ではそれなりに地域的なまとまりはあったといえよう。

第五に、七ヵ条定書の宛先については、これを内容から四類型に分類した。しかしながら、基本的に郷村宛か百姓宛かで、結局は前二者と後二者との二種類に大別される。

すなわち、「郷村百姓等」としたのは、たとえば原田種雄が「遠州瀬戸村百姓等」(80)に宛てているような場合であるが、「百姓等」という文言が付いているかどうかの違いだけで、「郷村名」のみと基本的には変わらないからである。同様に、「郷村百姓名」の場合も、郷村名があるかどうかの違いだけで、郷村内の有力百姓宛であることには変わりがないからである。

その上で第20表をみると、国別でいうと三河は郷村宛のみ、駿河は郷村宛が圧倒的に多く、遠江には百姓宛がかなりみられ、甲斐は一点を除いてすべて百姓宛というように、とりわけ三河と甲斐とで顕著な違いを示している。奉者別でみると、基本的に郷村宛のみのものが一三名となっており、百姓宛に交付している奉者の場合も、大半は郷村宛の方が多くなっている。ただし伊奈忠次のみは、ほとんどが百姓宛となっている。

一般的にいえば、たんなる郷村名宛よりも、百姓名宛の方が、よりいっそう在地把握が進んでいるとみなされやす

第１図　山名郡の奉者別交付状況　　明治22年静岡県管内全図

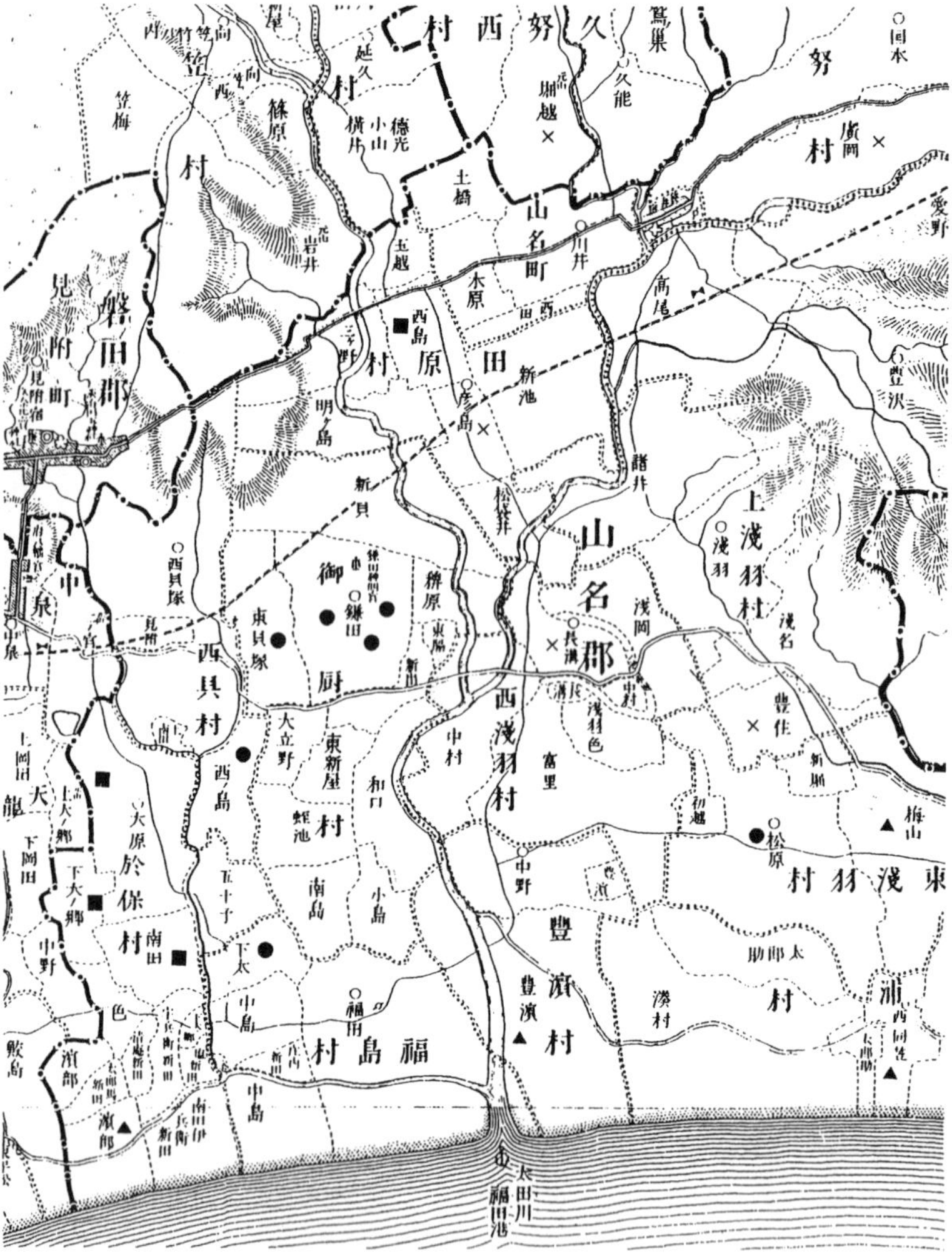


■伊奈忠次　●原田種雄　▲倉橋昌次　×その他５名

い。しかしながら、この場合は単純にそうとはいえず、酒井重勝が「駿州庵原庄由比」と郷村宛に定書を交付した由比郷の検地では、「源大夫」が案内者となっており[81]、有力農民を把握した総検地の施行と七ヵ条定書の交付ということでは、何ら遜色がないからである。郷村宛と百姓宛とでどのような違いがあるのかについては、今後引き続き検討することとしたい。

つぎに、七ヵ条定書の奉者と総検地の奉行人との関係についてであるが、すでに基本的な点については解明したところである。すなわち、総検地の施行は、一部は三河の菅沼氏など給人に委ねられることはあったが、原則として七ヵ条定書の奉者になるような徳川氏直属の家臣が責任者＝奉行人となっていたことを明らかにした[82]。

その際根拠となったのは、わずかしか残されていない総検地帳の中に、しかもそのさらに一部に奉行名が記載されているものがあり、その奉行人と検地帳の当該地域に交付された七ヵ条定書の奉者とが一致したことであった。具体的には、三河の渥美郡では彦坂元正、遠江の引佐郡では原田種雄、駿河の由比郷では酒井重勝らであった。

その後、七ヵ条定書は拙著の段階より二四点増えたが、右の指摘に抵触する事例はあらわれなかった。むしろ、引佐郡では一点増えた七ヵ条定書がこれまた原田種雄が奉者であったため、いっそう補強されることになったといえよう。残念ながら、その後奉者との関係を直接示す検地帳は発見されていないため[83]、ここでは関連史料で二、三の点について補足しておきたい。

第一に、遠州森町山中家の「七番覚書」という史料に、つぎのような記録が残されていた。

〔史料4〕七番覚書[84]

一天正十七丑御検地、彦坂小形（刑）部様御水帳
文政十一戊子迄二百四十年

一慶長二年酉御水帳、山内対馬守様文政十一子二百三十二年
一慶長九年辰御水帳二百廿五年
一寛永九年申御水帳、山口修理進様御内岡本長右衛門殿・坂本治左衛門殿百九十七年
右ノ水帳ハ、代々八右衛門方ニ所持罷在候趣、前ノ同人方記録ニアリ

すなわち、慶長二年（一五九七）の山内氏の検地帳、慶長九年の伊奈忠次によるいわゆる遠州総検地帳、寛永九年（一六三二）の山口氏の検地帳などとならんで、天正十七年の五ヵ国総検地では、彦坂元正が奉行人となった検地帳が残されているといわれているのである。他方、彦坂には「森郷」や近隣の「一色村」に宛てた七ヵ条定書が残されているので[85]、この森郷一帯には、彦坂が奉行人となった総検地が施行され、そのうえで彦坂が奉者となった七ヵ条定書が交付されたと考えられるのである。

第二に、「年貢目録」や郷村からの請文との関連である。次節で具体的に述べるように、総検地の施行後、各郷村には「検地目録」・「年貢目録」が交付され、それに対して郷村側からは請文が提出された。その場合、「年貢目録」の発給者や請文の宛先と、七ヵ条定書の奉者との関係が問題になるのである。

まず、「年貢目録」についてみると、代表的な事例として（天正十七年）極月廿五日付けで「ふから之郷」に宛てた渡辺光の場合があげられる[86]。そして、この渡辺が先の〔史料3〕にみられるように十二月二十四日付けで「大森・ふから」宛の、また十二月二十七日付けで「佐野之郷」宛の七ヵ条定書を交付していることはすでに指摘したところであるが、今回新たに十二月十四日付けの「ミしゅく組」宛のものを追加することになった[87]。

この大森・深良・御宿・佐野は、現在いずれも裾野市域の中心部に位置している。この点からすれば、おそらく十

二月初めころに渡辺が検地奉行人となった総検地がこの地域一帯で施行され、それをふまえて各郷村宛に七ヵ条定書と「年貢目録」とが交付されたものと考えられるのである。

「年貢目録」の点では、丑極月十二日付けで三州渥美郡の「亀山年老中」に宛てた彦坂元正のものもある。[88]現在渥美郡の諸郷村に交付された七ヵ条定書は、第19表にみられるように四点確認されているが、いずれも彦坂の発給になるものであり、しかもその中に、天正十七年十一月三日付けでまさに「亀山村」[89]宛のものがみられるのである。こうして、この渥美郡一帯でも、彦坂が検地奉行人となった総検地が施行されたとした拙著での指摘は、いっそう補強されることになったのである。

つぎに、郷村から提出された請文についてみると、すでに拙著で引用し、[90]次節に〔史料7〕として掲げた河野郷年貢請文という貴重な史料がある。ここ河野郷では、おそらく加藤正次から「年貢目録」を交付され、それに対してこの請文を提出したものと考えられる。そしてすでに指摘したように、加藤も十月二十七日付けで「渡利村」[91]宛の七ヵ条定書を交付しているのである。

河野郷は現在安城市内、渡村は現在岡崎市内であるとはいえ、いずれも矢作川右岸の近接した地域である。それゆえ、ここでも矢作川右岸の河野郷・渡村あたり一帯に加藤の総検地が施行され、それをふまえて「年貢目録」の交付があり、郷村からの請文提出に至ったと推測されるのである。なお、その後谷口氏もこの矢作川右岸地域の七ヵ条定書と「年貢請文」とを検討し、定書の奉者と総検地奉行人との関係について、ほぼ同様の指摘をされている。[92]

第三に、総検地の施行に触れた記録がある。具体的には『家忠日記』であるが、すでに拙著で掲載しているので[93]史料の引用は割愛する。そこでは、総検地施行にかかわって、八月十五日条に嶋田重次、十月十七日と二十二日の条に小栗吉忠、十二月十三日条に神屋重勝の名前がみられる。彼らはいずれも三河で七ヵ条定書を交付しており、とくに小栗は七点も確認されている。これらの事例は、『家忠日記』に記載された郷村名と七ヵ条定書の宛先とが直接結びつくものではないが、総検地の奉行人と奉者との関係を示す傍証にはなるであろう。

以上、すでに指摘してきた検地帳との関係、および今回三点にわたって補足してきたことからすれば、特定の郷村や地域に対する総検地施行の奉行人と七ヵ条定書の奉者とが密接な関係にあることは、もはや疑いないことといわなければならない。その意味で、筆者は、五ヵ国総検地は原則として徳川氏直属奉行人とその配下の検地役人によって施行され、そしてその奉行人が奉者となって、総検地が終了した郷村に対して七ヵ条定書が交付されたと考えるのである。

## 2　七ヵ条定書の内容と性格

それではつぎに、七ヵ条定書の各条文の内容について、谷口説・鈴木説をも念頭に置きながら、順次検討していきたい。

まず、年貢納入に関する第一条であるが、地頭が遠路に居住しているような場合でも、五里までは届けるようにと指示している。この点について、谷口氏は北島氏や筆者に対して、「給人の農民使役への制限を明確にしているといわれるが」、「むしろ、年貢納入の方法を全領に対し、統一的に規定したというように理解した方がよい」と批判された(94)。

しかしながら、「給人の農民使役への制限」ということでいえば、何もこの第一条だけでいっているわけではなく、第二・第四・第五条なども含めた定書の全体的を通じての評価である(95)。また、この第一条についてみても、その眼目は年貢輸送の距離規定であって、給人の恣意を制限するものであったことはいうまでもない。しかも、このような年貢輸送方式が、その後の幕藩制下にも基本的に引き継がれていたことは、すでに指摘したとおりである(96)。

つぎに、鈴木氏によれば、地頭と給地との関係で、二ヵ国四郡で計七ヵ村におよぶ分散知行であった江馬氏の場合を例にあげ、総検地結果の年貢請負内容もまったく知る立場にはなく、「これは地頭が村落内に居住していない場合、知行地からの年貢は近隣（五里以内）の『蔵』に納入するように定めた七か条定書の一条目（史料一b）と対応したもの」であり、「地頭はこれらの給分を村落から直接受け取るのではなく、まず大名側が村落単位で年貢を収取し、そこから各給人に知行書立で定められた年貢を給付していた」といわれたのである(97)。

まず前者の定書第一条の解釈であるが、鈴木氏は地頭が在村していない場合は、近隣の「蔵」に納入するように定めたとされる。しかし、これは百姓に対する地頭への年貢納入規定で、五里以内であれば地頭に直接届ける、つまり地頭に納入するということであろう。

後者はより大きな問題で、地頭・給人に対する年貢は、大名側が収取して給付したとされるのであるが、五ヵ国領有期に、あたかも近世の蔵米取や扶持米支給のような形態が主流であったといえるのであろうか。とくに有力家臣などの場合は、やはり地方支配が基本であったのではなかろうか。

たとえば、大給松平・深溝松平・五井松平などの場合、本貫地を中心に相当の一円知行地を持っていたことが、新行氏によって明らかにされている(98)。このような場合、郷村からの年貢が徳川氏の「蔵」に納入され、松平各氏にはそこから知行書立で定められた年貢高が給付されたとは考えがたく、相給地もかなりあるが、村請制を前提にしながらも、年貢収納は独自に行っていたとみるべきであろう。

つぎに、第二条の陣夫役の規定であるが、二〇〇俵について馬一疋・人夫一人、馬がない場合は代わりに歩夫二人となっている。馬の大豆一升と人夫の扶持米六合は地頭が出すことなど、負担基準の理解については各論者ともほぼ一致している。問題は「夫免」の解釈で、市町村史資料編の注釈などをみても、夫米・夫銭を納入することで、夫役を免除されること、といわれることが多い(99)。要するに、代納ということで、納入するものとしているのである。

しかしながら、ここでは陣夫役を勤める代償として、「壱反ニ壱斗」つまり一反＝一石とするとその約一割が、免除されるものとみるべきであろう。この恩典は近世初期まで残り、彦坂光正の検地帳にみられる年貢賦課基準高の一割に相当する「夫免引」記載が、まさにこれにあたる(100)。なお、この点からすれば、鈴木氏がこれを知行書立の「夫銭と同じもの」とされたことも問題で(101)、この夫銭の場合は、陣夫役を勤めない代わりに徴収されるものであろう。

第三条は「百姓屋敷分」ということで、一〇〇貫文について三貫文、つまり三㌫を中田によって年貢賦課対象から免除するとしている。この規定が厳密に実施されていることは、次節の「年貢目録」の検討でみるとおりである。

第四条・第五条は、地頭・代官の百姓雇および四分一人足役の徴収の規定であるが、谷口説に問題が多い。すなわち、谷口氏は第四条は「給人の百姓使役に関する規定」であり、それは「家別つまり屋敷を基準としていることを特徴」としており、第三条より「百姓屋敷が基準とされている」といわれた。ついで、第四条の「四分一役」については、「小和田哲男氏によれば、本来は棟別役の一種であったことが分かる」とし、「これも家を基準とした把握、特にこの場合は各屋敷に賦課された棟別銭の貫高を基準としている」とされたのである。さらに、「陣夫役は耕作地保持者に賦課されるとしても、四分一役は明らかに屋敷所持者に対して賦課されている」ともいわれている(102)。

全体として、家・屋敷基準であったことが重視されているのであるが、まず第一に、第三条の「百姓屋敷分」は免除にかかわるものであるから、賦課される百姓屋敷基準と混同してはならない。

第二に、四分一人足役については小和田説によられているが、小和田説では在家四軒に対して一人の割合で郷村から徴発したものとされているので(103)、たしかに家・屋敷基準ということになる。しかしながら、この第五条では、一〇〇貫文に対して二人の割合で賦課されており、明らかに家別の規定にはなっていない。そして、賦課された人足の出し方は、まさに村請制下の郷村に任されているのである。

第三に、四分一人足役の賦課が、「各屋敷に賦課された棟別銭の貫高を基準としている」とされたことも問題である。棟別銭の貫高は各郷村ともわずかであり、現在確認されている五点の「年貢目録」をまとめた次節の第21表でみると、矢作郷の一二貫八五八文が最高で、他の郷村はすべてそれ以下である。四分一人足役が五〇貫文で一人とすると、大半の郷村が負担を免れることになってしまう。

これは、谷口説のごとく棟別銭の貫高を基準としたとするのではなく、各郷村の田畠高辻＝村高を基準としたものとみなければならない。たとえば、深良郷の場合は次節の〔史料6〕によると、この高辻を基本として、納入すべき年貢高は一〇四七俵余りとされた。これは、下方枡の三斗俵であるから三一四石余りとなり、さしあたり一石＝一貫文で換算すると三一四貫文余りとなる。四分一人足役は五〇貫文で一人であるから、深良郷からは人足六人となり、ほぼ妥当な数値であるとおもわれる。

第四に、以上の第二・第三の指摘からすれば、陣夫役は耕作地保持者、四分一役は屋敷所持者にそれぞれ賦課されるとする谷口説が成り立たないことは明らかである。それは俵高と貫高との違いはあるが、いずれも村高を基準にして賦課されており、しかもその人足の出し方は、いずれも郷村に任されていたということでは、同じ方式であったとみられるからである。

近世の夫役は、原則として屋敷地を持つ本百姓が負担したことからすれば、一般的にはいずれも屋敷所持者が担ったとは考えられる。しかし、他方で陣夫役などは、稲葉継陽氏が「領国の百姓は村請制を根拠に、ときに広く連携しながら、村の成立を第一とした現夫忌避、村雇い夫による代替や銭納を給人や大名に要求した」(104)といわれたような実態があったことも考慮しておくべきであろう。

第六条は、災害時の検見規定である。ところが、鈴木氏は「春法」を「春法」と読まれて、「毎年春に各村落と天候や災害、豊凶作等に応じた年貢減免交渉を行って、『春法』＝その年の年貢賦課基準を定めた」といわれたのである。[105] また天竜村宿方百姓らに宛てたつぎの史料に注目された。

〔史料5〕伊奈忠次判物[106]

一弐百四拾三表(俵、以下同じ)九合四勺五才　取高

此内拾壱表八升　丑ノ損免ニ引

残弐百卅壱表弐斗二升弐合四勺五才　丑納

右分、早々可皆済者也、仍如件

寅(天正十八年)二月廿二日　伊熊（花押）㊞

てん竜村宿方
百姓中

そしてこの史料に関しても、鈴木氏は「これはまさしく七か条定書の六条目（史料一g）に基づき、『春法』の時期に合わせて大名側と村側が直接年貢減免交渉を行った結果[107]」であるとされたのである。

まず、これまで第六条の問題の箇所を「春法」とした事例はなかったのであるが、鈴木氏の指摘によりあらためて原本のいくつかを点検したところ、やはり「春法」と読むべきであると再確認した。これが「春法」とは読めないとすると、第六条に関する鈴木氏の主張はほとんど無意味なものになってしまう。

また、〔史料5〕の解釈も問題で、ここでは丑年、つまり前年である天正十七年分の年貢高を取高から損免を差し

引いて、つまり検見を行って確定しており、むしろ検見制というべきものである。もし「春法」＝土免制であるならば、寅年＝天正十八年分の免をこの春の時点で定めたものでなければならないであろう[108]。

それゆえ、鈴木氏の「春法」説は、原本によっても、またあげられた史料の面からも、成り立たないといえよう。なお、「春法」は「しょうほう」と読むべきものであろうが、『地方凡例録』では「ついほう」と読み、検見の際、坪刈りをした稲を籾にすることとしている[109]。

最後の第七条は、公方・地頭への竹の納入であり、とくに問題はない。以上で、七ヵ条定書の内容に関する検討をとりあえず終えることとする。

## 三　総検地と年貢賦課方式

### 1　「年貢目録」と請文

これまで、五ヵ国総検地自体の問題と七ヵ条定書にかかわる問題とについて検討を行ってきたのであるが、最後に五ヵ国総検地をふまえた郷村への年貢賦課方式について取りあげることとしよう。

この点についても、筆者はすでに駿州深良郷の「年貢目録」[110]を紹介し、郷村側からはこれに対して三州河野郷にみられるような請文が提出されるというように、年貢の賦課から請文に至る一連の過程を明らかにしてきた[111]。ほぼ同時期に、新行紀一氏が『新編岡崎市史』の概説ということではあるが、「矢作之郷」と「桜井寺」に宛てた二点の「年貢目録」を検討し、「年貢目録」の性格と矢作郷の年貢賦課の内容について述べられた[112]。

その後、筆者は年貢賦課方式について、関東領国下の問題をも含めて、さらに立ち入った検討を行った[113]。また最近では、谷口央氏が桜井寺領の[114]、鈴木将典氏が深良郷の[115]、それぞれ「年貢目録」について述べられるところがあった。ここでは、これらの諸成果を前提にしながらも、基本的に拙稿①論文を中心にして、あらためて年貢賦課方式について検討することとする。「年貢目録」については、すでに前章の〔史料2〕で亀山村のものを取りあげているので、ここでは鈴木説を検討する関係もあり、深良郷のものを掲げることとする。また、今や周知の史料ではあるが、年貢請文も掲げておこう。

〔史料6〕深良郷宛年貢目録[116]

ふから之郷

田畠合六拾四町八段弐拾三歩　高辻

屋敷合六千七百五拾六坪　高辻

此内

屋敷百五拾坪　かちニ引

九ッ　中田壱町九反小四拾八歩　百姓屋敷引

此取五拾八表(俵、以下同じ)壱斗弐升壱合

引以上

屋敷六千六百六坪　棟別

此本銭四貫四百四文

上田三町六段大弐拾四歩　棟別たし

此本銭六貫六百拾弐文
引残
九ッ　上田拾町三反大六拾弐歩
此取三百拾壱表壱斗五升五合
八ッ　中田拾壱町半拾七歩
此取弐百九拾四表弐斗三升七合七勺九才
七ッ　下田六町六反小五拾五歩
此取百五拾五表四升弐勺九才
五ッ　上畠六町五反大五歩
此取百九表壱斗四升三勺弐才
（料紙継目）
三ッ半中畠八町六拾弐歩
此取九拾三表壱斗六升七勺九才
壱ッ半下畠拾六町五反五拾歩
此取八拾弐表壱斗七升八勺五才
下畠計ハ夫銭なしに相定候
表合千四拾七表五合四才
本銭拾壱貫拾六文　棟別定納
神領・寺領・井領之儀、右之高之内也、前々ことく也

（天正十七年）極月廿五日　渡弥之助（渡辺光）印

〔史料7〕河野郷年貢請文[117]

今度御縄之上御請負代わケ之事

上田拾・中田八ツ・下田五ツ、上畠壱貫弐百文・中畠八百文・下畠四百文、右之分御請負申候処、少も御無沙汰申間敷候、若大風・大水・大旱之年者、上中下共ニ以春法を被　仰付可被下候、仍如件

（天正十七年）丑十二月廿六日　河野之郷㊞

加藤喜助殿　まいる

さて、検討に先立って、五ヵ国総検地と七ヵ条定書・「年貢目録」・年貢請文などの発給順序について、拙稿③論文によりながら、あらためて確認しておきたい。

まず最初に、〔史料3〕の第一条で年貢の納入については「請納証文明鏡之上者」とあることからすれば、郷村からの請文が提出されていたことになる。もしこの請文が〔史料7〕のような年貢請文であるならば、各郷村に対する総検地施行の一連の経過は、検地の施行→「年貢目録」の交付→年貢請文の提出→七ヵ条定書の交付ということになる[118]。

しかしながら、先に述べたように、「年貢目録」の「百姓屋敷引」記載は定書の第三条を受けたものであり、また河野郷の年貢請文末尾の記載は、第六条を前提としていることは明白である。この点からすれば、第一条の冒頭でいわれている百姓の「請納証文」とは年貢請文とは別のもので、七ヵ条定書は少なくとも「年貢目録」よりは先に交付されていなければならないものとなる。事実、三州亀山村の場合は、「年貢目録」が十二月二十日付けであるのに対

して、定書は十一月三日付けと一ヵ月あまり早く出されている。駿州深良郷の場合も、「年貢目録」は十二月二十五日付け、定書は同二十四日付けと、わずか一日ではあるが定書の方が早くなっている。

このように、七ヵ条定書は「年貢目録」より以前に交付されていたということになるが、それではさらにさかのぼって、総検地施行以前ということはありうるであろうか。現在発見されている検地帳からすれば、遠江・駿河ではすでに多くの郷村で天正十七年二月ないし三月から検地が始まっていたと考えられるので、[119]七月七日付けで七ヵ条定書がいっせいに交付された時点では、すでにそれらの地域では検地は終了していたことになる。その意味では、七ヵ条定書は総検地の施行と密接にかかわるものとはいえ、検地に先だって、検地の施行原則を示したものではなかったといわなければならない。

この点で、谷口氏の理解にはかなり問題がある。谷口氏は、「徳川氏は五ヵ国総検地の実施にあたり、七ヵ条定書を各郷村宛に発給することから、総検地後の年貢収納及び夫役賦課の規定を設定した。その後各郷村別に実施された検地測量、年貢斗代決定、知行高確定は七ヵ条定書に従っていることが確認できる」[120]といわれているからである。

七ヵ条定書が「総検地後の年貢収納及び夫役賦課の規定」であることについては異論はない。しかしながら、「五ヵ国総検地の実施にあたり、七ヵ条定書を各郷村宛に発給」したとか、「その後各郷村別に実施された検地測量」が「七ヵ条定書に従っている」ということになれば、七ヵ条定書は総検地以前に発給され、総検地の施行原則でもあったということになってしまう。このような理解が誤りであることは、すでに述べたとおりである。

以上のことから、遠江・駿河の実態をふまえて改めて一連の経過を考えると、原則として総検地の施行→七ヵ条定書の交付→「年貢目録」の交付→年貢請文の提出、ということになるであろう。三河・甲斐では検地帳は八月ないし九月以降であるが、七ヵ条定書も九月からということで、一応この原則にあてはまるといえよう。

問題になるのは、遠州引佐郡の場合である。この地方の総検地は明らかに天正十八年正月であるにもかかわらず、原田種雄が交付した五点の七ヵ条定書は、いずれも前年の七月七日付けとなっていて、定書の方が総検地より半年も早くなっているのである。しかしながら、他方で同地域の井伊谷竜潭寺領の検地帳は第15表№18にみられるように天正十七年四月であり、これは原則通りである。引佐地域の山間部で検地が遅れた事情、さらには原田種雄交付の定書第一条で「請負申一札明鏡之上者」（二〇四九号）といわれている請文の性格などについては、引き続き検討することとしたい。

いずれにしても、このような諸点からすれば、七ヵ条定書は総検地の施行と密接に関係するとはいえ、検地の施行原則を示すものではなく、総検地にもとづく各郷村への年貢・夫役の賦課に際して、まさにその基本原則を示す法令であったといえよう。「年貢目録」はこの原則にもとづいて作成され、各郷村に交付されたものであった。つぎに、その点を具体的にみていくこととしよう。

まず、「亀山年老中」に宛てた彦坂元正の「年貢目録」を検討し、あわせて、現在残されている五点の「年貢目録」の全体を通じて、七ヵ条定書にもとづく年貢賦課方式についてみてゆくこととしたい。亀山村の「年貢目録」は、前章の〔史料2〕を参照されたい。

さて、この文書に関して、かつて安良城盛昭氏はこれは一種の年貢割付状であるとしたうえで、とくに屋敷地に焦点をしぼり、つぎのような諸点を指摘された。(121)

①屋敷地は引方の部分と課税部分の両者にあらわれている。引方の「屋敷弐百九拾四坪」は、註記からみると、現実の地種は中田ではないかと考えられる。「右之棟別足ニ渡」にみられるように、上田が屋敷地に等しい役割を担うものとして扱われている。

②課税高六四貫九三三文（田畑寄合の代と棟別合の代）に対して、引方屋敷の代一貫九六〇文の比率を求めると、「三・〇八％にあたり」、七ヶ条の法令の第三条にほとんど一致している。

③以上の点より、この亀山村で彦坂小刑部が行った年貢割付は、七ケ条の法令の第三条通りに行われた検地の存在を前提にしており、したがって、この検地は法令通り現実に百姓に対して屋敷地を与えたことになり、文禄三年薩州太閤検地などとは、屋敷地処理の仕方が異なっている。

こうして、安良城氏は太閤検地と徳川検地の間には、屋敷地の処理の仕方に一定の相違があったのではないかとして、屋敷地について、そのような観点からの研究の必要性を指摘されたのである。これらの点はほぼ史料に即した指摘であり、とくに異論があるわけではないが、②は問題である。この点、以下亀山村の「年貢目録」の内容を順次検討していく中で取りあげることとしたい。

さて、亀山村でもまず検地にもとづく田畠高辻が書き上げられているが、他の「年貢目録」と違い、どういうわけか屋敷の高辻が落とされている。ここは、本来ならば「一屋敷寄（あるいは歩）合千六百四拾六坪　高辻」と記載されるべきところであろう。

つぎに、年貢賦課の対象から除かれる引方として、百姓屋敷分・寺領・神領があげられている。問題は「百姓屋敷分渡」であるが、いうまでもなくこれは七ヵ条定書の第三条にもとづく百姓屋敷引である。この比率は、安良城氏のごとく②のように考えるのではなく、田畠高辻と比較されるべきである。そうすると、この屋敷引は二九四坪であるが、但し書で屋敷は中田二歩に相当するものとされているので、中田では五八八歩ということになる。そうすると、これは田畠高辻の二・九八％となり、ほぼ定書の原則通りになっていることがわかるのである。

ついで、年貢を賦課される屋敷・田・畠の記載が続くが、まず、屋敷については棟別銭が賦課される。それには、屋敷に対して一五〇坪につき一〇〇文の棟別と、上田の一部が指定され、二〇〇歩に対して一〇〇文の棟別足とがあり、亀山村の場合は、両者合わせて九三一文が棟別本銭定納となっている。この棟別と棟別足の賦課基準は、他の四点の「年貢目録」についても同様である。本銭定納分は、さらに鐚銭換算で三倍になり[122]、目銭（付加税）を合わせて二貫九〇九文とされているのであるから、目銭は一一六文ということになる。

年貢を賦課される田畠寄合一万九二〇〇歩は、高辻から寺領・神領引と棟別足の上田を差し引いたものであり、これに、代からすれば田畠ともに反別一二〇〇文の年貢が賦課され、俵高に換算されているのである。亀山村では、どういう事情でか田畠とも上中下の品位がつけられていないが、反別一二〇〇文といえば、「矢作之郷」でみると上畠の取率に相当する。

最後に、地頭へ一三俵一斗、公方へ二一俵余りを納入するものとされている。この場合、亥の五十分一役があたかも天正十七年までもちこされているようにみえるが、その意味については前章でみたとおりである。

このように、亀山村宛の「年貢目録」には、他にみられないような特色もあるが、年貢の賦課方式としては、基本的には拙著で紹介した深良郷などと同様である。いまこれを、現在筆者が把握している「年貢目録」のすべてについてまとめてみると、第21表のごとくになる。これによって、五ヵ国総検地にもとづく年貢賦課の方式について再度一般的にまとめると、つぎのようになるだろう。

第一に、総検地にもとづいて、田畠高辻・屋敷高辻が確定されることが、まず年貢賦課の大前提である。

第二に、このうちから、引方としては、①百姓屋敷引として、七ヵ条定書第三条に規定されたとおり、田畠高辻から中田で三％が差し引かれる。ただし、屋敷（坪）のばあいは、中田二歩に相当するものとされている。②その他、寺社領・給人分などに、年貢の賦課を免除されるものがある。

第21表　五ヵ国総検地の年貢目録内訳

| 郷村名 | 矢作郷 | 桜井寺領 | 亀山村 | 橋本郷 | 深良郷 |
|---|---|---|---|---|---|
| 田畠高辻 | 272,305歩 | 7町4反47歩 | 19,708歩 | 71,159歩 | 64町8反23歩 |
| 屋敷高辻 | 12,933坪 | 1,485坪 | (1,646坪) | 10,182坪 | 6,756坪 |
| 百姓屋敷引 | 中田畑8,165歩 | 中田2反79歩 | 294坪 | 957坪 | 中田1町9反小48歩 |
| その他の引 | (11,217歩) | 屋敷517坪 | 450歩 | (7,180歩) | 屋敷150坪 |
| 棟別本銭定納 | 12貫858文 | 1貫258文 | 931文 | 4貫763文 | 11貫16文 |
| 上中下田の取 | 1石・一・5 | 9・8・4 | ── | (6・6・5) | 9・8・7 |
| 上中下畠の取 | 1貫200・700・500 | 7・6・3 | ── | 7・6・5 | 5・3半・1半 |
| 田畠寄合 | 245,575歩 | 6町8反110歩 | 19,200歩 | 68,139歩 | (59町1反大71歩) |
| 此取俵合 | 2,103俵08524 | 146俵28047 | 35俵03651 | 361俵1698 | 1,047俵00504 |

註1　数字は文書に記載されたとおりとし，筆者の計算によるものは（　）をつけた．
　2　「此取俵合」の俵以下の単位は，斗升合夕才である．

第三に、年貢としては、まず棟別銭がかけられ、これには、①屋敷地に対して一五〇坪につき一〇〇文（反別二四〇文）の割合で賦課される棟別本銭、②上田の一部に二〇〇歩につき一〇〇文（反別一八〇文）の割合で賦課される棟別足とがある。この両者が棟別本銭定納となるが、実際の納入に際しては、三河では本銭の三倍にあたる鐚銭による方が多く、また、目銭が付加される場合もあった。

第四に、各種免除分などを差し引いた残りの田畠に、それぞれ上中下の品位に応じた斗代がかけられるが、三河では畠地が貫文高の場合もあった。この田畠の取高は、原則として俵高によって集計され、年貢納入高となる。ときには、これからさらに不作分や寺社領分が差し引かれることもあった。

以上のような方式にもとづいて、屋敷棟別銭と田畠年貢とが確定されているのである。

ところで、鈴木氏も深良郷の「年貢目録」を中心に検討し、他地域の「年貢目録」についても言及されている。(123) しかしながら、そこにはいくつかの問題点があり、いまこれを、記載されている順に筆者なりにまとめると、つぎのようになる。

①田畠の面積は六四町八反二三歩であり、これを等級ごとに俵高で換算した一〇四七俵五合四才が、深良郷の表高（年貢高）となる。

②屋敷地の方は全面積六七五五六坪のうち、鍛冶分一五〇坪、百姓屋敷分一町九反一六八歩が控除された。この百姓屋敷分は、七ヵ条定書の三条目のとおり、屋敷地全体の三㌫である。

③他地域の「年貢目録」では、三河国の矢作郷・桜井寺領・亀山村、甲斐国一蓮寺領のものが現存する。深良郷などに比べると、矢作郷・亀山村の畠地は貫高換算であること、三河では三倍相当の鐚銭での棟別役納入が行われていること、以上の二点より、徳川領国の年貢賦課基準は必ずしも一定ではなかった。

まず①では、俵高で換算した一〇四七俵五合四才が深良郷の年貢高であるといえばすむことを、鈴木氏はなぜあえてこれを「表高」とされたのであろうか。近世で表高・内高という場合、「表高」は秀吉や将軍からの朱印高（軍役賦課基準・家格）をいい、「内高」は大名の領内検地の高（村高・年貢賦課基準高）を指すとするのが一般的な理解である。それゆえ、深良郷の一〇四七俵余りは年貢高であって村高ではないので内高とさえいえず、ましてや表高とするのはまったくの誤りである。

②については、屋敷地から控除されているのは鍛冶分一五〇坪のみであり、百姓屋敷分は控除されていない。それゆえ、一五〇坪を差し引いた残りの六六〇六坪に、棟別本銭が賦課されているのである。後半はより大きな問題で、七ヵ条定書でいう百姓屋敷分の控除は、屋敷地全体の三㌫ではない。もしそうなら、わずか二〇二坪余りに過ぎず、中田基準で五八俵余りになることはありえない。この三㌫は、すでに拙著で指摘しているように[124]、田畠高辻の三㌫であり、中田一町九反一六八歩はまさにそれに相当しているのである。

③では、第21表から明らかなように、遠江国橋本郷の事例が抜けている。また、一蓮寺領の目録は性格を異にしており、「年貢目録」の事例に入れるのはふさわしくないだろう。その後の二点の相違点については、指摘されたとおりである。領国内諸国の生産力や流通経済状況の差、権力の掌握度の違いなどによるものとおもわれるが、ただ、第

21表のように整理されることからすれば、鈴木氏も「基本的な内容は深良郷と同じである」といわれているように、年貢賦課方式自体は基本的に同一だったとみる方がよいだろう。

## 2　検地帳との関連

ところで、これまで年貢賦課の前提として総検地が行われたことを述べてきたが、この点は自明のこととされていたり、あるいは史料的な制約もあって、検地帳にまで立ち入って、具体的に検討されることはなかった。さいわい遠州引佐地域には、一村規模で検地の全容がわかる総検地帳の原本が残されているので、年貢賦課の作業が検地帳上にはどのようにあらわれてくるのかについて、最後に若干の検討を行うこととしたい[125]。

検討対象として主として取りあげる検地帳は、第一節で〔史料1〕として示した三岳村検地帳である。「菅沼方」検地帳の発見によって、全村規模で検地実施の実態を明らかにすることが可能になったものである。

最初に年貢賦課の対象から除かれる百姓屋敷分についてみると、〔史料1〕にみられるように、検地帳上に「屋しき分」と明記されている。三冊の検地帳を集計すると、中畠九筆一反一〇歩、下畠一筆三〇歩、合わせて一〇筆一反四〇歩である。七ヵ条定書の規定では中田を指定することになっているが、三岳村では中田がないため、中畠とされたものであろう。

この百姓屋敷分の田畠高辻に対する比率をみてみると、三町八反三五二歩とでは二・八五㌫にとどまるが、25筆目のように、名請人の「抱」とされ、検地帳末尾の集計からは除かれている年不作分八筆一四一歩を高辻から差し引くと二・九六㌫となり、定書どおりほぼ三㌫になるのである。この点からすれば、五ヵ国総検地においては、当不作分は除かれないものの、年不作分については年貢賦課の対象から除かれたものと考えられる。

他方、棟別銭の賦課についてみると、27筆目のように同じく検地帳上に「棟別」とされており、これは三冊合わせて、いずれも下田で八筆三反一一七歩となっている。これも原則的には上田ということであるが、三岳村では上田が一筆もないため、下田になったものであろう。そして、これに上田並とすれば棟別足が五九八・五文、屋敷一八七坪に対しては、引がないとすれば棟別本銭一二四・七文、合わせて約七二三文の棟別銭がかけられたと考えられる。

なお、検地帳の「屋しき分」や「棟別」とされた筆には、いずれも黒印が捺されていることに注意しなければならない。これは、三岳村・渋川村・別所村など、原本とみられる検地帳に共通してみられるものであり、検地役人に違いがありながら同一の印章であることから、この地域の検地奉行原田種雄のものではないかと推測される。

つぎに、久留米木村検地帳についてみると、[126]百姓屋敷分はすべて中田が指定され、一〇筆二反二二一歩となっている。また、棟別成もすべて上田が指定され、一五筆三反一二四歩となっている。これらの点は、三岳村と比べはるかに原則的に行われているのであるが、田畠合四町一反四三歩に対する百姓屋敷引の比率が約三㌫ではなく、六㌫をこえるという別の問題が生じたのである。その事情についてはいまのところ明らかにしえないが、久留米木村の検地帳は、厳密にいえば東久留米木村分のみで、西久留米木村分を欠いていることなども含めて、なお今後の検討に委ねることとしたい。

このようにみてくると、五ヵ国総検地にともなう各郷村への年貢賦課、それゆえ「年貢目録」の作成は、まさに検地帳の一筆ごとに百姓屋敷引分や棟別足分が指定され、しかも検地奉行によるとおもわれる確認の印が捺されるというように、きわめて厳密に行われたことがわかる。また、百姓屋敷引は七ヵ条定書第三条の原則どおりに与えられており、あるいは、百姓の年貢請文では定書第六条の原則が主張されているように、七ヵ条定書の諸原則が年貢賦課と密接な関係にあったことがいっそう明確になったといえよう。

以上のような筆者の見解に対して、谷口氏は「これにより五ヵ国総検地後の年貢徴収に検地帳が深く関与したことが具体的に理解できる」と評価されながらも、つぎのように問題点の指摘を行われた[127]。

①検地帳で百姓屋敷引分などが各筆ごとに記された例は、「この三岳村以外には見られない」とし、これは三岳村の地域性、もしくはこの地域担当の検地奉行の特殊性であった場合があり、「徳川全領に通じる見解とは言えない」。

②本多が具体的に実証した部分は、「定書第三条に規定される百姓屋敷地に対する年貢免除に関する部分」であり、「年貢全般ではなく免除分のみ」かつ「その対象は特定農民層でしかない」。

この①については、三岳村のみならず、久留米木村についても言及しており、さらに同様の記載は渋川村・別所村にもあることは、すでに拙稿①論文でも指摘したところである。それゆえ、「三岳村以外には見られない」とか「三岳村の地域性」とされたのは、拙稿を正しく理解されなかったものであるといわなければならない。ただ、いずれも引佐地域の原田種雄の検地帳であることはたしかであり「この地域担当の検地奉行の特殊性」かどうかという問題は残る。しかしこの点では、筆者は谷口氏とは逆に、もし他地域でも村方の検地帳原本が発見されれば、同様の記載がある可能性は大きいと考えている。なぜなら、百姓屋敷引分などは七ヵ条定書に規定があり、現在知られているいずれの「年貢目録」にも記載されているものであるから、当然他地域でも検地帳にまで踏み込んだ把握がなければ百姓側は納得せず、権力側も「年貢目録」の作成ができなかったと考えられるからである。

つぎに②についていえば、筆者が実証したのが「百姓屋敷地に対する年貢免除に関する部分」のみであるとされたことは、これまた明らかな誤読である。「屋しき分」とされた免除分のみならず、原則として上田に賦課される「棟別足」についても、検地帳上で「棟別」として特定されていることを指摘しているからである。

また、百姓屋敷引分の対象を、谷口氏が「屋敷地を保持する有力農民層」とか、「特定農民層」と考えられていることも問題である。一般農民の名請地が指定されていることもあり、たとえば、久留米木村ではつぎのようになっている。

すなわち、久留米木村では「屋敷分」と注記がなされているのは、いずれも中田で、一〇筆二反二二一歩となっている。関係する名請人は八名で、いずれも分付主の主作地であり、分付主・分付百姓が同一の形式的な分付関係となっている。名請人としてあらわれるのは四八名であるが、全体にははなはだ零細で、田畠・屋敷地を合わせた地積順の名請人構成でいえば、一七位以下が一反＝三六〇歩未満となっている。

「屋敷分」と指定された中田の名請人を中田の地積順にあげ、カッコ内に名請人構成の順位を示すと、つぎのようになる。衛門左近二筆一六五歩（二六位）・太郎次郎一六三歩（二〇位）・四郎衛門一五〇歩（三位）・太郎四郎二筆一三三歩（一二位）・五郎大夫一二〇歩（二位）・衛門四郎一一〇歩（九位）・衛門太郎六〇歩（一四位）・三郎左近四〇歩（一三位）となっている。これによると、最大の名請人である一位の五郎右衛門には「屋敷分」の指定はなく、比較的上位の四〜八位も指定されていない。それゆえ、筆者が実証したのが屋敷地を保持する特定の有力農民にかかわる部分のみであるとする谷口氏の批判は、妥当なものとはいえないであろう。

五ヵ国総検地をふまえた各郷村への年貢賦課に関する問題については、諸説を検討することを通じて、さらに内容を深めることができた。ほぼ同時期に、あらためて俵高制にもとづく給人への知行宛行や寺社領安堵もいっせいに行われたのであるが、[128]「農村支配」とする主題からはややはずれるため、今回は割愛することとしたい。[129]

# むすび

以上のように、これまで三節に分けて、五ヵ国総検地そのものと、七ヵ条定書にかかわる問題、および年貢賦課方式について検討してきた。最後に、これまで述べてきたことを簡単にまとめて、むすびとしたい。

第一に、五ヵ国総検地は原則として徳川氏の直属奉行衆によって、郷村単位で実施された丈量検地であった。良質の検地帳が比較的よく残されている引佐地域についてみると、検地帳は一筆ごとに、田方・畠方にわかれていない場合は、所在地・品位・地積・田畠の別・名請人の順に記載され、屋敷帳は別に作成された。

第二に、研究史的にみて重要な位置を占めている引佐郡三岳村については、「菅沼次郎右方」の検地帳が発見されたことにより、総検地の全容を把握できるようになった。その結果、かつて筆者が主張した諸点はほぼ裏付けられることになったが、三給人の均等給地であろうと推測した点は修正が必要で、菅沼方が鈴木方・近藤方の倍になっていることが明らかになった。

第三に、三河の片寄村天恩寺領検地に関する谷口説についていえば、五ヵ国総検地の方が翌年の太閤検地よりも名請人の把握においてより徹底していたとされた点は注目されるが、論証はなお不十分である。また、五ヵ国総検地の間竿については、一間＝六尺竿とされたのは誤りで、旧制の六尺五寸竿であったとすべきである。

第四に、徳川検地に特有のいわゆる分付関係については、関東領国下や幕藩制成立期の分付関係も含めて考えるべきであり、その実態について多様性を認める必要がある。年貢収納体制の「百姓前直納から村（郷）請制へ」という移行上に位置づけようとする谷口説は成り立たず、また、重層的な分付関係も否定することはできない。

第五に、七ヵ条定書では新たに二一二点について、その内容を第19表・第20表として示した。定書は原則として総検地施行の奉行人が奉者となって、総検地が終了した郷村に対して交付された。奉者によって、国別はもとより郡別にもまったく錯綜しているようにみえるが、郡内での交付状況を具体的にみると、それなりに一定の地域的なまとまりが認められた。

第六に、七ヵ条定書の内容の理解ついては、第三条および第七条はとくに問題はなかったが、その他の条項では問題となる解釈が多かった。とくに第一条に関する谷口説と鈴木説、第四条・第五条の谷口説、第六条の鈴木説については、それぞれ具体的に問題点の指摘を行った。

第七に、七ヵ条定書の交付は総検地の施行と密接にかかわっているとはいえ、検地の施行原則を示したものではなく、むしろ総検地をふまえた各郷村への年貢・夫役の賦課に関する基本原則を示したものであった。総検地以降の一連の経過は、基本的に、検地の施行→七ヵ条定書の交付→「年貢目録」の交付→年貢請文の提出となっている。

第八に、総検地をふまえた各郷村への年貢賦課は、第21表にまとめた「年貢目録」にみられるように、検地奉行に違いがあっても、ほぼ共通した方式で行われた。それは七ヵ条定書の原則どおりであることはもとより、三岳村で論証したごとく、検地帳の一筆ごとに「百姓屋敷引」分や「棟別足」分が指定されるというように、きわめて厳密に行われたものであった。

註

（1）　所理喜夫「関東転封前後における徳川氏の権力構造について」（『地方史研究』四四号、一九六〇年。のち同『徳川将軍権力の構造』吉川弘文館、一九八四年、序篇第七章に修正して収録）、同「郷土における近世の成立」（『近世郷土史研究法』朝倉書店、一九七〇年）。

（2）北島正元『江戸幕府の権力構造』（岩波書店、一九六四年）、第一部第一章。
（3）本多隆成「初期徳川氏の検地と農民支配――五ヵ国総検地を中心に――」（『日本史研究』二一八号、一九八〇年）、同「初期徳川氏の知行制」（『地方史静岡』一〇号、一九八一年）。
（4）宮本勉「遠州伊奈佐郡井伊谷の内三岳村検地の実態――五ヵ国総検地の実証的検討――」（『日本歴史』四一〇号、一九八二年）。
（5）本多隆成『近世初期社会の基礎構造』（吉川弘文館、一九八九年）、第二章。
（6）たとえば、鈴木（吉田）ゆり子「天正検地と『知行』――信州下伊那郡虎岩郷を素材として――」（『日本史研究』三三四号、一九九〇年。のち吉田ゆり子『兵農分離と地域社会』校倉書房、二〇〇〇年、に第三編第六章として収録）、巨島泰雄「引佐地方の五ヵ国総検地帳について――遠州伊奈佐郡井伊谷内ミたけ之村御縄打水帳の紹介――」（『静岡県史研究』七号、一九九一年）など。
（7）拙稿①〜③論文。
（8）新行紀一「徳川五か国検地研究ノート――五十分一役を中心に――」（『愛知県史研究』創刊号、一九九七年）。
（9）谷口央「初期徳川権力の基礎構造――五ヵ国総検地の名請人理解から――」（三鬼清一郎編『織豊期の政治構造』吉川弘文館、二〇〇〇年。以下、A論文とする）、同「家康の上洛と徳川権力――五十分一役の理解を通じて――」（『日本史研究』四七九号、二〇〇二年。B論文）、同「徳川五ヵ国総検地と分付記載」（『ヒストリア』一八五号、二〇〇三年。C論文）、同「検地施行基調と検地帳名請人――天正期三河国の検地を通じて――」（『歴史評論』六四〇号、二〇〇三年。D論文）、同「五ヵ国総検地後の年貢収納体制について――『御縄打歩測御帳』と「中記」の理解から――」（矢田俊文編『戦国期の権力と文書』高志書院、二〇〇四年。E論文）。
（10）鈴木将典「五か国総検施行段階における徳川領国の基礎構造――七か条定書と年貢・夫役システム――」（『駒沢史学』六二号、二〇〇四年。以下、A論文とする）、同「信濃国下伊那郡虎岩郷における天正期『本帳』と『知行』の再検討」（『駒澤大学史学論集』三四号、二〇〇四年。B論文）。

(11) 拙稿④・⑥論文。本書第三章参照。
(12) 前掲拙著第11表との主な相違点は、第11表のNo.5「平田庄大岡御縄打歩測御帳」とNo.9「八幡国分寺領書出」とは、厳密な意味では検地帳とはいえないので除外したこと、逆に、あらたに追加したもののなかでは、この後本文で取りあげるように、No.21三岳村検地帳の「萱沼次郎右方」分とNo.26「八幡之郷御縄打水帳」の意義が大きい。
(13) 前掲拙著、第二章第二節第1項。
(14) 三岳村の検地帳は、従来「鈴木平兵衛方」「近藤平衛門方」の二冊しか知られていなかったが、引佐町史の編纂過程で発見されたものである。その全文は、巨島氏前掲資料紹介で紹介され、その後、『静岡県史』資料編8に収録された。
(15) 『静岡県史』資料編8（静岡県、一九九六年）、二二九九号。ただし、四筆目の「小弐拾八歩」は、「小五拾八歩」の誤植である。
(16) 前掲註(1)〜(4)。
(17) 第16表の名請人について、「萱沼方」検地帳では左衛門五郎と五郎左衛門とは区別して書かれているが、表では左衛門五郎に統一して集計した。なぜなら、「鈴木方」検地帳の末尾にとじられた三岳村屋敷帳（拙著〔史料21〕参照）に、「弐拾七坪　二郎右方　五郎左衛門居」とある部分が、「萱沼方」検地帳末尾の「萱沼方」のみの屋敷帳においては「廿七坪　二郎右方　左衛門五郎ゐる」とされていて、五郎左衛門の名前がみえないため、同一人物として扱う方がよいと考えたからである。その際、地積が多く、「萱沼方」の屋敷帳にみえる左衛門五郎に統一した。
(18) ただ、この点は若干訂正が必要で、「萱沼方の検地帳があれば、五郎左衛門も左衛門太郎などと同じ意味で、分付主であった可能性が強い」（拙著、二二七頁）としたが、五郎左衛門は分付主ではなかったことである。しかし、有力農民であることには変わりはない。
(19) 前掲拙著、二二七頁。
(20) 巨島氏前掲資料紹介、第7表参照。
(21) 同右、一五七頁。

(22) 谷口氏A論文、二七八頁。また、彼らを同族と考えてよいことは、D論文の七四〜七五頁参照。
(23) 谷口氏A論文、二六九頁。
(24) 谷口氏D論文、七五頁。
(25) 谷口氏A論文、二七五頁。D論文七四頁でも、再確認されている。
なお、新行氏も『新編岡崎市史』2（新編岡崎市史編さん委員会、一九八九年）の一〇一四頁において、徳川氏独自の検地実施方法として「六尺四方一歩」があったとされるが、史料的根拠は不明である。
(26) 史料は天恩寺文書の『庚申年中留』によるが、谷口氏の引用はやや不正確なためあらためて掲げると、「慶長九年御竿入、天正ノ比是乗坊縄六尺五寸、寺ノ地ハ是乗坊ノ縄ノ儘ニ而、慶長之比ノ御竿ハ被除ト申事也」（東京大学史料編纂所写真帳）とある。またこれによると、慶長九年には三河国では総検地が行われたのであるが、天恩寺領については天正十八年の太閤検地のままとして、検地が免除されたこともわかる。
(27) 典型的な検地条目として、文禄三年六月十七日付けの伊勢国検地条目（神宮文庫蔵、『松坂市史』第四巻、松阪市史編さん委員会、一九七八年）をあげておこう。
(28) 神崎彰利『検地』（教育社、一九八三年）、一五一頁。『静岡県史』通史編3（静岡県、一九九六年）、七三頁。これも後年の史料であるが、『静岡県史』通史編に引用されているので、ここでは省略する。
(29) 前掲拙著、第二章第三節第2項、および二七二頁。
(30) 谷口氏A論文、二五九〜二六〇頁。
(31) 須磨千頴「山城上賀茂の天正検地」（『論集 中世の窓』吉川弘文館、一九七七年）、一九二頁。
(32) 白川部達夫「『旗本知行と村落』覚書」（関東近世史研究会編『旗本知行と村落』文献出版、一九八六年）、三〇三頁。同「石高知行割をめぐる諸問題――分散・散りがかり・ならし――」（モリス・白川部達夫・高野信治編『近世社会と知行制』思文閣出版、一九九九年）、二五二頁。
(33) 前掲拙著、二三二頁。

(34) 前掲拙著、第一章のむすび参照。
(35) 分付関係問題に関する研究史整理については、前掲拙著第四章の「はじめに」を参照されたい。
(36) 谷口氏C論文、四一～四二頁。
(37) 谷口氏は、徳川領国は「村」と「郷」が混用されており、数村を含む従来からの「郷」単位での支配体制も一部残っていたとして、「本稿では村（郷）請制と表記する」（四四頁の註(2)）とされた。鈴木将典氏もまた「村請（郷請）」（六〇・七〇頁）とされている。これらはある意味では正確な表現ともいえようが、煩雑でもあり、ここでは「郷」も含んだものとしての村請制とする。
(38) 北島氏前掲書、第一章第三節の三。
(39) 村田修三「戦国大名の知行制について――最近の先学の成果に学ぶ――」（『歴史評論』二九三号、一九七四年）、六六頁。
(40) 谷口氏E論文、三六一頁の註(1)。ただし、氏は「百姓前」概念を撤回されながらも、「旧稿は『百姓前』概念の有無を論証したわけではなく、有力百姓層が年貢納入単位となっていたことを論証したのであり、特に論旨を変更する必要はない」ともいわれている。
(41) 谷口氏D論文、六八～六九頁。
(42) 勝俣鎮夫「戦国時代の村落」（『社会史研究』六号、一九八五年。のち同『戦国時代論』岩波書店、一九九六年、に第Ⅱ部第一章として収録）。
(43) 村請制については、久留島典子「中世後期の『村請制』について――山城国上下久世庄を素材として――」（『歴史評論』四八八号、一九九〇年）、稲葉継陽「戦国時代の村請制と村――地主真珠庵と市原野を中心に――」（『歴史学研究』六八〇号、一九九六年。のち同『戦国時代の荘園制と村落』校倉書房、一九九八年、に第七章として収録）など。また、中世村落の諸問題を新たな観点から追究されているものとして、藤木久志『豊臣平和令と戦国社会』（東京大学出版会、一九八五年）、同『戦国の作法』（平凡社、一九八七年）、同『村と領主の戦国世界』（東京大学出版会、一九九七年）など。
(44) 平山優「武田領国における『郷請制』の構造」（『帝京大学山梨文化財研究所研究報告』第五集、一九九四年。のち同『戦国大名領国の基礎構造』校倉書房、一九九九年、に第二部第二章として収録)。

(45)『静岡県史』資料編7(静岡県、一九九四年)、三一五二号。

(46)勝俣鎮夫『一揆』(岩波書店、一九八二年)、一三三〜一五〇頁。

(47)同右、一四七〜一四八頁。ただし、この史料に関する勝俣氏の解釈には、二点の問題点がある。第一に、「百姓・小作年貢引負」を、勝俣氏は「百姓たちが小作米や年貢を滞納し」と解釈されたのであるが、同じ中村家文書で、「五ヶ村百姓等」に宛てた永禄六年九月二日付けの今川氏真朱印状(『静岡県史』資料編7、三一五一号)に、「若増分之内於令納所者、百姓・小作人等可令追却在所者也」とあることを参照すれば、ここでの「小作」は小作米ではなく、小作人とすべきであろう。すなわち、「百姓や小作人たちが年貢を滞納し」ということになる。

第二はより大きい問題であるが、勝俣氏は「百姓たちがみずから篠をかけた場所を『山林不入地と号し』ている」と解釈し、「百姓たちは『篠を引く』行為によって、彼らの家や田畑だけでなく、村や荘園をも、一時的にせよ、一定の効力をもつ聖なる地、領主権力などの力がおよばない不入地にすることに成功した」とまでいわれている。しかしながら、篠をかけた場所を「山林不入の地と号し」ているとする解釈を前提とした右の叙述は、読み込みすぎではないだろうか。むしろ、逃散のことを「山林に交わる」といわれることもあるように、逃散した百姓たちは山林に隠れ、山林は不入地=アジールだと号して公方人らの譴責を免れようとしているとすべきではなかろうか。

なお、その後の研究でこの史料を取りあげた主なものは、つぎの三点である。

①有光友學『戦国大名今川氏の研究』(吉川弘文館、一九九四年、初出は一九九〇年)、三九二・四一九頁。

②峰岸純夫「『篠を引く』——室町・戦国時代の農民の逃散——」(永原慶二編『中世の発見』吉川弘文館、一九九三年)、二二九〜二三一頁。

③大石泰史「『山林』文言から見た延命寺文書——里見氏権力に関する一考察」(千葉歴史学会編『中世東国の地域権力と社会』岩田書院、一九九六年)、八七頁。なお、大石氏にはコピーを送っていただいた。

このうち、有光氏は〔史料4〕として本史料を引用されているが、不入地問題への言及にとどまっている。

峰岸説は「篠を引く」ということの意味について、黒田日出男・勝俣鎮夫両氏らの説を批判し、「農民が抵抗の手段として、在所（住居）を閉鎖し立ち退く行為すなわち逃散と同義である」ことを明らかにされていて、その点では納得できた。本史料の解釈にかかわって、勝俣説を否定された註(26)の指摘も、基本的に賛成である。ただし、第一に、宛先を堀江郷と推定されているが、宇布見郷とみる方がよいこと、第二に、「小作年貢を未進」といわれていて、小作人と解釈されていないところなどは問題である。第三に、「山林不入地」は「不入権を獲得している寺社領という意味で、必ずしも現実の山林でなくてもよいであろう」とされているが、本史料では、峰岸氏自身が他方で「山林に逃げ込んだ者に対し」と解釈されているように、現実の山林とみる余地は十分あるとおもわれる。

大石氏の場合は、「山林不入地」の解釈をめぐって峰岸説を批判し、これは「山林と号して不入地（を）徘徊せしむ」と読むべきであるとされたのであるが、この解釈は無理であろう。

(48)　順に、『静岡県史』資料編7、三三四一・三三九七・三三九八号。

(49)　このような村請制の把握は、ごく最近の渡辺尚志「村の世界」（歴史学研究会・日本史研究会編『日本史講座』5、東京大学出版会、二〇〇四年）の指摘と抵触することになる。すなわち、渡辺氏は「中世と近世では、村請の内実が変化した」として、「一七世紀における、年貢算用の庄屋個人請から集団請（村の相談方式）への転換は、実質的な村請の形成、中世の村請から近世の村請への変化とみることもできるとする、藤木久志の指摘は重要である」（一七四頁）とされている。

たしかに、藤木久志氏は菅原憲二説を整理しながら、「算用の方式そのものは、畿内では、初期村方騒動によって、十七世紀後半には、庄屋個人による算用から、村の相談方式へと転換をとげ」ているとし、このような「年貢夫役の庄屋個人請から集団請への転換」を、渡辺氏がまとめられたように評価されている（藤木久志『村と領主の戦国世界』東京大学出版会、一九九七年、三三頁。初出一九八八年）。

しかしながら、太閤検地や五ヵ国総検地を経て成立してくる近世村落下の村請制を、たといなお庄屋個人請段階にとどまるとしても、これを戦国期の村請と同様に「中世の村請」とすることは妥当であろうか。むしろ、検地による村切りや土地緊縛にもとづく近世村落下で、庄屋個人請の段階を近世的村請制の第一段階＝成立とし、集団請、つまり実質的な村請の形成を近世的村請制の第二段階＝確立というように押さえることはできないであろうか。もとより、筆者はいまだ村請制について本格的な検討をしていないので、このような見通しを示すにとどめておきたい。
(50) 谷口氏C論文、四一〜四二頁。
(51) 前掲拙著、二二九頁。
(52) 谷口氏C論文、四〇頁。
(53) 谷口氏C論文、四一頁。
(54) 前掲拙著、二二八頁。
(55) 谷口氏C論文、四一頁。
(56) 『静岡県史』資料編8、二三〇二号。
(57) 筆者は前掲拙著二三二頁で、三給人の均等給地と考えて宮本勉説を是認したが、その後菅沼方の検地帳が発見されて、菅沼方は二倍であることが判明したので、本文のごとく訂正しておきたい。
(58) 巨島氏前掲資料紹介、一五一頁の第3表。
(59) なお、鐚銭への換算比については、宇布見郷の米銭勘定書（『静岡県史』資料編8、一九五九号）などによる。ただし、のちの註(122)で指摘したように、三河の「年貢目録」では、三倍となっている。
(60) 谷口氏C論文、四二頁。
(61) 同右。
(62) 谷口氏C論文、二九・四三頁。
(63) 分付関係の多様性については、たとえば中野達哉『近世の検地と地域社会』（吉川弘文館、二〇〇五年、初出一九八八年）、第一編第三章二の2では、七つのケースをあげられている。
(64) 前掲拙著、第二章第三節第4項、第四章第二節第3項。
(65) ただし、この点にかかわって、前掲拙著三八六頁では、「たしかにその隷属民か血縁分家など、従属性の強いものもあるかとおもわれる」としたのであるが、「血縁分家」としたのは適切ではなかったため、「分家されない部屋住の血縁者」と訂正することとしたい。

(66) 前掲拙著、第四章第二節第1項。

(67) 同様の事例は、谷口央「検地帳の『分付』記載と『割地』慣行――鳥羽藩領山田村の事例から――」(『三重県志摩郡磯部町山田区有文書調査報告書』三重県文化課、二〇〇一年)にもあり、谷口氏C論文、四三頁でも言及されている。なお、このような分付関係のケースについては、中野氏前掲書ではあげられていない。

(68) 北島氏前掲書、一一三～一一六頁など。

(69) 前掲拙著、一七六～一八一頁、拙稿③論文。

(70) 前掲拙著では、七ヵ条定書の「公布」としたが、各郷村へ個別に出されることからすれば、「交付」とする方がよいとおもわれるので、拙稿③論文と同様、本書でも交付とあらためた。

(71) 谷口氏A論文、二五九頁。

(72) 鈴木氏A論文、七一頁。

(73) 『静岡県史』資料編8には、遠江・駿河に発給された七ヵ条定書が網羅されている。以下、本書からの七ヵ条定書の引用は、この第二節に限って、文書番号のみとする。

筆者は校正段階で、五ヵ国総検地帳の校正と要文の検討を中心に、この資料編8の編集作業に参加した。しかし、七ヵ条定書については資料リストは提供したものの、いちいちの校正・点検は行わなかった。ところが、拙稿③論文執筆のために全面的な点検を行ったところ、かなりの不備があることがわかった。せっかく編集作業に参加しながら、このような不備が生じたことをお詫びするとともに、以下に、その主要な点について訂正をしておきたい。

①二〇四二号の史料本文。「扶持米出合」→「扶持米六合」。「壱反ニ壱升充」→「壱反ニ壱斗充」。「公方江五十本」の後に「幷地頭へ五十本」を補う。「取被定置」→「所被定置」。「島田」→「嶋田」。「ぬえしろ」→「ぬゑしろ」。

②二一七四号と二一七六号は重複、後者を削除する。

③郡名の注記について。二〇四三・四四・四五・四六号は浜名郡ではなく敷智郡、二〇四七号は敷智郡ではなく浜名郡、二一三六号は志太郡ではなく益津郡、二一三九号は益頭郡ではなく志太郡、二一四三号は安倍郡ではなく庵原郡、二一七七号は「御庫本古文書纂」記載の所蔵者からすれば迷うところであるが、周知郡の谷川村とすべきであろう。なお、戦国期から近世にかけての時期の郡名表記としては、今回検討してみたところ、周智郡は周知郡、城飼郡は城東郡、益頭郡は益津郡とした方がよいと考える。

④筆者が現在把握している限りでは、二〇六〇・二〇八三・二一六一号については原本が残されている。

⑤二一六六号と二一六七号は、日付からすると順序が逆になる。

⑥その他、佐藤孝之「遠州における伊奈忠次文書について――新出文書の紹介を中心に――」(『静岡県史研究』六号、一九九〇年)の「文書一覧」で紹介されている一・一七・二〇号など、遠州での「伊奈熊蔵家次」交付の七ヵ条定書三点を落としていることなども、不備であったといえるだろう。

(74) 二一八九号。ここでは、裾野市大庭家文書の原本による。また、『裾野市史』第二巻(裾野市、一九九五年)、九四四号を参照。

(75) たとえば、大久保忠左発給の二〇八三号文書で、第一条「地頭遠路令居住者」、第六条「請負申御納所」、末尾「若地頭及難渋者」、また付年号であったり、原田種雄発給の二〇七二号文書で、第一条「請負之証文分明之間」、第二条「夫免者以請負一札之内」、末尾「若地頭令難渋者」というように、それぞれ若干文言が異なっている。

(76) 甲斐の場合、伊奈忠次が奉者の七月七日付けのものが一点、『新編甲州古文書』第一巻(角川書店、一九六六年)に収録されている。拙稿③論文の註(6)では、これは「写し誤りの可能性が高い」としたのであるが、確証はえられなかった。ところが、『山梨県史』資料編4(山梨県、一九九九年)の一六五号文書によると、「次右衛門・善十郎・次左衛門」というまったく同じ宛先のものが、「十月廿八日」付けとして収録されている。甲斐における定書の交付状況の整合性からすると、この日付に従うべきであろう。

この点、鈴木氏A論文末尾の表の№1の日付も訂正される必要があるし、旧郡名も八代郡とするほうがよいだろう。また、

No.12とNo.14とは、重複しているのではないだろうか。筆者の表では、一点として数えた。

(77) 前掲拙著第9表では、伊奈忠次は三河にも一点あるので、四ヵ国にかかわっているとした。しかし、それは「赤池源五郎」宛のもの（二〇五五号）を誤って三河としたものであったため、訂正しておきたい。

(78) 鈴木氏A論文、七一頁。

(79) たとえば甲斐国の場合、七ヵ条定書がみられる国中地域は、柴裕之「岡部正綱の政治的位置」（『野田市史研究』一四号、二〇〇三年）によれば、家康の直轄統治下に置かれていたとされている。

(80) 二〇五二号

(81) 『静岡県史』資料編8、七ヵ条定書は二一七三号、検地帳は二二〇四号である。

(82) 前掲拙著、第二章第二節第1項。

(83) 直接ではないが、それを示唆する事例としては、さらにつぎの二点をあげることができる。

第一に、第15表No.11の榛原郡「飯淵本田」検地帳は、表紙に「芝田七九郎殿奉行」と明記されていて、検地奉行人は芝田康忠であったことが知られる。この芝田が七ヵ条定書の奉者になっている二点のうちの一点は、榛原郡「さいたま村」宛（二一三〇号）であり、大井川を挟んだ対岸になるとはいえ、同じ榛原郡であった。

第二に、第15表No.15の「遠州城東郡友田之村田畠之野帳」には、記載の途中に「是ハ渡部弥助殿より神谷弥五助殿へ参」との文言がみえる。この場合、おそらく神谷重勝が検地奉行人だったとおもわれるが、この神谷には、まさに「友田之郷」に宛てた七ヵ条定書がみられるのである（二一一七号）。しかもこの神谷には、他にも同じく旧小笠郡菊川町内の「にしかたの郷」宛（二一一五号）や、おそらく「沢水加村」宛（『菊川町史』近世資料編）とおもわれる定書も残されているので、神谷が奉行人となった検地が旧菊川町域一帯で行われ、神谷による定書の交付となったものであろう。

(84) 『森町史』資料編三（森町、一九九三年）、四四号。ただし、この資料編の翻刻はやや不正確であったため、『森町史』通史編上巻（森町、一九九六年）、五五八頁の影印版も参照されたい。

(85) 二〇九二・二〇八七号。

(86)『静岡県史』資料編8、二二四七号。拙著二〇三頁で〔史料17〕として、また次節でも、〔史料6〕として引用。

(87)順に、二一八九・二一九〇・二一八八号。

(88)史料の全文は、第三章で〔史料2〕として引用している。また第三章註(10)参照。

(89)渥美町郷土資料館所蔵。

(90)岡崎市鳥居家文書（「矢作町史」編纂用の塚本学氏筆写原稿による）。前掲拙著二〇六頁で、〔史料18〕として引用。

(91)前掲拙著、二一三頁、註(54)参照。

(92)谷口氏E論文、三五二〜三五五頁。

(93)前掲拙著、一八四頁で〔史料7〕として引用。

(94)谷口氏A論文、二六二〜二六三頁、および注(18)。後者では、「本多氏も北島説を全面的に認めている」としている。

(95)前掲拙著では、「過半数におよぶ条項で、給人層の恣意的な農民支配を制限あるいは否定しようとしていて」（一八一頁）とし、拙稿③論文でも、「これは（第一条）地頭・給人による恣意的な農民使役を制限したもので、第二条・第四条・第五条などとも関連したもの」（二七五頁）といっているのである。

(96)拙稿③論文、二七五頁。たとえば、貞享四年（一六八七）の「御勘定組頭幷御代官可心得御書付」とされる二二箇条のなかに、「御年貢米附届候駄賃、有来通、其村より道法五里之外ハ駄賃銭可被下之」とみられる。つまり、五里までは無償で届けることを義務づけられているが、それをこえる場合は、駄賃銭が下されることになっていたのである。

(97)鈴木氏A論文、六七〜六八頁。

(98)新行氏前掲論文、一〇〇〜一〇三頁。

(99)たとえば、『裾野市史』第二巻、八三〇頁、『藤枝市史』資料編2（藤枝市、二〇〇三年）、八八八頁など。

(100)拙稿「幕藩制成立期の代官と奉行人——彦坂九兵衛光正を中心に——」（『地方史静岡』二五号、一九九七年）、一九頁以下参照。

(101)鈴木氏A論文、六八頁。この点では、拙稿③論文、二七三頁の指摘も同様に問題であり、本文のように訂正しておきたい。

(102)　谷口氏A論文、二六三頁。
(103)　小和田哲男「戦国大名今川氏の四分一役」(『地方史静岡』八号、一九七八年。のち小和田哲男著作集第一巻『今川氏の研究』清文堂、二〇〇〇年、にⅢ―1として収録)。
(104)　稲葉継陽「兵農分離と侵略動員」(池享編『天下統一と朝鮮侵略』吉川弘文館、二〇〇三年)、一七二頁。
(105)　鈴木氏A論文、六五頁。
(106)　『静岡県史』資料編8、二三四七号。
(107)　鈴木氏A論文、七〇頁。
(108)　土免制については、水本邦彦『近世の村社会と国家』(東京大学出版会、一九八七年)、第三部第二章による。
(109)　大石慎三郎校訂『地方凡例録』上巻(近藤出版社、一九六九年)、一五一〜一五二頁。
(110)　この「ふから之郷」宛の渡辺光発給文書を、前掲拙著では「年貢割付状」としたが(二〇三頁)、拙稿①論文(五頁)では、従来一般に「検地目録」とよばれてきた文書なども含めて、「検地をふまえながら、各郷村への年貢賦課を目的に作成されたものであり、『年貢目録』とするのがよりふさわしい」とした。これに対して「検地目録」と「年貢目録」を区別する筆者の指標は曖昧であるとの批判を受けて、その後「年貢目録」の規定をより厳密に修正した(拙稿「幕藩制成立期駿河中・西部の検地と貢租」『焼津市史研究』創刊号、二〇〇〇年。註(50))。その内容については、第五章の註(1)を参照されたい。
(111)　前掲拙著、第二章第二節第4項。
(112)　『新編岡崎市史』2(新編岡崎市史編さん委員会、一九八九年)、一〇一七〜一〇二二頁。
(113)　拙稿①論文。
(114)　谷口氏A論文、二六四〜二六五頁。
(115)　鈴木氏A論文、六二〜六五頁。
(116)　裾野市大庭家文書。『静岡県史』資料編8、二二四七号。前掲拙著二〇三頁以下に、原本にもとづき〔史料17〕として引用した。

ただし、『静岡県史』資料編8の二二四七号には、つぎのように数字の誤りが三ヵ所ある。屋敷高辻の「五十六坪」が「五拾六坪」であることは、表記の違いであるからまだ許されるが、上田の此取の「弐斗」は「壱斗」、上畠の年貢率「六ツ」は「五ツ」、下畠の「九反」は「五反」の、それぞれ誤りである。また、『裾野市史』第二巻の九四八号でも、『静岡県史』とまったく同じ箇所を誤っている。『裾野市史』の方が発行年が一年早いので、『静岡県史』は『裾野市史』の誤りをそのまま引き継いだということになるだろう。

(117) 註(90)に同じ。

(118) このような流れでとらえられたものに、新行氏の通史叙述がある（『新編岡崎市史』2、一〇二二～一〇二三頁）。新行氏は、「年貢目録が下付されると、各郷・村では請負一札を検地奉行宛に提出した」として、河野郷年貢請文を引用された。ついで、「百姓請負一札が提出されたあと、郷村に七か条の定書が下された」といわれたのである。まさに、「年貢目録」の交付→年貢請文の提出→七ヵ条定書の交付という理解である。

また、『新編安城市史』5（安城市、二〇〇四年）においても、六九六号で河野郷年貢請文を収録しているが、その解説で、この請文は「前号文書（「大岡之郷」宛の七ヵ条定書のこと―筆者註）の条規第一条にいう『請納証文』にあたる」とし、「一般に、この史料のような請負状を提出させた後に、前号史料の七か条の定書が各村に発されたと、理解されている」としている。ここでも年貢請文の提出→七ヵ条定書の交付との理解であるが、このような理解が成り立たないことは、以下に本文で述べるとおりである。

(119) 新行氏は前掲論文で、「現存する検地帳類でみると、遠江と甲斐では二月から、三河と駿河では八月から実施されたことが確認できる」（九〇頁）とされているが、駿河についてはその後第15表No.26の検地帳が発見されているので、遅くとも三月には始まっている。この点、拙稿③論文の註(22)で、二月としたのは訂正する。

なお、No.28の甲斐の検地帳については、前掲拙著第11表では『新編甲州古文書』によって「二月七日」としながらも、註(18)では「十二月」と考えた方がよいだろうとした。この点は、『山梨県史』資料編4、七七八号によって、「十二月七日」

であることがたしかになった。

(120) 谷口氏D論文、六八頁。
(121) 安良城盛昭『幕藩体制社会の成立と構造』（御茶の水書房、一九五九年）、二四二頁。
(122) 五ヵ国総検地段階の三河での鐚銭換算が三倍になることは、「矢作之郷」「桜井寺」の「年貢目録」から明らかになる。
(123) 鈴木氏A論文、六四～六五頁。
(124) 前掲拙著、二〇五頁。
(125) 拙稿①論文を基本とする。
(126) 『静岡県史』資料編8、一三三〇四号。
(127) 谷口氏E論文、三四四頁。
(128) 基本的な点は、前掲拙著、二〇〇～二〇三頁を参照。
(129) 給人への知行宛行にかかわって、和泉清司『徳川幕府成立過程の基礎的研究』（文献出版、一九九五年）の問題点だけは指摘しておこう。一〇二頁第3表の不備もさることながら、とくに内記昌継が長谷川長綱・松下伊長と連署しているとされた点は（八七、一〇三～一〇五頁）、いずれも内記昌継ではなく、内藤三左衛門信成の誤りである。この点、『静岡県史』資料編8、一二二一五～一二二一七号を参照されたい。

# 第五章　関東領国期の農村支配

## はじめに

織豊政権期から幕藩制成立期にかけての検地や貢租に関する研究は、これまで近世的権力形成過程の解明という観点から、あるいは個別農村史研究という観点などから、多くの成果を蓄積しながら進められてきた。もとより、それは全国的に行われてきたのであるが、研究史的にみて主要な論点を提起してきたのは、つぎの二つの地域の研究においてであった。

すなわち、一つはいうまでもなく、太閤検地研究や石高制論の主要な舞台となった畿内・近国地域であり、いま一つは、幕藩体制の拠点となった江戸を中心とする関東地域である。この両地域のうち、近世社会の成立期についてみると、前者の位置が決定的な意義を有するとはいえ、後者の場合も、近世社会が最終的には幕藩体制として確立したことで、それについで全国的な意義が大きいといえよう。本章では、初期徳川氏ということで、この後者にかかわる家康の関東入部期以降の関東地域を対象に、農村支配のうちでも、主として検地と貢租の問題を中心に若干の検討を行おうとするものである。

そこでは、まず家康の関東転封をめぐる諸問題について、先行研究によりつつ確認することとし、あわせてその過程での伊豆の農村支配問題をみておきたい。ついで、検地と貢租の問題であるが、これまでの当該地域に関する膨大な諸研究を全面的に解明することは、現在の筆者には力のおよばないことである。そのため、主として彦坂元正のいわゆる「検地目録」・「年貢目録」の検討を中心とし、(1)さらに、伊豆の場合についてやや立ち入った検討を行うこととしたい。

ところで、天正十八年（一五九〇）の徳川氏の転封にはじまる関東領国下の諸研究は、検地や貢租の問題についてみても、それ以前の東海地域における事情を十分視野にいれて検討されてこなかったという問題があったと考える。それは、たとい関心があったとしても、これまでは史料的制約が大きかったということにもよるであろう。しかし、それ以上に、徳川氏の関東領国はそのまま引続き幕藩体制下におかれたため、幕藩制下につながっていくたいていの問題は、後北条氏の支配から大きく転換した天正十八年以降について検討すれば一応は済むという事情があったからであろう。そして、それ以前が問題になる場合は、一世紀近くにわたった後北条氏の支配体制に、まずは注目されるという事情が重なったからであろう。

たとえば、南関東の近世文書を総合的に検討された木村礎氏は、寛永期を中心にいくつかの問題を検討されたが、その際、年貢割付状については徳川氏が東海地域から持ち込んだ方式ではないかと示唆されながら、彦坂元正のいわゆる「検地目録」については、後北条氏の「検地書出」との様式上の類似性から、「彦坂流における〝後北条支配の踏襲性〟という仮説を出しておきたい」といわれたのである。(2)つまり、「検地目録」については、転封以前の徳川氏自身の経験をふまえたものとはみなされなかったのである。

また、それとは別の面であるが、検地帳の様式について検討された安池尋幸氏の場合は、検地帳は帳簿部分と目録部分とからなるとし、そのような目録の初見は天正十二年越前国の太閤検地にあるとされ、武相地域の初期検地で作成された「検地目録」は、「徳川氏独自の手法ではなく、太閤検地に始まり、徳川氏が天正検地で採用」したものといわれたのである。(3)そこでも、東海地域における経験については、まったく触れられていないのである。

これに対し、筆者は初期徳川氏の検地や貢租の問題を解明するためには、天正十八年前半までの五ヵ国領有期、慶長五年（一六〇〇）の関ヶ原合戦までの関東領国期、それ以降の幕藩制成立期（慶長・元和・寛永）という三つの時期について、それぞれ検討する必要があると考える。五ヵ国領有期では、いうまでもなく五ヵ国総検地段階が重要であり、この点については検地や年貢賦課方式、あるいは七ヵ条定書の問題などを中心に、一応の検討を行ったところである。(4)

その場合、関東領国期と幕藩制成立期とは、関東では徳川氏の支配が連続していて明確に区別しにくいという面はあるが、(5)やはり豊臣政権下にあった関東領国期の段階とそれ以降とでは、相対的に区別して考えるべきであろうとおもう。なお、関東領国期の検地や貢租に関する研究史上の論点や問題点などについては、それぞれの箇所で具体的に述べることとする。

## 一　徳川氏の関東転封と農村支配

天正十八年（一五九〇）七月の小田原北条氏の滅亡とともに、家康は秀吉の命により、関東に転封することになった。この移封が正式に決定したのは、秀吉が小田原城に入城した七月十三日のこととするのが、早くからの定説であった。(6)

しかしながら、小田原城包囲中にすでに移封の噂は出ており、この転封をめぐる問題を関係史料にもとづき、はじめて本格的に取りあげたのは川田貞夫氏であった(7)。すなわち、川田氏は秀吉は当初家康に対して、四月二十三日付けの星屋修理宛本多正信書状(8)の解釈などより、北条氏の遺領を加増するつもりであったとされた。ところが、その後転封に一変し、『天正日記』五月二十七日条に「山中山しろどのよりあん内あり、江戸とするがと御とりかへの由」とあることから(9)、この日に秀吉は転封の意向を家康にはじめて正式に伝えたといわれた(10)。

ついで、この段階では家康が新領国関東で領有しうる国はなお未確定であったが、『天正日記』六月二十八日条で「江戸の事、今日きまるなり」とあり、また、七月四日と推定される「浅野家文書」収録の某書状に「家康をも江戸まで被召連、江戸之御普請可被仰付之由、御掟被成候事」とあるので(11)、江戸が関東経営の根拠地に決定されたことが明らかであるとされた。さらに、中村孝也氏が天正十八年の往復書簡であるとして紹介された天宮神社文書のうち(12)、六月十八日付けの江戸大納言宛の尊朝書状は天正十九年以降とされながらも、七月十一日付けの青蓮院宛の家康書状は天正十八年のものであるとして、秀吉の家康に対する転封の正式決定とその通告は、十一日以前にあったとみる方が妥当であるといわれたのである(13)。

これに対して、同じく家康の関東転封問題を専論された宇高良哲氏は、先の星屋宛の本多正信書状については川田説と同様に、これは秀吉より所領加増を認められたもので、関東移封とは直接結びつかないものといわれた。他方、二点の天宮神社文書については、遠江の寺社領を安堵した天正十八年十二月の秀吉朱印状などをも合わせて検討し、いずれも天正十九年の往復書簡であるとし、とくに家康書状によって天正十八年七月十一日以前に秀吉の命により家康の関東移封は決定されていたとする中村説・川田説を否定されたのである(14)。

さらに、新史料も含めた関係史料を四つに分類して関東移封時期の検討を行われ、関東移封以後の関係事項の確実な最上限は七月十四日になるとされた。その結果、家康の関東移封は早くから噂が世間に流布していたことは事実であるが、正式な決定は従来の通説どおり七月十三日であり、秀吉が小田原城に入って、新たに北条氏の故地関東八ヵ国を与えることを伝達したといわれたのである(15)。

このような家康の関東移封に関する両氏の説についていえば、基本的に宇高説が妥当であると考える。ここでとくに新たな指摘を行うということではないが、農村支配にもかかわるので、まず広い意味で転封関係の二点の史料をあげることとしたい。

〔史料1〕本多正信書状(16)

尚々、其元御才覚専一候、近日伊熊も可被参候条、諸事可被相談候、返々豆州之儀者はや〳〵殿様へ被遣候間、可有其心得候、以上

豆州在々小屋入仕候百姓衆罷出、田畑毛等之儀仕付候様ニ可有御肝煎候、此時候条、無御油断御才覚肝要候、下田へハ天野三郎兵衛被遣候間、若々御用之儀候者、天三兵まて可被仰遣候、其元之儀者、貴所御肝煎候へと朝弥太奉之にて被仰出候、弥可然様御肝煎専一候、猶従朝弥太可被仰候、恐々謹言

本多佐渡守
正信（花押）

卯月廿三日

星屋修理殿参

〔史料2〕伊奈忠次郷中定書(17)

宇佐美之郷当成ケ之事、如前々被仰付候間、田地少もあれ候ハぬやうに、開発可被仕候、田地不荒様於開発者、前々定成ケ之内をも、少御宥免可有候間、散（山林）憐致候百姓何茂召返、指南可被仕候、種公用無之ニおゐてハ、入次第借可申候、何事茂てんやく之儀、従　家康被仰付候分ハ、我等手形次第奉公可被申候、上様より之於御用等

者、不限夜中御奉公可被申者也、仍如件

寅《(天正十八年)》五月四日　　伊奈熊蔵（花押）㊞

宇佐美之郷百姓中

いずれも周知の史料であるが、〔史料1〕で「返々豆州之儀者はや〳〵殿様へ被遣候間、可有其心得候」とあって、四月時点で早くも家康が伊豆の支配を任されたといわれていることが問題になっているのである。しかしながら、この点は関東移封とは直接結びつくものではなく、まず伊豆が加増されたものとする川田・宇高両氏の説に筆者も異論はない。それよりも、この両史料を本書の主題である農村支配の面で、より注目してみてみたい。

すなわち、本多正信は大平郷の土豪星屋修理に対してつぎのように指示しているのである。第一に、戦乱を避けて小屋入りしていた百姓たちが戻ってきて、田畑の耕作をするよう促すこと。第二に、下田へは天野景能（のち康景）が遣わされたので、もし御用のことがあれば連絡を取ること。第三に、星屋を肝煎に取り立てたのは、朝比奈泰勝が家康の意向を受けて仰せ出されたものであるから、しっかり努めなければならないこと。第四に、近く伊奈熊蔵（忠次）も伊豆にやってくるので、何事についても相談すること。以上のような内容であった。

北伊豆一帯は小田原攻めの戦乱の影響が大きく、百姓たちは田畠を捨てて山小屋に避難するような状態であった(18)。そのため、豊臣方が三月二十九日に山中城を攻略して北伊豆地域を制圧すると(19)、さっそく四月四日付けで山中長俊が狩野内田代郷の地下人中宛に、「当郷還住之御制札被遣候、早々立帰、小屋懸等可仕候」と、還住を命じたのであった(20)。この「還住之御制札」とは、この時期、四月付けで伊豆の諸郷村や一部の寺社宛にいっせいに交付されたものであった。ほぼ同内容であるとはいえ文言にやや違いがあり、たとえば重須郷宛のものはつぎのごとくである。

〔史料3〕　豊臣秀吉掟書(21)

伊豆国おもすの郷

条々

一地下人・百姓等、急度可令還住事

一軍勢・甲乙人、還住之百姓家不可陣取事

一対土民・百姓、自然非分之儀申懸族於在之者、可為一銭切、并麦毛不可苅取事

右条々、若於違犯之輩者、速可被加御成敗者也

天正十八年四月　日（豊臣秀吉朱印）

すなわち、地下人・百姓等に還住を命ずるとともに、彼らの生活と安全とを保障し、これに違犯した軍勢・甲乙人らは成敗するというものであった。

このような戦乱からの郷村復興の動きが始まったところに、先の本多正信の書状どおりに伊奈忠次がやって来て、〔史料2〕の五月四日付けで宇佐美郷に宛てたものを初めとして、諸郷村に定書を下したのであった。現在知られているものは、『静岡県史』資料編では一〇点であるが、(22)『同』通史編では一四点となっている。(23)

そこで指示されていることは、第一に、今年の年貢については従来どおり賦課されるので、田地が荒れないように開発すること。第二に、田地を荒れないように開発した場合は年貢を減免するので、落ちぶれた百姓たちも召し返し指南すること。第三に、もし種籾の貯え分がなければ、必要なだけ貸し付けること。第四に、伝役などの負担は、家康の場合は忠次の手形次第に、上様（秀吉）の場合は手形の有無にかかわらず、夜中であっても勤めること、とされている。

第四の点からは、小田原攻めの最中に秀吉から伊豆が加増されたという事情により、秀吉の要求を優先するという戦時下の様子がうかがわれる。それはともかく、徳川氏の対応もすばやいもので、ただちに伊奈忠次が乗り込み、具

体的に農村復興策が諸郷村に指示されていることが、やはり注目されるのである。
ところで、家康の関東転封問題は、先にみたように、正式な伝達は宇高説のように通説どおり七月十三日だったとしても、その噂は早くから広がっていた。確実な史料でいえば、『家忠日記』の六月二十日条に「国かハリ近日之由候」とある。[24]また、川田氏が紹介された六月八日付けの岡田利世書状では、「上州之事、家康へまいり候事必定と相聞申候間」、「近年家康之御分国を、一円ニ内府へ可被遣候と申候キ」とあり、[25]それ以外の錯綜した情報もあるが、家康の関東への転封と、家康旧領への内府（織田信雄）移封という当初の秀吉の意向が漏れているとみられることが注目される。少なくとも秀吉と家康の間では、実質的には六月中に転封の決定・合意があったものとみられる。[26]
さらに、その信憑性が疑われている『天正日記』では、[27]早くも五月二十七日条で、「山中山しろどのよりあん内あり、江戸とするがと御とりかへの由」とみえる。これはいかにも早すぎるようにもおもわれるが、しかしながら、宇高氏が紹介されたそれより早い五月十九日付けの安誉書状に、「仍　家康様関東八州御案堵之由、無其隠風聞令申候」とあることからすれば、[28]『天正日記』の記事も一概には否定できないことになる。いずれにしても、家康の関東転封問題は、噂・風聞のレベルでは五月にまでさかのぼることになり、かなり早かったとみなければならないだろう。
さて、家康の関東移封は七月十三日に正式に発表されると、二十日ころまでにはすでに江戸に赴いていた。いわゆる「八朔」の江戸入城があったとしても、それは儀式的な意味しかなかったことなども含めて、その間の経緯については川田氏が基本的に解明されたとおりである。[29]
江戸に入った家康は、ただちに新領国の知行割に着手したが、この問題については北島正元氏、[30]ついで藤野保氏が[31]詳細に検討されている。藤野氏は、北島氏が強調する江戸周辺設置の小知行取よりも、のちの幕藩体制の確立を考えると、「遠方の大知行取」、つまり徳川一門・上層譜代の多数の「大名」化がより重要であるとする観点から、万石以上の家臣四二名についてまず検討された。そして、そこでは関東の非領国における秀吉臣従の旧族大名に対峙する配置方針がとられたとし、本多忠勝・榊原康政・井伊直政らの配置もそのようなものとして位置づけられた(32)。

これに対して、川田氏は四万石以上のいわば「特大知行取」五名について検討し、知行割の歴史的意義を明らかにしようとされた。すなわち、井伊直政や本多忠勝に代表されるように、家康上級家臣の就封については秀吉が介入しており、それは当時における臨戦体制の維持・継続と、将来への東国支配という二つの観点からの配置という意味が濃厚で、秀吉の意図を反映したものであったといわれたのである。そしてそのような立場から、「家康は豊臣系大名に対峙させるために有力家臣を関東周辺に配置したと、その点のみ力説するのは妥当ではなかろう」と、藤野説のような理解を否定されたのであった(33)。

その後、和泉清司氏がこの時期の問題を上級家臣・中下級家臣・領国支配組織の三側面から全面的に検討し、先行研究を克服しようとされた(34)。すなわち、ここでは上級家臣の支城配置の問題に限って述べると、和泉氏は上級家臣(万石以上)の支城支配に関する北島説・藤野説を評価しすぎであるとされるのであるが、「この上級家臣の支城への配置については徳川氏独自の戦略的構想に基づいたもの」であり、井伊・榊原・本多らの支城配置は、「武蔵から上野にかけての中山道筋、利根川筋に配置されている外、佐竹氏や里見氏、信州、甲州、東海道筋の豊臣系大名などに対応するため領国周辺部に配置されている」として、藤野説をほぼ踏襲されたのである。そして川田説に対しては、「最上級家臣の配置について何らかの介入があったかにみられる点がある」ことは認められながらも、「こうもわざわざそのような領国周辺部に配置するであろうか」として否定し、徳川氏の独自性を強調されたのであった(35)。

先にみた川田説は、家康の関東転封や最上級家臣の配置などについては、「秀吉による東国支配という大きな構想」からとらえることを主張されたものであり(36)、藤木久志氏が提唱された「惣無事」令(37)概念こそ使用されてはいないものの、それに近い内容を示すものであった。それに対して、家康の関東転封問題を、豊臣政権による関東・奥羽に対する「惣無事」令執行過程に明確に位置づけてとらえようとされたのが市村高男氏であった(38)。

市村氏は、まず北条領国と徳川領国の範囲を確定することからはじめ、伊豆・相模・武蔵と下総はほぼ一致しているが、上総・上野・下野・常陸では一部ないしすべてが除かれているとし、両者のズレの意味を問い、徳川氏の新領国は豊臣政権の政治的意図によって創出された支配領域という性格を有しているとされた(39)。ついで、井伊・榊原が配置された上野を中心に知行割の実態を検討し、その特色を明らかにするとともに、その後の支配の実態についても言及された。ただし、秀吉が徳川家中で知行高や入封地まで指定していたのは、井伊・榊原・本多の三氏にとどまるといわれている(40)。

いずれにしても、この市村氏の研究が現段階ではもっとも依拠すべき成果であり、徳川氏の関東領国の形成や展開も、引き続き、豊臣政権下の諸政策との関連のもとに追究していくことが必要であろう。

## 二　関東領国下の検地と貢租

天正十八年（一五九〇）七月に徳川氏が転封した関東領国では、早くも九月には武蔵・下総で検地が開始され、十月から十二月にかけては、伊奈忠次による伊豆一国の総検地も実施された。とりわけ、翌天正十九年には武蔵・相模・下総の総検地をはじめ、検地の施行は領国全域におよび、さらに、文禄～慶長年間へと続いていった(41)。

この関東領国下の検地については、北島正元氏の研究をはじめとして(42)、これまで幾多の研究が行われてきた。一国規模で検地帳を網羅的に収集し、総検地の性格を明らかにしようとする研究も、下総国をはじめ(43)、とくに武蔵国で進み、[44] さらに、幕藩制成立期にかけてかなりの国におよんでいる。[45]

関東領国下の徳川検地でいえば、とくに天正十九年の総検地が、新領国での給人への知行宛行や寺社領の安堵などで、また、豊臣政権による御前帳の徴収と石高制への移行問題などで注目されてきた。さらに、文禄・慶長期の検地を中心に、永高制の検地や検地帳の二段記載などが問題とされてきた。[46] ここでは、検地については以上の指摘にとどめ、次節で伊豆の検地について、若干の問題を取りあげることとしたい。

さて、つぎに関東領国下の貢租問題であるが、川鍋定男氏によれば、徳川氏の関東入部以降の徴租法には、永高法・厘取法・反取法があったといわれ、とくに関東で反取法が広範に実施されるに至った要因を中心に検討されている。[47] このうち、本節では彦坂元正の「検地目録」・「年貢目録」をめぐって、伊豆・相模・武蔵など南関東を中心に、厘取法と石高制の問題について検討することとしたい。最初に、筆者がこれまでに収集しえた「検地目録」・「年貢目録」を掲げると、第22表のごとくである。[48]

ところで、その検討に入る前に、最初に触れた関東領国下の彦坂元正の「検地目録」・「年貢目録」に関する木村説と安池説とについて、筆者の見解を述べておこう。まず木村説の場合、文書様式の類似性からいえば、第三章の〔史料2〕や第四章の〔史料6〕から明らかなごとく、後北条氏の「検地書出」よりも、五ヵ国総検地にもとづく「年貢目録」の方が、より類似性が強いと考えられる。また、内容的にみても、つぎに検討する天正十九年の「検地目録」の集計が俵高表示であることも、五ヵ国総検地の影響がなお残っていたことを明確に示しており、木村氏の仮説は成立しえないといえよう。

つぎに、安池説の場合は、検地帳とは帳簿部分と目録部分とからなる二つの構成要素を含む古文書の一様式であるとする概念規定は、どこまで一般化しうるのであろうか。丹羽検地の「検地目録」、彦坂検地の「検地目録」・「年貢目録」、長谷川検地の「一紙目録」などの存在からすれば、妥当な見解であるかにみえるが、結論からいえば、安池説は成立しえないと考える。

第一に、太閤検地についてみると、氏が指摘された丹羽検地においては、大滝村の「検地目録」[49]をはじめ、同じ七月六日付けで「栗屋浦」や「栗屋之内毛原浦」宛の「検地目録」[50]なども残されていて、たしかに検地にともなっていっせいに目録が作成されたと考えられる。しかしながら、氏自身が「現実に初期検地帳特に太閤検地帳を見る限りでは、既に一冊の帳簿の中に二つの機能が含まれているものが殆どである」[51]と苦慮されているように、太閤検地では目録は作成されないのが普通であった。

第二に、初期徳川氏の検地についてみても、伊奈忠次や大久保長安の検地については、いまだそのような目録が一通も発見されていないことが問題となる。[52]現在残されている文書数についてみると、彦坂・長谷川に比べて、伊奈・大久保のものが圧倒的に多く、それにもかかわらずいまだ一通も発見されていないということは、すでに諸氏が指摘されているように、両者の場合は目録が作成されなかった可能性の方が大きいといえよう。

第三に、彦坂元正の場合についてみても、その「検地目録」・「年貢目録」がはたして氏がいわれるような長谷川長綱の場合と同様の意味をもつものかどうかが問題となる。すなわち、氏によれば長谷川の印判状（一紙目録）は縄打終了とともに村方へ下付されたもので、検地帳の帳簿と一体のものであったとされる。しかしながら、彦坂の場合、たとえば文禄三年（一五九四）の伊豆検地はほぼ七月から九月にかけて行われたが、「検地目録」の下付はかなり遅れて、第22表にみられるように、十二月二十日付けでいっせいに行われているのである。その意味では、これは安池氏がいわれるような検地帳の帳簿と一体のものとして下付された目録部分[53]というようなものとは、性格が異なるというべきではなかろうか。

第22表　彦坂元正の検地目録・年貢目録

| 発給年月日 | | 表　題（事　書） | 所蔵者・出　典 |
|---|---|---|---|
| 1 | (天正 17).12. 12 | (三州)亀山村 | 渥美町，亀山区有文書 |
| 2 | (天正 19). 5. 23 | 相州東郡田名之村御縄打取積ル(写) | 陶山家，『神奈川県史』資 6 |
| 3 | 天正 20. 3. 25 | 相州大中郡上落合郷御縄打取積 | 萩原家，『神奈川県史』資 6 |
| 4 | (文禄 3). 12. 20 | 豆州河津下郷五ヶ村午歳御縄之上定之事 | 田中区有，『静岡県史』資 10 |
| 5 | (文禄 3). 12. 20 | 豆州西浦宇久須之郷午歳御縄之上定之事 | 宇久須区有，『静岡県史』資 10 |
| 6 | (文禄 3). 12. 20 | 豆州西浦安良里村午歳御縄之上定事(写) | 旧安良里役場，『静岡県史』資 10 |
| 7 | (文禄 3). 12. 20 | 豆州西浦仁科之内大沢入村午歳御縄之上定之事 | 山神社，『静岡県史』資 10 |
| 8 | (文禄 3). 12. 20 | 豆州西浦仁科本郷午歳御縄之上定之事(写) | 旧渡辺家，『静岡県史』資 10 |
| 9 | (文禄 4). 9. 1 | 小海村未之わり付之(事) | 大沼家，『静岡県史』資 10 |
| 10 | (文禄 4). 9. 1 | 牧之郷未之わり付之事(写) | 飯田家，『静岡県史』資 10 |
| 11 | (慶長 3). 7. 20 | 豆州那賀之内小杉原村戌年御縄之上定事 | 小杉原区有，『静岡県史』資 10 |
| 12 | (慶長 3). 7. 20 | 豆州那賀内桜田村戌年御縄之上定事 | 『幕臣岩瀬氏関係史料』 |
| 13 | (慶長 3). 7. 20 | 豆州雲見之内石部村戌年御縄之上定事 | 石部区有，『静岡県史』資 10 |
| 14 | (慶長 3). 7. 20 | 豆州之内雲見村戌年御縄之上ロロ | 雲見くじら館所蔵，『静岡県史』資 10 |
| 15 | (慶長 3). 7. 20 | 豆州之内岩科郷戌年御縄之上定事 | 岩科八区，『静岡県史』資 10 |
| 16 | (慶長 3). 7. 20 | 豆州稲生沢之内北之沢村戌年御縄之上定事 | 旧稲梓村，『静岡県史』資 10 |
| 17 | (慶長 3). 7. 20 | 豆州(稲生沢之内茅原野郷戌年御縄之上定事) | 旧稲梓村，『静岡県史』資 10 |
| 18 | (慶長 3). 7. 20 | 豆州稲生沢之内横川郷戌年御縄之上定事 | 横川区有，『静岡県史』資 10 |
| 19 | (慶長 3). 7. 20 | 豆州加茂郡(白浜ヵ)郷戌年御縄之上定書 | 佐々木家，『下田市史』資 2 |
| 20 | (慶長 3). 7. 20 | 豆州之内湯浜村戌年御縄之上定事(写) | 岩科八区，『静岡県史』資 10 |
| 21 | (慶長 3). 7. 20 | 豆州之内一之瀬郷戌年御縄之上定事 | 山本家，『静岡県史』資 10 |
| 22 | (慶長 3). 7. 20 | 豆州之内妻良村戌年御縄之上定事(写) | 勝呂家，『静岡県史』資 10 |
| 23 | (慶長 3). 7. 20 | 豆州之内加茂郷戌年御縄之上定事(写) | 菊池家，『静岡県史』資 10 |
| 24 | (慶長 3). 7. 20 | 豆州之内下流村戌年御縄之上定事(写) | 三浦家，『静岡県史』資 10 |
| 25 | (慶長 3). 7. 20 | 豆州之内大瀬・長津呂戌年御縄之上定事(写) | 小沢家，『静岡県史』資 10 |
| 26 | 慶長 7. 10. 16 | 常陸国新治郡之内金指村寅御縄打割付之事 | 八郷町，小松崎家文書 |
| 27 | 慶長 7. 10. 16 | 常陸国新治郡之内上曾村寅御縄打割付之事 | 八郷町，臼井家文書 |
| 28 | 慶長 8. 4. 8 | 奥州南郷之内渋井村卯御縄打割付之事 | 青砥家，『塙町史』2 |
| 29 | 慶長 8. 4. 8 | 奥州南郷常世北野村御縄打割付之事(写) | 藤田家，『塙町史』2 |
| 30 | 慶長 8. 4. 8 | 奥州南郷赤舘之内東河内村御縄打割付之事(写) | 藤田家，『塙町史』2 |
| 31 | 慶長 8. 4. 8 | 奥州南郷赤舘之内湯治又村卯御縄打わり付事(写) | 鈴木家，『塙町史』2 |
| 32 | 慶長 8. 4. 8 | 奥州南郷之内関河内村卯御縄打割付之事(写) | 藤田家，『矢祭町史』2 |
| 33 | 慶長 8. 4. 8 | (奥州南郷之内花園村卯御縄打割付之事) | 青砥家，『棚倉町史』2 |
| 34 | (慶長 8). 12. 11 | (相州)大中郡卯歳分西富岡郷御縄上納勘定事(写) | 伊勢原市，堀江家文書 |
| 35 | (慶長 9). 9. 23 | 相州東郡之内富塚郷辰之御地検割付之事 | 沢辺家，『神奈川県史』資 6 |
| 36 | (慶長 9). 9. 23 | 相州東郡之内倉田郷上下共ニ辰之御地検割付之事(写) | 横浜市，沢辺家文書 |
| 37 | (慶長 9. 9. 23) | 相州東郡之内吉田郷辰之御地検割付之事(写) | 横浜市，沢辺家文書 |

さて、徳川氏の関東転封にともなって、家臣への知行宛行状、寺社への寄進状がほとんど石高で示されるようになったことで、これまでも関東領国下において石高制が採用されたことの意義が強調されてきた[54]。とくに、知行の宛行では天正十九年の五月、寺社領の寄進では同十一月が注目されてきたことは周知のところである[55]。また、秋澤繁氏は御前帳の徴収による豊臣政権の石高制強行方針を重視され[56]、さらに、和泉清司氏も天正十九年の領国総検地が体制的に石高制を成立かつ貫徹させる契機となったことを強調されている[57]。

その際、年貢収取にかかわって注目されてきたのは、天正十九年・同二十年の彦坂元正の「検地目録」であった[58]。今や著名な史料であり、さしあたり前者のみ引用すると、つぎのごとくである。

〔史料4〕田名村宛検地目録写

相州東郡田名之村御縄打取積ル

一高都合田畠百弐町三段半廿歩　屋敷共ニ

此内わけ　但京判之積り

上田三町七段大四拾三歩　拾取

此石弐（二カ）拾七石八斗壱升壱勺

中田六町三段五拾五歩　七取

此石四拾四石弐斗弐升八合三勺六疋

下田五町九段半卅弐歩　五取

此廿九石八斗三合四勺

田歩合拾六町半卅歩

此石百拾壱石八斗四升一合八勺六疋

上畠六町九段大拾五歩　七取

但壱段ニ付永楽百四拾文積ル

此代九貫七百六拾文

中畠拾五町三段半卅七歩　五取

但壱段ニ永楽百文ニ積ル

此代拾五貫三百六十弐文

下畠六拾壱町壱段小廿四歩　三取

但壱段ニ永楽六拾文ニ積ル

此代三拾六貫六百八十五文

屋敷弐町八段六拾四歩　拾取

但壱段ニ永楽弐百文ニ積ル

此代五貫六百四十三文

畠歩合八拾六町弐段大九拾歩　屋敷共ニ

此代六拾七貫四百五十文　永楽

右之代百文ニ五斗目ニ付積ル

田畠俵都合八百九拾八俵九升壱合八勺六疋

此内損免可引

此外

宗祐寺

南光庵　以上弐ヶ所御縄除之

（天正十九年）
辛
卯五月廿三日　　彦坂刑小部

田名之村
名主中

（追筆）
「本文之写」

川鍋氏は、厘取法による年貢賦課の方法について、まず相州淘綾郡中里村における慶長八年（一六〇三）の検地帳および同九年の年貢割付状を検討され[59]、検地にもとづく田畑・屋敷の総石高から夫免高が差し引かれた「定納」高に対し、一定の年貢率を乗じて年貢高が確定されるということを明らかにされた[60]。中里村の事例は伊奈忠次によるものであったが、この点は、彦坂元正の場合についてみても基本的に同様である。たとえば、慶長九年の相州東郡富塚郷宛の「検地目録」と免定とによれば[61]、田畠・屋敷の分米＝総石高から夫免などの高が差し引かれた「定納」高に対して、「五ッ取」ということで年貢がかけられているのである。

その上で、川鍋氏は天正十九・二十年の「検地目録」について検討し、つぎのような諸点を指摘された。①天正十九年では、なお大・半・小が使われ、田畑・屋敷の石高総計は「俵高」で表示されている。また、田畑の各等級および屋敷面積の下に石盛が記載されているが、畑・屋敷は永高で把握されている。②天正二十年では、町反畝歩制に変わり、田畑・屋敷の総計も「石高」表示となっている。問題は、ここでの「定納」高をどう理解するかであるが、「損免」「寺社領・夫免」引があっても、中里村の事例からみて、これは年貢高ではなく、年貢の賦課対象石高とみる方がよい。③畑永高の永一貫＝五石替という換算率は、天正十八年当時の小田原での米価を基準にして決定されたとみてよく、また、上・中・下畑の反当りの永高は、後北条氏時代の貫高を考慮して出された数値である。このため、徳川氏の検地における畑永高は、年貢高に近い高の把握でしかなかった。(62)

これらの指摘は、ほぼ妥当であろうとおもう。ただ、①②の問題を石高制の観点から実質的にみると、天正十九年と二十年との間に、かなりの格差があるとみるべきではなかろうか。すなわち、天正十九年の「拾取」などは、一応は石盛とみてよいが、その後の「検地目録」と比べるとかなり低い数値であり、実質的には反取法にもとづく反別斗代に近いものである。

そのため、田畠・屋敷の総石高を総面積と比較してみると、反別平均約四・三九斗代となり、これはまさに年貢高そのものであるといってもよい数値である。しかも、この総石高からさらに「損免」を差し引くのであるから、実際の斗代はさらに低くなるのである。この傾向はとくに畠方において著しく、川鍋氏も指摘されているように、同じ田名村の寛永二年（一六二五）の年貢割付状では、(63)畑方の年貢率は一五四％にもなっており、天正十九年検地では、実質的には十分な石高把握が行われていなかったことを示している。

これに対して、天正二十年になると形式的な面だけでなく、実質的にも石高制にもっとも適合的な厘取法にもとづく年貢賦課方式が確定していることがわかる。上田の分米高（斗）を地積（反）で割ると一三・七四となり、これはまさに石盛といってよい数値である。「損免」などが差し引かれて確定された「定納」高は、田畠・屋敷の総面積と比較してみても、反別平均約八・四六斗代となり、この「定納」高に一定の年貢率が乗ぜられて年貢高が確定されたと考えられる。その意味で、徳川氏の関東領国下で名実ともに石高制に移行するのは、彦坂元正の「検地目録」でみる限り、天正二十年以降としなければならないであろう。

つぎに、③の指摘についてみると、永一貫文＝五石替の根拠を、『天正日記』より天正十八年の小田原において、永一貫文＝米四石の相場であったことに求められている。(64)しかし、この年は小田原合戦で米価は高騰していたはずであるが、それにもかかわらず、永一貫文＝米五石では時の相場よりも安くなってしまい、『天正日記』の信憑性の問題もあるので、この根拠についてはなお検討の余地があるようにおもう。

上・中・下畑の反当り永高については、これは後北条氏のそれを考慮したものとみてよいであろう。五ヵ国時代の反当り貫文高は、鐚銭であったとはいえ、前章の第21表や〔史料7〕でみたごとくかなり高く、矢作郷では一二〇〇文・七〇〇文・五〇〇文、河野郷では一二〇〇文・八〇〇文・四〇〇文となっており、永高換算や三〇〇歩換算を行っても関東のそれはほぼ半分の数値である。これは、関東地方の生産力がかなり低く、そのような地域性を考慮せざるをえなかったのであろう。

以上のようにみてくると、徳川氏は関東転封にともなって、天正十八～十九年にかけて領国内に総検地を実施し、石高制に移行することになるが、その際、彦坂元正の「検地目録」にみられるごとく、五ヵ国総検地の経験を基本的に持ち込んだことが明らかである。ただ、反別の畑永高にみられるように、関東の生産力状況は無視しえず、とりあえずは後北条時代の基準を踏襲せざるをえない側面もあった。

また、徴租法の観点からみれば、天正十九年の彦坂の「検地目録」には石盛がつけられているとはいえ、反取法の斗代に近い数値であった。また、大・半・小の小割や、俵高表示による集計にみられるように、なお五ヵ国総検地段階の影響が残っており、さらに、在地の石高把握もはなはだ不十分で、実態的には過渡的な様相が強かった。これに対して、天正二十年の「検地目録」になると、まさに石盛といってよい数値となり、分米総計から夫免・損免などが差し引かれ、年貢賦課基準高としての「定納」高が確定され、これに一定の年貢率が乗ぜられて年貢が賦課されるというように、厘取法にもとづく石高制が名実ともに確定することになったのである。以後、基本的にこの方式が文禄・慶長期にも引きつがれていくが、その具体相を、さらに伊豆国について検討しておきたい。

## 三　伊豆の文禄・慶長検地と年貢賦課方式

### 1　文禄・慶長検地と「検地目録」

伊豆の総検地は、天正十八年（一五九〇）に伊奈忠次、文禄三年（一五九四）・慶長三年（一五九八）に彦坂元正によって行われているが、これらについては、比較的早くから研究が行われてきた。まず、北島正元氏は徳川氏の関東領国下の検地全般に触れられながらも、主として天正十八年・文禄三年の伊豆玉川郷や三島神領について検討された。そして、とくに検地帳の分付記載に注目し、その広範かつ長期間の採用によって、これを徳川検地の特色であるとみなされ、名主土豪層の勢力の強い後進地の状勢に対応した妥協的な小農民自立政策であったといわれた。それは、耕作小農民の占有権を公認しながら、同時に貢納の責任者としての旧名主層の特権的地位をも保障するものであり、分付主と分付百姓との間には、請作地の占有を中核とする隷属関係があったといわれたのである。(65)

つぎに、佐々木潤之介氏は北伊豆および駿東郡本宿村などの近世初期検地帳を中心に、近世小農民経営の成立過程の諸段階について検討された。そして、分付関係については権力との関係を重視し、徳川権力との結合関係を深めて土豪的地位を維持した分付主星屋氏のように、特定上層農民が支配階級身分に包摂されることによってのみ成立する特殊な形態であるといわれた(66)。

これら北島氏や佐々木氏の研究が、主として北伊豆の二、三ヵ村の検地帳の分析・検討による成果だったのに対して、伊豆の近世初期総検地について、全面的にその実態を明らかにされたのが高橋廣明氏であった。氏によれば、天正十八年検地では、一反＝三〇〇歩制が採用されたとはいえ、大・半・小の使用、広範な分付記載、田畑等級の不統一、六尺五寸竿の使用など、いわゆる旧制が残存したが、両検地合わせて伊豆一国の総検地となった文禄三年・慶長三年検地は、畝の使用、分付記載の減少、田畑等級の統一、六尺二分竿の使用などにより、近世的な体制への画期になったといわれている(67)。

また、年貢の関係では、慶長三年の横川郷宛の「検地目録」をあげ、とくに「夫免外引」について検討し、つぎのように指摘された。①「夫免外引」は「村高」の一割に相当し、実際の村高（分米合）とは異なる。そして、この一割減は文禄四年の小海村や牧之郷の年貢割付状によって確認され、しかも、この方式は伊豆のみならず、広く関東一円にわたっているものと推定される。②その「夫免外引」が行われた年代は、『豆州内浦漁民史料』などの初期年貢割付状から、文禄（天正ヵ―筆者）期から寛永五年（一六二八）ころまでで、その後は分米合が村高となっており、夫免（外）引されていない(68)。

これらの指摘によって、基本的な点はすでに解明されているのであるが、さいわいその後静岡県史の編纂などもあり、史料の発掘が進んだ。たとえば、伊豆の天正十八年・文禄三年・慶長三年の検地帳は、高橋氏の論文では六一ヵ村分について検討されているが、その後、新たに一〇ヵ村分が明らかになり、七一ヵ村分となっている(69)。

ここでは、同じ郷村で検地帳と「検地目録」がともに残されている事例として、旧西伊豆町大沢里山神社所蔵文書を取りあげ、若干の検討を行いたい。まず、大沢里村検地帳(70)を名請人別に集計したのが第23表であり、また、「検地目録」をあげると、つぎのごとくになっている。

〔史料5〕大沢入村宛検地目録(71)

豆州西浦仁科之内大沢入村午歳御縄之上定之事

一田畑合九町九反九畝弐十四歩　屋敷共ニ

此内わけ

上田七反弐畝廿歩　先取高拾三

分米九石四斗四升七合

中田六反壱畝拾八歩　同　十二

分米七石三斗九升二合

下田壱町四反三畝弐十四歩　同　十

分米拾四石三斗八升

不作田六畝廿壱歩

分米六斗七升

田合弐町八反四畝弐十三歩

分米卅壱石八斗八升九合

上畑壱町四反弐畝三歩　同　七ツ

分米九石九斗四升七合

中畑壱町三反四畝拾九歩　同　六ツ

分米八石三斗八升

下畑三町七反壱畝拾九歩　　同　五ッ

分米拾八石五斗八升二合

不作畑壱反壱畝拾弐歩

分米五斗七升

屋敷五反五畝八歩　　同　十

分米五石五斗弐升七合

畑屋敷合七町壱反五畝壱歩

分米四十三石六合

田畑屋敷合九町九反九畝弐十四歩

分米合七拾四石八斗九升五合

此内

六石八斗八合　　夫免外引

残六拾八石八升七合　　高　辻

此外

永不田壱反六畝廿六歩

永不畑弐町弐反壱畝六歩

山畑弐町弐反八畝拾六歩

以上合拾四町六反六畝拾弐歩
午《(文禄三年)》十二月廿日　彦坂小刑部㊞
仁科之内大沢入村
名主中

まず、検地帳では、田方、畑方・屋敷、山畑ごとに末尾に集計が行われているが、それらは地積のみの集計であった。それに対して、「検地目録」よると、田畑・屋敷に品位に応じた反別斗代がつけられ、その分米総計から「夫免外引」が差し引かれて「高辻」＝「定納」高が確定されており、先述の天正二十年の「検地目録」では畠・屋敷が永高表示であったことを除くと、ほぼ同様の方式になっていることが確認される。おそらくこの「定納」高に、それもつぎに掲げる〔史料6〕の牧之郷の例からすれば、田畑・屋敷の品位ごとに一定の年貢率が乗ぜられて年貢が賦課されたものと考えられる。これらの点は、慶長三年の「検地目録」でも、まったく同様であった。

ところで、この「検地目録」の末尾には、年貢賦課の対象から除外された永不作田・畑と山畑とが書き上げられている。このうち、山畑の処理については原則は変わらないものの、記載方式が異なっていることに注意しなければならない。すなわち、慶長三年では、年貢賦課対象となる山畑三分の一が下畑とは別個に書き上げられているのに対して、文禄三年では、下畑の中に含まれているのである。

この点を、検地帳によって確認すると、たとえば、慶長三年雲見村検地帳によれば[72]、山畑は九反六畝一〇歩となっており、まさにその三分の一の三反二畝三歩が年貢賦課対象とされている。他方で、文禄三年大沢里村検地帳によれば、下畑は二町六反三畝一九歩となっており、〔史料5〕の「検地目録」の下畑との差が一町八畝となっている。そして、山畑は検地帳では三町二反三畝一八歩であり、その三分の一が約一町八畝となるため、文禄三年の「検地目録」では、年貢賦課の対象に組み込まれる山畑三分の一が、下畑と合わせて記載されていることがわかる。

このように、山畑については三分の一が年貢賦課対象とされるという原則は変わらないものの、文禄三年と慶長三年とでは、記載方式が異なっているのである。これは、慶長三年の「検地目録」にみられるように、下畑と山畑とが同じ石盛であったため、文禄三年では便宜下畑に組み込まれたものであろう。

つぎに、先に述べた高橋氏の後者の論文の指摘についてみると、大沢里村に残された貞享・元禄期の年貢割付状によれば、(73)冒頭に記された「高辻」＝村高は「高合七四石八斗九升五合」と、まさに「夫免外引」を含めた高になっており、①は基本的に正しい。問題は②であるが、高橋氏は、「夫免外引」を差し引いた「村高」記載は寛永五年頃まで実施されたといわれたが、この点はその後関根省治氏によって、伊豆では寛永二年に「夫免外引」が村高に組み込まれるようになったこと、夫免引それ自体の消滅には寛永六・七年頃まで遅れる村があったこと、などが明らかにされた(74)。

なお、名請人についてみると、大沢里村での集計結果から、つぎのような諸点を指摘することができる。

第一に、名請人は五六名にものぼり、しかもはなはだ零細なことである。第23表は三反歩以上の内訳を示したものであり、その他は、三反歩未満で一反歩以上が一九名、一反歩未満が二〇名となっている。

第二に、無屋敷の名請人は、一般的には他村からの入作者などであることが多いが、第23表によれば、特徴的な状況がみられる。すなわち、No.2・7・8・14などの無屋敷

(単位畝，歩)

| 屋敷 | | 総計 | |
|---|---|---|---|
| 筆数 | 地積 | 筆数 | 地積 |
| 2 | 5.28 | 32 | 167.22 |
| 0 | 0.00 | 12 | 92.01 |
| 1 | 2.05 | 14 | 78.11 |
| 0 | 0.00 | 9 | 61.01 |
| 1 | 2.10 | 18 | 59.12 |
| 1 | 3.20 | 9 | 52.12 |
| 0 | 0.00 | 2 | 51.00 |
| 0 | 0.00 | 11 | 50.16 |
| 1 | 1.10 | 13 | 49.27 |
| 1 | 2.10 | 9 | 48.04 |
| 2 | 4.07 | 15 | 42.09 |
| 1 | 1.20 | 19 | 39.26 |
| 1 | 2.06 | 14 | 39.22 |
| 0 | 0.00 | 4 | 39.15 |
| 1 | 1.25 | 16 | 38.28 |
| 1 | 3.18 | 14 | 37.04 |
| 1 | 1.22 | 13 | 31.13 |

名請人は、永畑、つまり永荒畑の比率が大きく、No.７善十郎は全筆が永畑となっている。つまり、彼らの畑地は災害のため大きな被害を受け、文禄検地の時点では没落していた可能性があるといえよう。No.４善心のみは永畑のない無屋敷名請人であり、これは入作者とみてよいであろう。

検地帳以外の同時代史料を欠く場合、なかなか検討がむつかしいため、名請人については以上の指摘にとどめることとしたい。いずれにしても、伊豆においては「検地目録」にみられるように、文禄三年・慶長三年の総検地によって、それ以後の各村々の近世を通しての村高が、実質的に確定したのであった。

## ２　「年貢目録」と年貢賦課方式

最後に、文禄四年（一五九五）の「年貢目録」を中心に、若干の検討をしておこう。

〔史料６〕牧之郷宛年貢目録写(75)

牧之郷未之わり付之事

一高辻千百四石九斗八升六合　　田畑屋敷共

第23表　文禄３年大沢里村検地名請人別内訳

| 名請人 | | 田方 | | 畑方 | | 永畑 | | 山畑 | |
|---|---|---|---|---|---|---|---|---|---|
| | | 筆数 | 地積 | 筆数 | 地積 | 筆数 | 地積 | 筆数 | 地積 |
| 1 | 助左衛門 | 10 | 41.23 | 14 | 45.12 | 0 | 0.00 | 6 | 74.19 |
| 2 | 四郎太郎 | 2 | 9.09 | 4 | 10.11 | 2 | 56.26 | 4 | 15.15 |
| 3 | 太郎助 | 4 | 11.11 | 5 | 34.20 | 1 | 5.00 | 3 | 25.05 |
| 4 | 善心 | 4 | 29.16 | 4 | 26.15 | 0 | 0.00 | 1 | 5.00 |
| 5 | 善兵衛 | 0 | 0.00 | 10 | 34.01 | 0 | 0.00 | 7 | 23.01 |
| 6 | 四郎左衛門 | 4 | 20.09 | 3 | 21.13 | 0 | 0.00 | 1 | 7.00 |
| 7 | 善十郎 | 0 | 0.00 | 0 | 0.00 | 2 | 51.00 | 0 | 0.00 |
| 8 | 兵衛三郎 | 1 | 1.00 | 5 | 10.11 | 2 | 28.10 | 3 | 10.25 |
| 9 | 藤右衛門 | 7 | 25.02 | 5 | 23.15 | 0 | 0.00 | 0 | 0.00 |
| 10 | 八郎兵衛 | 2 | 8.24 | 5 | 33.20 | 0 | 0.00 | 1 | 3.10 |
| 11 | 左衛門五郎 | 2 | 7.06 | 7 | 21.09 | 0 | 0.00 | 4 | 9.17 |
| 12 | 六郎左衛門 | 3 | 3.06 | 8 | 12.07 | 0 | 0.00 | 7 | 22.23 |
| 13 | 清二郎 | 4 | 18.13 | 9 | 19.03 | 0 | 0.00 | 0 | 0.00 |
| 14 | 甚左衛門 | 1 | 4.05 | 0 | 0.00 | 3 | 35.10 | 0 | 0.00 |
| 15 | 甚右衛門 | 2 | 1.21 | 7 | 16.07 | 0 | 0.00 | 6 | 13.05 |
| 16 | 九郎左衛門 | 4 | 9.26 | 7 | 17.00 | 1 | 2.00 | 1 | 4.20 |
| 17 | 五郎右衛門 | 0 | 0.00 | 9 | 19.01 | 0 | 0.00 | 3 | 10.20 |

此外夫免外引ニ引捨如此

此内わけ

上田卅五町七反四畝七歩　但十五取高

此当納八ツ取ニ三百八拾九石九斗一升七合　一反ニ付一石九升一合弐勺

中田拾九町八反九畝十弐歩　但十三取高

此当納七ツ取ニ百六拾四石五斗七升三合　一反ニ付八斗弐升八合ツヽ

下田卅三町六反五畝十一歩　但十取高

此当納七ツ取ニ弐百拾四石一斗六升　一反ニ付六斗三升七合ツヽ

田合八拾九町弐反九畝歩

此当納合七百六拾八石六斗五升

上畑三町一反六畝廿五歩　但八ツ取高

此当納七ツ取ニ拾六石一斗三升　一反ニ付五斗九合六勺ツヽ

中畑弐町弐反壱畝七歩　但六ツ取高

此当納五ツ取ニ六石三升四合　一反ニ付弐斗七升三合ツヽ

下畑五町六反三畝廿七歩　但五ツ取高

此当納四ッ取ニ拾石弐斗五升四合
一反ニ付壱斗八升弐合ツヽ

屋敷壱町七反三畝廿弐歩　　但十取高

此当納七ッ取ニ拾一石五升七合
一反ニ付六斗三升七合ツヽ

畑屋敷合拾弐町七反五畝弐拾壱歩

此当納合四拾三石四斗七升五合

此外

引已上弐百九拾弐石八斗六升一合　　田畑屋敷損免

残

未定納合八百拾弐石壱斗弐升五合　　御蔵入

此俵弐千三百弐拾俵壱斗弐升五合
京升三斗五升入

右辻十一月中ニ可有皆済、於無沙汰ニ者十二月一日ニ者良(マヽ)等を引可為籠者(舎)、此わり付之面、其郷之小百姓迄ニ無残為申聞可為致納所、若一人成共不存候と申人其郷ニ於有之ニ者、名主・御縄除寺之出家、急度くせ事ニ可申付者也、以上

(文禄四年)
未九月一日　　彦小刑部

牧之郷名主との
御縄除寺中

この文書は、文禄三年の検地をふまえて、翌年九月に彦坂元正が発給した「年貢目録」である。参考までに検地結

第24表　文禄3年牧之郷検地帳内訳

(単位畝，歩)

| 品　位 | 「田方」・「畑方」 | 「田畠屋敷共ニ」 | 総　　計 |
|---|---|---|---|
| 上　田 | 1868.28 | 1710.09 | 3579.07 |
| 中　田 | 690.13 | 1330.22 | 2021.05 |
| 下　田 | 2316.06 | 1106.25 | 3422.29 |
| 小　計 | 4875.15 | 4147.26 | 9023.11 |
| 上　畑 | 103.20 | 213.21 | 317.11 |
| 中　畑 | 158.10 | 77.17 | 235.27 |
| 下　畑 | 465.25 | 67.11 | 533.06 |
| 屋　敷 | 52.16 | 121.06 | 173.22 |
| 小　計 | 780.11 | 479.25 | 1260.06 |

果の集計を掲げると、第24表のごとくである。品位別の総計は、検地帳と「年貢目録」とで完全に一致しているわけではないが、ほぼ検地結果を反映したものであることは明らかである。

さて、この「年貢目録」については、すでに和泉氏と関根氏とによって検討が行われている。まず、和泉氏が主張された点は、つぎのごとくである。①この文書は、末尾の文言より現存する最古の年貢割付状であり、損免・夫免引などきちんとしていない過渡的な形式であるが、のちの徳川幕府の割付状の基本形式になっていったものである。②田畑それぞれに高率の免がつけられているが、実際にはそれより低い免率（反別の取）で徴収しており、この差額分が損免引にあたる。③このような高率の免をつけたのは、文禄三年の検地がゆるかったためとおもわれる。(76)

この和泉説に対して、関根氏はつぎのように批判された。①冒頭に記された高は田畑・屋敷の分米合計ではなく、夫免などが控除された有高である。そして、有高－損免＝年貢定納高となっており、永荒地などの控除分が損免に含まれて処理されるという厳しい収奪法になっている。②和泉説の①②にかかわって、その計算方法が誤っており、「差額分」とは損免ではなく、夫免引の高である。また、和泉説の③についても、高橋説によりつつ、ゆるやかだったとする見解を否定した。③この割付状を徴租法からみると、従来の諸類型にあてはまりにくいという特徴をもつ。分米を基準に年貢率を乗ずるという点では厘取法といえるものの、反別の年貢斗代が併記されているという点では、のちの反取法にも通じるものがある。(77)

以上のような研究史を前提にして検討すると、まず、この文書が「年貢割付状」とよんでさしつかえないものであることについては、筆者も両氏の説に賛同する。ただし、検地を直接の前提にしていること、毎年出されるものではないこと、以上の二点から、近世のいわゆる年貢割付状とは違っており、むしろ「年貢目録」とする方がより適切であるというのが筆者の主張である。また、和泉説にかかわっていえば、関根氏の②の批判が正しいと考える。

すなわち、この「年貢目録」の品位別の当納高を算出するためには、関根氏が指摘されたように、夫免引を考慮に入れる必要がある。上田についてみると、石盛一五であるから、分米は五三六・一三五石となる。これから一一分の一の夫免高四八・七四石を差し引くと四八七・三九五石となり、これがいわゆる「定納」高である。その「八ッ取」で三八九・九一六石となり、〔史料6〕とはわずか一合の違いがあるだけで、ほぼ当納高と一致するのである。そして、この当納高の総計が、末尾の「御蔵入」とされた「定納合」となり（それゆえ、これはいわゆる「定納」高ではなく、年貢高である）、これはまた、田畑・屋敷「高辻」（「定納」高の総計）から「田畑屋敷損免」を差し引いた額でもあるのである。和泉氏は、この当納高の算出方法を十分理解されていなかったことになる。(78)

このような年貢賦課方式は、田畑・屋敷の品位ごとに石盛が定められ、分米が算出され、そこから夫免高を差し引いた「定納」高に一定の免率を乗じて当納高が算出されるのであるから、まさに厘取法の原則どおりに年貢高が確定されているといえよう。反取法による反別斗代もつけられているが、これは厘取法による年貢高の結果から算出された斗代であると考えられ、和泉氏の②および関根氏の③などの見解は、いずれも妥当ではないだろう。もしはじめから反取法であるならば、その斗代は七ツ、六ツ半などときれいな数字になるはずであり、ここで反別斗代がつけられていることは、この「年貢目録」が厘取法によるものであることを制約するものではない。

このような筆者の主張に対して、その後関根氏より批判を受けた。すなわち、①筆者の主張では反取法との関連性を否定しているが、「ではなぜそれが併記されたのか、併記されなければならなかったのかという点について」まったく説明されていない。②「当地域における徴租法のベースは反取法」にあり、厘取法は「豊臣体制下において導入されたもの」である。農民にとっては「旧来の収奪との比較がもっとも注目されるのは当然」であり、「文禄四年割付状にみられる反別年貢斗代併記は、かかる農民への対応としてなされたもの」である。(79)

筆者が①で指摘されたように、併記の意味についての説明を欠いていたことはたしかである。②は①の問題に関する関根氏自身の回答であるが、この点の事情については筆者もほぼ同様に理解している。しかし、反別斗代が併記されていることをことさら重視するのか、あるいは、その併記は農民になじみの反取法でいえばどの程度になるのかをいわば参考までに付記したにすぎないとみるのかによって、関根氏と筆者とで理解が違ってくるのである。

この「年貢目録」について、関根氏は「徴租法の諸類型（永高法・反取法・厘取法のこと―筆者）からみた場合、従来の分類にあてはまりにくいという点も特徴的である」(80)ともいわれている。しかしながら、この「年貢目録」の年貢賦課方式は、「あてはまりにくい」どころか、先に述べたように明確に厘取法によっているのである。それゆえ、①の説明がなかったという点については認めるにやぶさかではないが、「年貢目録」の内容の理解については、筆者の主張を改める必要はないと考える。

関根氏はその後、あらためて年貢割付状問題を取りあげ、これまで述べてきた関係史料についても再検討された。(81)その主要な点をあげると、①牧之郷宛の年貢割付状の年貢量の算定方式を、「高」―損免＝年貢定納高から「高」―田畑屋敷損免＝定納高と改める。これは中世の算定方式を継承したものであるが、厘取法による徴租法への転換をめざしたものである。②検地目録は検地実施村落すべてに発給したと考えることは困難であり、伊豆国文禄検地においては、文禄三年十二月二十日に検地目録が発給された村落と、翌年の九月一日に検地目録としての性格も併せ持った年貢割付状が発給された村落があったと考えられる。③年貢割付状の濫觴をたどると、五ヵ国総検地段階の検地目録ないしは年貢目録から、反取法ということでいえば、さらに天文二十一年（一五五二）の佐野郷検地割付状まで遡及させることが可能である。

①については、牧之郷宛「年貢目録」の年貢賦課方式が、厘取法によるものとする方向に、従来の主張よりやや傾いたようにおもえる。②については、関根氏自身が「限られた史料のため即断はできない」とされているように、引き続き検討していくことが必要であろう。③の指摘については、すでに筆者が反取法の起源をたどってもあまり意味がなく、年貢割付状の起源という点では、やはり五ヵ国総検地段階の「年貢目録」までとすべきではないかと批判したところである。[82] ここでは、以上の指摘にとどめたい。

その後最近になって、牧之郷宛「年貢目録」とまったく同日付け・同内容の小海村宛「年貢目録[83]」を取りあげられた原田誠司氏から、つぎのような指摘を受けた。[84] すなわち、その注(4)において、史料解釈については拙稿①論文に学んだとされながらも、「この村高の性格については、明確に述べられていないようである」といわれたのである。

この点は、たしかに牧之郷宛「年貢目録」に即しては明確に述べなかったが、天正二十年（一五九二）の「検地目録」については、「定納」高を明確に年貢賦課基準高として位置づけている。[85] そして、牧之郷宛「年貢目録」もそれとまったく同様の年貢賦課方式であり、その村高＝「定納」高は同じく年貢賦課基準高と考えている。原田氏も本文でこれを「年貢基準高をさす」といわれており、[86] この点での理解は共通であるといえよう。

こうして、文禄三年（一五九四）・慶長三年（一五九八）の彦坂元正による伊豆国総検地にともなう年貢賦課方式は、まさに天正二十年の「検地目録」で確定した方式どおりに、石高制にもっとも適合的な厘取法によって行われているのである。その意味で、彦坂の「検地目録」・「年貢目録」による限り、やはり天正二十年段階が石高制の実質化への画期として重視されるべきであると考える。

# むすび

以上、関東領国期の農村支配について、まことに不十分ではあるが、とくに貢租の問題を中心に検討してきた。最後に、本章で述べてきたことを簡単に要約して、むすびとしたい。

第一に、徳川氏の関東転封は、最終的な決定・発表は七月十三日だったとしても、五月以降は噂が広がりはじめ、少なくとも秀吉と家康の間では、実質的には六月中に転封の合意があったものとみられる。それは、まさに豊臣政権による関東・奥両国の「惣無事」令の一環として行われたものであった。なお、それより早い四月の伊豆支配は加増とみられるが、さっそく伊奈忠次による農村支配が始まった。

第二に、関東領国下における徳川氏の検地や年貢賦課方式は、当初は彦坂元正の「検地目録」・「年貢目録」にみられるように、五ヵ国総検地の影響が強いことである。関東地方の生産力状況などのゆえに、後北条氏時代の方式を踏襲せざるをえなかった面もあるが、地方支配の方式については、五ヵ国領有時代の経験を重視すべきである。

第三に、徳川氏の関東領国における石高制への移行は、一応は天正十九年（一五九一）の領国総検地および豊臣政権による御前帳の徴収によるものとみてよいが、彦坂元正の「検地目録」によって実態的にみると、天正二十年が名実ともに石高制へ移行した画期となる。なぜなら、天正二十年の「検地目録」によって、年貢賦課基準高としての「定納」高が確定され、これに一定の年貢率が乗ぜられて年貢高が決まるという厘取法による年貢賦課方式が、明確に確立したからである。

第四に、伊豆では文禄三年（一五九四）・慶長三年（一五九八）に施行された彦坂元正による一国総検地の意義が大きい。先行する伊奈忠次による天正十八年検地に比べて、畝の使用、分付記載の減少、田畑等級の統一、六尺二分竿の使用などにより、近世的な体制定着への大きな画期となった。また、検地を終了した村々に対して、いっせいに「検地目録」が交付された。

第五に、貢租の面では、とくに文禄四年の「年貢目録」が注目される。そこでは、農民への対応として反別斗代も付記されてはいたが、まさに石高制にもっともふさわしい厘取法の原則通りに年貢賦課が行われたのである。

註

（1） 彦坂元正の事績の概要については、村上直「近世初期南関東における代官頭の支配――彦坂小刑部元正を中心に――」（村上直・神崎彰利編『近世神奈川の地域的展開』有隣堂、一九八六年）参照。

なお、「検地目録」と「年貢目録」の区別であるが、拙稿①論文では「検地をふまえながら、各郷村への年貢賦課を目的に作成されたものであり、『年貢目録』とするのがよりふさわしい」（五頁）として、すべて「年貢目録」として扱った。しかしながら、この点に関しては関根省治『近世初期幕領支配の研究』（雄山閣出版、一九九二年）二五五頁の註(14)や安池尋幸『日本近世の地域社会と海域』（巌南堂書店、一九九四年）二一〇頁の〔コメント〕において批判を受けた。すでに、拙稿「幕藩制成立期駿河中・西部の検地と貢租」（『焼津市史研究』創刊号、二〇〇〇年）の註(50)においてそれらの批判を受け入れ、「年貢目録」の再規定を行ったのであるが、あらためて述べておきたい。

すなわち、筆者の先の規定では、検地帳末尾の「惣寄」などの書き上げは「検地目録」であるとしながら、慶長十四年の彦坂光正検地帳末尾の「惣寄」と同内容の彦坂元正の文禄三年・慶長三年の目録を「年貢目録」とするなど、厳密さを欠いていた。そこで、「年貢目録」については、あらためてより厳密に、検地をふまえた「高辻」「定高」などを前提として、納入すべき年貢高を確定した目録としたい。年貢割付状との違いは、検地施行を直接の前提にしていること、連年発給されるものではないこと、である。具体的には、五ヵ国総検地段階の目録（第21表参照）や、事書などから年貢割付状とされている文禄四年の伊豆の目録（『静岡県史』資料編10、静岡県、一九九三年、四二・四三号）などであるが、たとえば、慶長九年遠州総検地時の伊奈忠次の一連の年貢割付状（『静岡県史』資料編10、一二三一〜一二二六号）なども、反取法で形式は異なるが、むしろ「年貢目録」とした方が内容的にみてよりふさわしいだろう。
（2）木村礎「寛永期の地方文書」（北島正元編『幕藩制国家成立過程の研究』吉川弘文館、一九七八年。のち『木村礎著作集』第十巻、名著出版、一九九七年、のⅡ史料論に収録）、一二五頁。
（3）安池尋幸「相州における近世初期検地と石高制――天正・文禄検地帳の機能と様式をめぐる再検討――」（『国史学』一三六号、一九八八年。のち前掲書に、第四章第一節として収録）、一九六頁。
（4）拙著『近世初期社会の基礎構造』（吉川弘文館、一九八九年）、第二章。その後の検討結果は、本書第四章。
（5）この点、東海地域の場合は前掲拙著にみられるように、関東領国期に相当する時期には豊臣系大名の太閤検地が行われており、明確に区別される。
（6）たとえば、戦前に刊行された『岡崎市史別巻　徳川家康と其周囲』下巻（岡崎市役所、一九三五年。ここでは一九七二年の名著出版による復刻版による）、五五八頁など。
（7）川田貞夫「徳川家康の関東転封に関する諸問題」（『書陵部紀要』一四号、一九六二年）。
（8）『静岡県史』資料編8（静岡県、一九九六年）、二四二九号。
（9）『天正日記』（『続々群書類従』第五、国書刊行会、一九〇九年）。
（10）川田氏前掲論文、五六〜五七頁。
（11）『大日本古文書』浅野家文書、五四号。
（12）中村孝也『徳川家康文書の研究』下巻之二（日本学術振興会、一九六一年）、一八一〜一八三頁。
（13）川田氏前掲書、五八〜五九頁。
（14）宇高良哲「徳川家康の関東移封時期に関する一考察」（『法然学会論叢』二号、一九七八年）、一二〇頁、および一一一〜一一六頁。

(15) 宇高氏前掲論文、一一六～一二二頁。

(16) 註(8)と同じ。なお、「其元事儀者」は、東京大学史料編纂所の影写本により、「其元之儀者」とあらためた。なお、「散憐」について、『静岡県史』では「沈淪」と注記しているが、音からすれば、〔史料1〕の「小屋入」と同様、逃散に通ずる意のある「山林」を宛てるほうがよいだろう。

(17) 『静岡県史』資料編8、二四六二号。

(18) 小屋入りが山小屋への避難であることは、『静岡県史』通史編2（静岡県、一九九七年、藤木久志氏執筆の第三編第八章第一節「戦場の村」、のち同『飢餓と戦争の戦国を行く』朝日新聞社、二〇〇一年、に三として収録）、一一一九頁による。また、山小屋問題をめぐる研究史については、市村高男「戦国期城郭の形態と役割をめぐって」（峰岸純夫編『争点日本の歴史』第四巻、新人物往来社、一九九一年）がある。

(19) 『静岡県史』資料編8、二三八八～二三九一号など。

(20) 『静岡県史』資料編8、二三九九号。

(21) 『静岡県史』資料編8、二四三八～二四五六号。そのうち、重須郷宛は二四四〇号、田代郷宛は二四四四号であるが、〔史料3〕は沼津市土屋家文書の原本によった。また、織田信雄にも二四三七号など、同様の禁制がある。
なお、この時期の秀吉制札について考察した最新の成果として、片桐昭彦『戦国期発給文書の研究』（高志書院、二〇〇五年）、第九章がある。

(22) 『静岡県史』資料編8、二四六二～二四七一号。

(23) 『静岡県史』通史編3（静岡県、一九九六年）、六六頁の表1―11（高橋廣明氏執筆、第一編第一章第四節「徳川領国下の伊豆」）。

(24) 『家忠日記』（『増補　続史料大成』第十九巻、臨川書店、一九七九年）。

(25) 川田氏前掲論文、一二二頁。また、同史料の全文は『小田原市史』史料編　原始古代中世Ⅰ（小田原市、一九九五年）に、八六〇号として収録されている。

(26) 北島正元『江戸幕府の権力構造』(岩波書店、一九六四年)、一八九頁によれば、『武徳編年集成』によって転封の内定は四月にさかのぼるとされているが、後世の編纂物による見解であり、採用することはできない。
(27) 田中義成『豊臣時代史』(一九二五年の刊行であるが、ここでは講談社学術文庫、一九八〇年による)、第二十二章。伊東多三郎「天正日記と仮名性理」(『日本歴史』一九六号、一九六四年)。
(28) 宇高氏前掲論文、一〇五頁。
(29) 川田氏前掲論文、三の江戸入部。
(30) 北島正元「徳川氏の初期権力構造――検地と分附記載より見たる――」(『史学雑誌』六四編九号、一九五五年。のち補訂して同前掲書に、第一部第二章第一節として収録)。
(31) 藤野保『幕藩体制史の研究』(吉川弘文館、一九六一年。のち新訂版、一九七五年)。
(32) 藤野氏前掲書、一二四・一二七頁。一九七五年刊行の新訂版一七六・一七九頁も同様。
なお、藤野氏は新訂版の〈補説〉(一九四〜一九八頁)において、北島氏の著書について、権力構造と基礎構造の分析の矛盾や万石以上の家臣団の配置の誤謬など、詳細な批判を行われている。しかしながら、関東領国における知行割の性格という問題についていえば、つぎに述べる川田説についても、何らかの言及が必要であったのではなかろうか。
(33) 川田氏前掲論文、四の知行割。
(34) 和泉清司「関東入国時における徳川氏の領国形成」(『関東近世史研究』一五号、一九八三年。のち同『徳川幕府成立過程の基礎的研究』文献出版、一九九五年、に第一篇第二章第一節〜第三節として収録)。
なお、和泉氏はこの論文をほとんどそのまま著書に収録されているのであるが、つぎに述べる市村説については、やはり何らかの形で言及する必要があったであろう。
(35) 和泉氏前掲書、一二六〜一二九頁。
(36) 川田氏前論文、七一頁。
(37) 藤木久志『豊臣平和令と戦国社会』(東京大学出版会、一九八五年)。

(38) 市村高男「関東における徳川領国の形成と上野支配の特質」(『群馬県史研究』三〇号、一九九〇年)。
(39) 市村氏前掲論文、五一・五四頁など。
(40) 市村氏前掲論文、後半部分および七〇頁の註(2)。
(41) 和泉清司「徳川初期検地論序説」(『青森中央短期大学研究紀要』一〇号、一九八九年。のち同前掲書に、第四篇第一章として収録)には、これらの検地施行の概要が述べられている。
(42) 註(30)に同じ。
(43) 堀江俊次・川名登「下総における近世初期徳川検地について」(『社会経済史学』二八巻三号、一九六三年)。
(44) 和泉清司「近世初期武蔵における徳川検地について」(『史潮』新九号、一九八一年。のち同前掲書に、第四篇第二章として収録)、中野達哉「関東領有期、武蔵国における徳川氏の検地と在地支配」(『駒沢史学』五〇号、一九九七年。のち同『近世の検地と地域社会』吉川弘文館、二〇〇五年、に第一編第一章として収録)など。
(45) いちいち論文名をあげることはしないが、筆者もまた慶長九年(一六〇四)の遠州総検地について、前掲拙著第四章において同様の検討を行った。
(46) 大舘右喜「徳川幕府直領に於ける近世初期検地帳の研究――貫文制記載慶長検地の分析――」(『国史学』七二・七三合併号、一九六〇年。のち同『幕藩制社会形成過程の研究』校倉書房、一九八七年、に大幅に補訂し、第一章第四節として収録)、和泉清司「近世初期関東における永高制について――武蔵を中心に――(上)(下)」(『埼玉地方史』一〇・一一号、一九八一年。のち同前掲書、第三篇第三章として収録)、佐藤孝之「上州桐生領における永高制の変遷――『山中入』地域を対象に――」(『群馬歴史民俗』一五号、一九九四年)、同「西上州幕領における永高検地と年貢収取」(『群馬歴史民俗』一九号、一九九八年)など。いわゆる二段記載問題についてのみいえば、佐藤氏の後者の論文が最新の成果ということになろう。
(47) 川鍋定男「近世前期関東における検地と徴租法」(『神奈川県史研究』四二号、一九八〇年。のち前掲『近世神奈川の地域的展開』に収録)。

(48)　本表はなお不十分なものではあるが、このもとになった拙稿①論文第3表の作成にあたっては、和泉清司・高橋廣明・栗原亮の諸氏にご教示をいただき、神奈川県立文化資料館の沢辺家文書などの写真閲覧に際しては、青山孝慈氏にお世話になった。また、今回の第22表の19は、高橋氏にコピーを送っていただいた。これらの方々に、あらためて謝意を表する次第である。

(49)　安池氏は『大日本史料』第十二編とされるが、ここでは『福井県史』資料編6（福井県、一九八七年）、四四五頁による。

(50)　『福井県史』資料編5（福井県、一九八五年）、五五六・五五七頁。また、『福井県史』資料編6、五五八頁にも、前欠ながら七月十二日付けの「月尾村下郷」宛の「検地目録」がみられる。

(51)　安池氏前掲書、二〇五頁。

(52)　もっとも伊奈忠次の場合は、たとえば慶長九年（一六〇四）の遠州総検地などの直後に同様の目録を発給している。拙稿①論文註(28)では、「これは明らかに年貢割付状であり、安池氏が言われる検地帳の一構成要素としての目録部分というものではない」としたのであるが、註(1)で述べたように、現在は「年貢目録」とよぶべきものと考えている。しかし、これが「検地帳の帳簿と一体のものとして下付された目録部分」というようなものでないことは、第三で指摘した彦坂の場合と同様である。

(53)　安池氏前掲書、二〇一〜二〇二頁。拙稿①論文註(29)では、「常陸・陸奥の事例は、今後の検討課題としたい」としたのであるが、註(1)で述べた慶長十四年検地帳の「惣寄」と同性格のものであり、現在は「検地目録」と考えている。
なお、陸奥の彦坂検地については、誉田宏「陸奥代官領の成立と彦坂小刑部元正の支配――近世南奥における幕藩制の成立――」（福島県歴史資料館『研究紀要』八号、一九八六年）参照。

(54)　北島氏前掲書、二一七頁など。

(55)　中村孝也『徳川家康文書の研究』中巻（日本学術振興会、一九五八年）参照。

(56)　秋澤繁「天正十九年豊臣政権による御前帳徴収について」（『論集　中世の窓』吉川弘文館、一九七七年）。

(57)　和泉清司「徳川氏における体制的石高制の成立過程」（村上直編『論集関東近世史の研究』名著出版、一九八五年。のち前掲書に、第三篇第一章・第二章として収録）。

ただし、和泉氏の場合「体制的」という意味がややとらえにくい。天正十九年の御前帳の提出にかかわって、「石高制の成立もこの段階では実際にすべての在地を掌握して行ったものではない」（七七〇頁）とされながら、他方では、それより早い天正十八年段階において、「関東入国直後の天正十八年から石高制本来の原則たる生産高を基準とする石高制を体制的かつ全面的に成立させている」（七六五頁）とまでいわれているのである。ここには明らかに齟齬がみられるが、氏の全体の論旨からすれば、それはやはり天正十九年の領国総検地段階とされるべきではなかろうか。

なお、この和泉論文に対する問題点の指摘は、すでに拙稿①論文の註(33)で行ったのであるが、著書ではこれに対して何らの言及もなかった。

(58)『神奈川県史』資料編6（神奈川県、一九七三年）、五七二頁・三三九頁。

(59)『神奈川県史』資料編6、二七一頁・二九九頁。

(60)川鍋氏前掲論文、五四〜六一頁。

(61)『神奈川県史』資料編6、六一四頁・六一五頁。

(62)川鍋氏前掲論文、六二〜七〇頁。

(63)『神奈川県史』資料編6、五七三頁。

(64)『天正日記』天正十八年六月廿四日の条、十月十七日の条。

(65)北島氏前掲書、第一部第二章第二節。

(66)佐々木潤之介「十六〜七世紀における『小農』自立過程について――北伊豆水田地帯における検証――」（大阪歴史学会編『幕藩体制確立期の諸問題』吉川弘文館、一九六三年。のち同『増補・改訂版　幕藩権力の基礎構造』御茶の水書房、一九八五年、に〔個別分析E〕として収録）。

(67)高橋廣明「伊豆における近世初期徳川検地に関する研究ノート」（『田文協』五集、一九八〇年）。

(68)高橋廣明「伊豆の初期検地と夫役」（『歴史手帖』一二巻四号、一九八四年）。

(69)『静岡県史』資料編10（静岡県、一九九三年）、解説の第3表。
(70)『静岡県史』資料編10、八号。
(71)『静岡県史』資料編10、四〇号。
(72)慶長三年七月十七日、豆州西浦雲見之村御縄打之水帳（松崎町、雲見くじら館所蔵）。
(73)貞享四年十一月、大沢里村年貢割付状（旧西伊豆町、山神社文書）など。
(74)関根省治「伊豆における近世初期年貢割付状について」（『韮山町史の栞』一五号、一九九一年。同前掲書に、第Ⅱ部第三章として収録）、二四六～二四八頁。ただし、木負村の寛永二年の年貢割付状（『豆州内浦漁民史料』上巻、五六号）によれば、なお夫免を差し引いた「村高」になっているので、厳密にいえば、寛永二年にはそのような方針が確定されたということであろう。
　なお、筆者もこの関根説を前提として駿河の場合について検討し、駿河でも夫免引高が村高に組み込まれるのは寛永二年からであり、しかも、伊豆のようにしばらくの間は夫免高分が諸引のひとつとして認められるというようなことがなかったため、それは同時に夫免引消滅の時期でもあったことを明らかにした。拙稿「幕藩制成立期の代官と奉行人――彦坂九兵衛光正を中心に――」（『地方史静岡』二五号、一九九七年）、二二頁、および同「幕藩制成立期駿河中・西部の検地と貢租」（前掲）、一六頁。ただし、有度郡広野村の年貢割付状（広野自治会所蔵文書）によれば、寛永二年にはなお「夫免分」が「外高」として村高に併記されるという過渡的な方式になっており、完全に村高に組み込まれるのは、翌三年からである。
(75)『静岡県史』資料編10、四三号。
(76)和泉清司「関東領有時代における徳川氏の直轄領支配とその機能について」（『日本海地域史研究』九輯、一九八九年。のち同前掲書に、第一篇第二章第四節として収録）、二一八～二二一頁。
(77)関根氏前掲書、二三四～二四一頁。
(78)和泉氏は、註(76)の論文を著書に収録されるにあたって、このような関根氏や筆者の批判に対していっさい言及されるところがなかった。それに対して関根氏は、「年貢割付状の成立をめぐって」（『静岡県史研究』一三号、一九九七年）の註

(12)において、和泉氏のそのような対応は「極めて遺憾」であり、「批判をうけた論文を再収する以上反批判を行うかあるいは批判を受け入れるか明白にする必要がある」ときびしく批判された。この点は筆者も同意見であり、本章の註においても、あえて二、三の点について、和泉氏の対応に問題があることを指摘した。

(79) 関根氏前掲書、二四一〜二四二頁。

(80) 関根氏前掲書、二四一頁。

(81) 関根氏前掲註(78)論文。

(82) 拙稿「幕藩制成立期駿河中・西部の検地と貢租」(前掲)、一七〜一八頁。

(83) 『静岡県史』資料編10、四二号。

(84) 原田誠司「検地と村と百姓――『年貢請負人』と『土地所有』をめぐって――」(渡辺尚志・長谷川裕子編『中世・近世土地所有史の再構築』青木書店、二〇〇四年)。

(85) 拙稿①論文、二四頁。

(86) 原田氏前掲論文、二四九頁。

# 終　章　初期徳川氏と五ヵ国総検地

## 一　初期徳川氏の諸政策

これまで、四期にわけた初期徳川氏の権力形成過程に即して、主として農村支配という観点から、五章にわたって主要な問題の検討を行ってきた。各章で検討してきた具体的な内容については、それぞれの「むすび」においてまとめたところであるが、この終章では、再度全体的なまとめを行っておきたい。

まず、第一期・第二期の段階について検討した第一章であるが、最初に、家康の自立にかかわって、今川氏を見限り、東三河への侵攻を開始した時期が問題となった。本書では通説どおり永禄四年（一五六一）四月としたのであるが、このことは第2表よりまず間違いないといえよう。今川・武田・北条宛の正月二十日付け将軍義輝御内書も、この関係から従来の年次比定を正し、永禄四年ではなく同五年であるとした。

家康の戦国大名としての実質的な自立の時期としては、本書では永禄六年を重視した。ただし、最終的な自立の時期は、永禄九年と考えている。三河一国の完全な支配ということに加えて、勅命による「徳川」改姓と、「従五位下・三河守」叙任とにより、名実ともに徳川三河守家康として自立を果たしたからである。

領国支配にかかわっては、本多・高力・天野によるいわゆる「三河三奉行」の存在を否定した。従来、自明のことのように喧伝されてきたのであるが、そもそも確たる職制たりえず、また、後世の編纂物を除くと、ほとんど史料的にも実態がないからである。

永禄十一年（一五六八）末からの遠江への侵攻は、たんに領国が拡大したというだけでなく、農村支配や奉行人・代官層の台頭ということでもみるべきものがあった。ただし、年貢米の徴収における「米方・代方制」に代表されるように、今川氏の支配方式を踏襲している面も大きく、最終的にこれを克服して徳川氏独自の支配を確立するのは、五ヵ国総検地の施行を待たなければならなかった。

天正十年（一五八二）にはじまる第三期は、徳川氏にとってはさまざまな面で後年の飛躍につながる五ヵ国領有の時期であった。発給文書のあり方をみても、とくに甲斐経略の過程で第7表にみられるように、「福徳」朱印による奉書式印判状の進出が著しかった。それにともなって奉行人の役割が増大するとともに、甲斐支配の場合は第8表のごとく、いわゆる両職（両奉行）―甲斐四奉行（公事奉行）や代官支配の態勢が整えられていったが、それには武田旧臣の果たした役割が大きかった。

領国支配の面では、開発・用水問題、職人の支配・統制、交通路の整備など、主要な点の指摘にとどめた。他方、これまで所在不明であった遠州宇布見郷の年貢勘定書が四点も発見されたことの意義は大きく、これによって天正十年から十六年（十四年分は欠）に至る蔵入地の年貢収取の実態が明らかとなった。また、これら新史料の発見によって、この問題に関する従来の諸説は、ほとんど意味を失ったのであった。

第三章の五十分一役問題と第四章の五ヵ国総検地問題とは、本書の中核をなすものであるが、筆者のこれまでの研究をもとにして、(1) 新行紀一・谷口央・鈴木将典らの諸氏の最近の諸研究を、できるだけ批判的に検討することを通じて論点を深めるように努めた。具体的に明らかにした内容については、論点が多岐にわたるためここでは省略し、それぞれ第三章・第四章の「むすび」に委ねることとしたい。

また、第三章では〔付論〕として、本書の主題からはややはずれることになるが、あえて「惣無事」令関係史料の年次比定問題を取りあげた。史料Aをあらためて天正十四年としたことはともかく、C群の同一月日付けの秀吉直書を、結果的に①と②③とで年次を違えることになった。

最後の第四期は、関東における領国支配の時期であり、とくに貢租と石高制問題を中心に第五章で検討した。筆者は、五ヵ国領有期の徳川氏は、豊臣政権に臣従したとはいっても、なお相対的に独自性を有していたと考えている。しかしながら、「関東・奥両国惣無事」令の一環として実施された徳川氏の関東転封と、天正十九年の御前帳の徴収と領国総検地による石高制への移行とによって、徳川氏の豊臣政権への臣従化が最終的に確定したのであった。

基本的には右のようにとらえてよいのであるが、たとえば石高制への移行という点についていえば、筆者は実態的にみた場合は、天正二十年を移行の画期として重視している。なぜなら、天正十九年と同二十年の彦坂元正の「検地目録」を比較検討すると、後者に至って、年貢賦課基準高としての「定納」高が確定され、これに一定の年貢率が乗ぜられて年貢高が決まるという厘取法による年貢賦課方式が、明確に確立したからである。

「初期徳川氏の農村支配」を主題とした本書において、筆者が主として明らかにしてきたのは、以上のような諸点であった。とりわけ五ヵ国領有期を重視したのであるが、なかでも最大の施策というべきものは、やはり五ヵ国総検地であったといえよう。ここでは最後に、この五ヵ国総検地の意義についで節をあらためて述べ、本書のむすびとしたい。

## 二　五ヵ国総検地の意義

それでは、第四章で述べたような内容をもった五ヵ国総検地は、同時代の豊臣政権期の諸検地のなかで、どのように位置づけられるのであろうか。最後にこの点を、太閤検地に関する近年のすぐれた成果に学びながら[2]、筆者のこれまでの研究もあわせて、その意義について述べることとしたい。

筆者はかつて豊臣政権期の検地を、その施行主体に注目して、つぎのように類型分けした。すなわち、A豊臣氏の直臣が奉行人となり、検地を施行した場合。これはさらに、①主として畿内・近国などの、豊臣氏の蔵入地や譜代衆の領国内で行われたものと、②豊臣氏に服属した大名の、領国単位で行われたもの、とにわけられる。B豊臣氏の子飼大名が、Aとほぼ同様の検地方式で、自らの領国で施行したもの。C豊臣氏に服属した大名が、自らの領国で独自に施行したもの、以上である[3]。

この場合、Cの代表的事例である毛利氏の惣国検地と徳川氏の五ヵ国総検地とは、「太閤検地と同時期に行われているもので、その影響は受けているものの、むしろ独自検地としての側面を重視すべきであろう[4]」とした。とくに徳川氏の場合は、豊臣政権に臣従していたとはいえ、小牧・長久手の合戦ではともかくも対等に戦い、臣従に際しては秀吉の生母までもが実質的に人質として送られるというように、五ヵ国領有段階ではなお相対的自立性を有していたことを指摘したのであった[5]。池氏もまったく同様の理由から、徳川氏は毛利氏に比べて豊臣政権に対する自立性は格段に高く、石高知行制に包摂されていなかったといわれている[6]。

秋澤氏の場合は、太閤検地を「公的・国家的検地」と位置づけ、豊臣政権の対大名検地規制としての「分国検地令」の発令を重視された。その際、天正十三年（一五八五）に秀吉が従一位関白に叙任されたことが全国政権としての起点を形成した政治的画期となったことと同様に、検地の面でも同時点で、「大名羽柴秀吉の検地（大名私検地）から、統一政権豊臣氏の検地（関白公検地）への質的転換」がなされたとされている。さらに、天正十九年の「国制的検地帳（御前帳）の全国的徴収」を境として、豊臣政権による検地は天正検地と文禄検地とに二大区分されるといわれたのである。(7)

これに対して池上氏は、太閤検地の画期性を前提とした通説的理解を批判し、荘園検注と太閤検地には共通性が多いことなどを明らかにし、太閤検地を「検注・検地の歴史のなかに現れた一様式」(8)として、より相対化して位置づけられた。また、太閤検地の基本的特徴とされた、三〇〇歩一反、等級別基準斗代の設定、検地帳の作成・村への渡付などの検討から、「太閤検地方式においては、関白就任も同一九年の御前帳徴収も本質的な画期にはなっていない」(9)と主張された。ただしこの点は、たとえば御前帳の徴収問題を秋澤氏は検地や石高制を強制した画期として重視されていて、評価の観点が違うため、秋澤説批判ということにはならないであろう。

しかし他方で、秋澤氏の「分国検地令」への批判は注目される。すなわち、秀吉の検地権の発生を朝廷の官位自体に求め、「国家的検地権」という権限の成立を想定することはできないとし、「国家的検地権」概念を否定された。そして、秀吉が大名に検地を命じたのは、それぞれの大名の服属後であり、秀吉との間で知行宛行・軍役奉公という関係を築くためであったとして、「秀吉が大名に検地を命じ、その領知高を申告させる権限は、主従関係を基軸とする」といわれたのである。(10)

ところで、秋澤氏と池上氏は、五ヵ国総検地の内容自体についてはいっさい触れられていない。秋澤氏の場合は、五ヵ国総検地では「分国検地令」が出されていなかったと考えて、検討対象にされなかったのであろう。池上氏の場合は、大名検地と太閤検地の関係を検討された際に、「秀吉の検地方針や検地掟にもとづいて秀吉の奉行が行った検地、それと同方式で浅野長政ら大名が行った検地のみを太閤検地とし、それ以外の検地とは区別すべきだと提案したい」(11)ともいわれた。この提案の内容自体は、すでに筆者も主張しているところであり、異論はない。ただその際、毛利氏の惣国検地を取りあげながら五ヵ国総検地には触れられなかったのは、前者の場合はなお太閤検地とみなす研究が多いと考えられたからであろうか。

五ヵ国総検地にも触れられたのは、池氏であった。池氏は筆者の類型分けを援用し、C型検地として惣国検地の検討を行い、ついで五ヵ国総検地に触れられたのであるが、(12)かなり問題を含んでいた。すなわち、「屋敷は貫高表示」とされたのは坪数表示の誤りであり、「屋敷分の控除や四分一役の賦課は貫高によって規定されており、貫高表示を基本としていたと考えられる」とされたことも問題である。屋敷引分は貫高ではなく、原則として中田指定の俵高であった。また、総検地後の支配の基本となる給人への知行書立、寺社領証文、および郷村への「年貢目録」のいずれもが俵高表示であることからすれば、やはり俵高制(13)が基本であったというべきであろう。

「毛利氏の惣国検地と共通する性格を有していた」とされた点も、豊臣政権の奉行人が関与しない同じC型検地であるとはいえ、検地方式の内実に立ち入ってみれば、やはり違いはあった。池氏があげられた惣国検地の実例によると、(14)第一の面積表示が一反＝三六〇歩は同じであるが、第二の品位が示されず、田地は石高、畠地は貫高で、一貫＝一石で石高に集計されていたという点では、総検地では一筆ごとに上中下の品位があり、「年貢目録」のレベルでは、基本的に田畠とも俵高による集計であった。第三に、屋敷は面積表示も高付けもされず、軒数のみという点では、総検地では屋敷帳が作成され、一軒ごとに坪数と名請人（屋敷所持者）が書きあげられた。このような検地方式の違いからすれば、在地の実態把握においては、五ヵ国総検地の方がかなり進んでいたといえるだろう。

ただし、惣国検地の場合の史料が給人への打渡坪付ということで、五ヵ国総検地のように検地帳ではないことは、比較にあたって注意しておく必要があるだろう。また池氏の場合、実例としてあげられた伊藤氏宛の弘治四年（一五五八）と天正十七年（一五八九）の打渡坪付の限り[15]では指摘のとおりであるが、他方で、井上氏宛の天正十七年打渡坪付[16]によれば、四ヵ所の屋敷のそれぞれに面積が記されている。そうなると屋敷については、両検地でそれほど大きな差異はないということになるだろう。

以上のような検討結果をもとに、同じC型検地としていわば双璧にある毛利氏の惣国検地をも念頭に置きながら、あらためて天正期豊臣政権下での五ヵ国総検地の意義をまとめると、つぎのようになるであろう。

第一に、徳川氏の場合は豊臣政権に対する自立度が格段に高かったため、総検地の施行に際して、秀吉からの命令はなかったものと考えられる。「広般な西国検地令」の存在を想定される秋澤氏の場合は、惣国検地では「分国検地令」が発令されたといわれ、[17]「国家的検地権」概念を否定された池上氏も、惣国検地は秀吉からの指示が出されて行われただろうといわれている。[18]それゆえ、この点では五ヵ国総検地の独自性はより顕著であるといえよう。

第二に、実施された検地の内容については、いずれも太閤検地の施行方式と違った独自検地であったが、在地の実態把握という点では、五ヵ国総検地の方が田畠や屋敷地把握の方式において、惣国検地と比べるとより進んだ内容であったと考えられる。なによりも、惣国検地が戦国大名毛利氏の在地掌握の総決算的性格を有していたとされるのに対して、五ヵ国総検地は丈量単位こそ旧制であるものの、その内容は天正期の太閤検地と比べて遜色のない近世的検地であった。

第三に、第一の点とも関連するが、毛利氏に対しては惣国検地終了後に秀吉から一一二万石を宛行うとする領知朱印状が出されたが、徳川氏の場合はそれもなかった。そのことは、五ヵ国総検地が終了しても、徳川氏はなお豊臣政

権の石高制的知行体系に組みこまれることはなかったということを意味するであろう。(19)

筆者はかつて、初期徳川氏が俵高制を採用したのは、豊臣政権下でなお相対的な自立性を有していたことのあらわれであるとした。そして、豊臣政権との関係についていえば、天正十八年の関東転封の強制と、翌年の御前帳徴収にともなう石高制への転換とを通じて完全に臣下に組みこまれ、豊臣政権下の一大名という位置が最終的に定まったとの見通しを述べたことがあった。(20)この見解を現在も変える必要性を認めないので、前節でもまた同様の指摘を行ったところである。

いずれにしても、五ヵ国総検地は豊臣政権に臣従した徳川氏によって施行されたものであったとはいえ、当時の徳川氏はなお相対的に自立性を有しており、検地についてもその独自性を評価すべきである。そして、丈量単位こそなお中世以来の旧制ではあったが、その施行内容は天正期の太閤検地と比較して遜色ないものであり、徳川氏の領国はこの五ヵ国総検地を経ることによって、基本的に近世的な態勢へと転換したのであった。

註

（1）　拙著『近世初期社会の基礎構造』（吉川弘文館、一九八九年）の第二章、および拙稿①〜⑥論文。

（2）　検討対象とする論文を発表年順にあげると、秋澤繁「太閤検地」（『岩波講座　日本通史11』近世1、岩波書店、一九九三年）、池享「荘園の消滅と太閤検地」（講座日本荘園史4『荘園の解体』吉川弘文館、一九九九年）、池上裕子「検地と石高制」（日本史講座5『近世の形成』東京大学出版会、二〇〇四年）である。

（3）　拙稿②論文、一六頁。

（4）　同右、一七頁。

（5）　前掲拙著、二六二頁。

（6）　池氏前掲論文、三六三頁。

(7) 秋澤氏前掲論文、一〇九～一一四頁。
(8) 池上氏前掲論文、一二三頁。
(9) 同右、一一一頁。
(10) 同右、一二七～一二八頁。
(11) 同右、一二五頁。
(12) 池氏前掲論文、三六三頁。
(13) 前掲拙著、第二章第四節。
(14) 池氏前掲論文、三六二頁。
(15) 『萩藩閥閲録遺漏』（山口県文書館、一九七一年）、三四～三五頁。
(16) 同右、二七～二八頁。
(17) 秋澤氏前掲論文、一三〇～一三一頁。ただし、いつ出されたかという点では、惣国検地期に出されていたということ以上は不明とされている。
(18) 池上氏前掲論文、一二六頁。
(19) 池氏前掲論文、三六三頁でも、すでに同様の指摘を行われている。
(20) 前掲拙著、二六四頁。

# あとがき

本書の主題に関する問題意識をもったのは、もう二〇年余りも前のことになる。ちょうど吉川弘文館で「中世史研究選書」の準備が進められていた時期であったとおもうが、私もその選書の一冊として、執筆の依頼を受けたのである。その時に、編集部から要請のあったテーマが、たしか「初期徳川氏の農民支配」ということであった。

その当時の私は、初期徳川氏に関しては、いまだ「初期徳川氏の検地と農民支配」(『日本史研究』一一八号、一九八〇年)と「初期徳川氏の知行制」(『地方史静岡』一〇号、一九八一年)という論文を二本しか発表していない段階だったにもかかわらず、そのような依頼を受けたことはありがたいことだとはおもいながら、その時はあえてお断りすることにした。初期徳川氏の五ヵ国総検地を中心にしながらも、もう少し広いテーマで学位を取得し、研究書をまとめたいという希望と構想をもっていたからである。さいわい、その希望は実現し、一九八九年に学位論文をもとにした『近世初期社会の基礎構造』を、吉川弘文館から刊行することができた。

その後も、引き続き五ヵ国総検地をめぐる研究を続ける中で、かつて要請を受けたテーマがずっと頭の片隅にあったこともあり、あらためて今回の主題にかかわるテーマで「中世史研究選書」に挑戦してみようかと考えるようになった。ところが、そのころからますます校務多忙となり、静岡県史や複数の市町村史にかかわらざるをえなかったこともあり、はかばかしい進展がないままに過ぎてきた。しかも、その後A5判の研究書に構想を変えたことにより、量的にも質的にも、ますます準備が大変になってしまった。

しかしながら、刊行が遅れたことは、今となってはかえってよかったとおもっている。そうおもえるようになった事情は、主としてつぎの二点である。

第一に、この間『静岡県史』資料編7・8をはじめ、『山梨県史』資料編4や『愛知県史』資料編11などに代表されるように、関係史料を網羅した良質の史料集の刊行が相次いだことである。本書では、これら史料集をとても活用し切れたとはいえないが、とくに本書に収録した各種の表などにみられるように、私の能力の限りでその恩恵に浴することができた。

第二に、本書で検討の中心になった五十分一役や五ヵ国総検地に関する研究が、谷口央氏の一連の研究をはじめとする近年の諸研究によって、明らかにあらたな段階に至ったといってよいような状況になってきたことである。私はそれらの諸研究によって大いに刺激を受け、かつ深く学びながらも、本書では、できるだけ批判的に検討するように努めた。

もし、そのような条件が整わなかったとすれば、本書は今よりも、もっと内容の乏しいものになっていたことであろう。それ以外のことをも含めて、この間に多くの方々からいただいたご教示・ご協力に対し、いちいちお名前をあげることはしないが、あらためて心から謝意を表する次第である。

本書の研究にかかわって、私が研究代表者となった「中・近世移行期の西国と東国における検地と村落に関する比較研究」によって、一九九五年から三年間、文部省科学研究費補助金基盤研究（A）が与えられた。また、本書の刊行にあたっては、学長裁量経費にもとづく静岡大学人文学部研究成果刊行費を受けることができた。さらに、出版事情がますますきびしくなっている折にもかかわらず、吉川弘文館には本書の刊行を快諾していただいた。これら関係各位にも、厚くお礼を申しあげたい。なお、索引の作成については、大学院生原田直浩・山村雄祐両君の協力をえたことを付記する。

最後に、いささか私事にわたるが、私がこれまで曲がりなりにも研究・教育・校務などに専念してやってこられたのは、妻敬子のおかげである。私たちは来年二月で結婚三〇周年を迎えることになるので、本書の刊行はちょうどよい記念になったとよろこんでいる。

二〇〇五年十一月

本多隆成

著者略歴
一九四二年　大阪市に生まれる
一九六七年　大阪大学文学部史学科卒業
　　　　　　同大学院博士課程を経て
一九七三年　静岡大学人文学部講師
一九八九年　大阪大学文学博士学位取得
現　　在　静岡大学人文学部教授
〔主要著書〕
近世初期社会の基礎構造　近世静岡の研究
(編著)　戦国・織豊期の権力と社会（編著）

初期徳川氏の農村支配

二〇〇六年(平成十八)二月二十日　第一刷発行

著　者　本《ほん》多《だ》隆《たか》成《しげ》

発行者　林　英　男

発行所　株式会社　吉川弘文館
郵便番号一一三―〇〇三三
東京都文京区本郷七丁目二番八号
電話〇三―三八一三―九一五一〈代〉
振替口座〇〇一〇〇―五―二四四番
http://www.yoshikawa-k.co.jp/

印刷＝株式会社 理想社
製本＝株式会社 ブックアート
装幀＝山崎　登


ISBN4-642-02849-8

# 索　　　引

1　地名は，前近代の郡・郷・村を基本として，現在の市町村名は省略した．
2　人名は，前近代については主要な有姓者に限った．

## 地名・寺社名・城名

### あ　行

## か　行



## さ　行

## た　行



## な　行



## は　行

### ま　行



### や・ら・わ行



## 人　名　索　引

### あ　行

## か　行

## な　行



## は　行



## ま　行

## や・ら・わ行